谈判

Everything Is Negotiable

如何在博弈中获得更多

How to Get the Best Deal Every Time

[英] 盖温·肯尼迪 著
(Gavin Kennedy)
陈蓉 译

中信出版集团 | 北京

图书在版编目（CIP）数据

谈判：如何在博弈中获得更多 /（英）盖温 · 肯尼迪著；陈蓉译 . -- 北京：中信出版社，2022.8（2026.1重印）

书名原文：Everything Is Negotiable: How to Get the Best Deal Every Time

ISBN 978-7-5217-4333-3

Ⅰ . ①谈… Ⅱ . ①盖… ②陈… Ⅲ . ①谈判学 Ⅳ . ① C912.3

中国版本图书馆 CIP 数据核字（2022）第 079257 号

谈判——如何在博弈中获得更多
著者：［英］盖温 · 肯尼迪
译者：陈蓉
出版发行：中信出版集团股份有限公司
（北京市朝阳区东三环北路 27 号嘉铭中心 邮编 100020）
承印者：三河市中晟雅豪印务有限公司

开本：880mm × 1230mm 1/32 印张：12.5 字数：270 千字
版次：2022 年 8 月第 1 版 印次：2026 年 1 月第 21 次印刷
京权图字：01–2022–3805 书号：ISBN 978–7–5217–4333–3
定价：59.00 元

献给爱妻帕特里夏

目录

推荐序

成为谈判高手

与《谈判》一书结缘源自一位友人，他说这是世界著名谈判大师盖温·肯尼迪的著作，请我帮忙写一篇推荐序。一方面由于那段时间太忙，没时间看，另一方面也以为它与其他谈判类图书的内容不会有太多差异，就没急于阅读，暂放在一边了。闲暇之时，想起友人所托，顺手拿来翻看，没想到刚刚看过前言和第一章自测，就被深深吸引。

盖温·肯尼迪不愧是世界著名的谈判大师及谈判技能培训专家，这本书充满了他对谈判的那种深刻而有建树的理解。该书通过对谈判行为的深入剖析，和浅显易懂的文字描述，把我们带入了一个极富创意的谈判策略与技巧的世界里。

在这里，你不用担心连篇累牍的概念和程式化的教条。他不仅告诉我们谈判无处不在，谈判不只是那些风光的外交官的专利，实际上，谈判已成为人们日常生活中不可或缺的组成部分，男女老少、随时随地都会有进行谈判的可能。同时，本书还讲述了不同谈判者的性格及心态，决定着不同的谈判结果，并用大量极具说服力的案例告诉读者：冲破心理限制，一切目标都可能通过谈判来实现！以“决不让步，除非交换”的心态去谈判，定能成为谈判高手。

我从事谈判工作多年，对谈判类图书读了不少，但是，像这样开篇就使读者乐于参与进去、生动有趣、观点鲜明、案例丰富的谈判类图书还是第一次读到，我把这本书推荐给大家，分享阅读的快乐和收获，并希望所有读过这本书的中国朋友能与盖温·肯尼迪培训过的数万人一样，因读本书而谈成其第一桩交易，并实现工作和生活中的一些目标！

《谈判》真是一本开卷就不忍放下的好书！

龙永图

原外经贸部副部长，中国入世首席谈判代表

推荐序

一本好懂、好记、好用的“能力书”

我不太爱藏书，很多书读过就随手处理了。但有些书，比如能给我带来一定改变的书，我是会刻意收藏的。

书有很多种类。我不会以书店和出版社的标准来归类，我更喜欢以这本书的作用来归类。

有一些书，我戏称其为“观念书”——阅读它，是因为它能改变我的观念，或者丰富我的认知；另一种，我称之为“性情书”——阅读它，能调适心性和心情；还有一种，我称之为“能力书”——阅读它，能有效提升能力。像这本关于谈判的书，我收藏的目的，当然就是奔着提高谈判能力来的。

对这类书，我会用怎样的标准来评价它？最重要的，不是

"知识含量"，更非"文笔风格"，而是"习得成本"——从我开始阅读，到我能产生实质的做法与能力改变，其间到底需要耗费多少时间和精力成本？

这里头，很考验作者的三种能力。其一，当然是作者对于相关专业的认知水平。越是吃透了这门学问的人，他的知识演绎就越能深入浅出。其二，就是作者在相关专业的实战经验积累，经验越丰厚，越能找到让读者一看就懂、一看就能联系到实战场景的好例子。其三，是作者对读者阅读体验的设计能力——也就是怎么把一个知识点引出、演绎、排序，让读者好懂、好记、好用。

我认为这本书的作者三者兼具。

我很喜欢这本书的编排方式。每一篇章，都以几道自测题为引子。作者以实际的谈判场景为题，问你会怎么办。虽然每道自测题下都留有答案选项，有的问题我选答得颇为笃定，可这毕竟在我心里挖了个坑：我的这个选择，真的是最优解吗？

然后作者在正文中开始给读者填坑。作者会把自己的知识点演绎成具体操作方式，去解答他为什么选择了某个答案。阅读这本书的每一篇章，就像经历了一次次脑海中的谈判练习，过程中还有个谈判大师手把手带着你体验一遍他的谈判方法，顺便串讲几个相关的参考案例。

在每一章最后，作者会公布自己认为的标准答案。但对我来说，这反倒是最不重要的，恰恰是之前阅读过程中的思考、推演，大大提升了我的谈判能力。

谈判是"能力"。既然是能力，那就必然需要高频练习。这样一本既能提供脑中实战练习，又能立刻应用在许多生活和工作场景中的书，将会给大家带来实实在在的帮助。

胡渐彪
《好好说话》作者，《奇葩说》人气辩手

前言

写在第四版面世之际

《谈判》第一版内容来源于1980—1982年我为高级销售谈判人员举办的大型计算机业务“谈判桌”研讨会。

吸引这些高级计算机销售人员的注意力可不太容易。他们中很多人的年收入多达十几万英镑（有些人的收入甚至比自己的市场总监还高）。对他们来说，收入的主要来源是向大型私企客户和公共部门推销昂贵的主机设备和配件。

最初，当我在门口迎接这些受训人员时，他们无不流露出对这次培训的不屑。这些人跟我说得最客气的话就是“这种培训真是浪费时间”。然而，大多数人在培训结束离开时，都会亲切地向我表达谢意。

那个时候，从事高端计算机产品销售的女性并不多见。但是，自 20 世纪 80 年代后期起，越来越多的女性开始从事这一行业。和男性同行相比，她们的意志更加坚定，并且认为培训能够使自己拥有超越竞争对手的能力，无论对方是男是女。

如您所见，我很快发现，可以通过分发书面问题的方式鼓励他们发言。我一边在教室转悠，一边随机向他们提问：在这样或那样的情况下，你会怎么做？或者，你如何看待销售谈判中的各种小“手段”？这样一两个小时很快就过去了，他们也就没时间做别的事情了。

参加培训的人员总是问我要这些问题的资料。于是我就想，为什么不出一本有关这些问题的书来开拓更大的市场呢？ 1981 年，我以“谈判桌”研讨会讲义为基础，写成了《谈判》一书。我把书稿交给了世纪哈钦森出版公司一位热心的责任编辑薇薇安 · 詹姆斯。1982 年，兰登书屋收购了这家出版公司的商务图书业务，把《谈判》列入出版计划（谢谢兰登书屋）。这本书分别在 1989 年、1997 年发行了第二版和第三版，现在这版已是第四版。

不过，在 1982 年，这本书刚面世时，并非所有人都看好它。当时，一位商业杂志的评论员毫不留情地说道，这本书不出几个月就会像大浪淘沙一样，无影无踪。不过，令人意外的是，很开心也很幸运，他的预测没有成为现实！兰登书屋旗下的箭牌图书发行了这本书的简装本，并且一版再版。

对那位评论员来说，就没那么幸运了。他所在的杂志在

《谈判》发行第二版之前就销声匿迹了。我要感谢数万名购买这本书的专业谈判者，他们对本书的认可证明，一位糟糕的评论员是做不出什么精准预测的。

对于第四版，我回顾了前三版的所有内容，并从过往的经历中精选了许多新的资料对原有内容进行了补充。1972—2007 年，受许多客户委托，我参与了很多谈判，收获了丰富的经验。这一版，我还简化了内容，回归至前两版的那种实用风格，摒弃了那套“驴、羊、狐狸和猫头鹰”的说辞，也删除了少许受到读者喜爱的角色。

多年来，《谈判》这本书为尼格诗公司（Negotiate Ltd，现由弗洛伦斯·肯尼迪管理）带来了许多客户。令人欣慰的是，这些客户都是因为读了这本书找上门来的。多年前，初涉职场的他们从上司那里看到了《谈判》的影印本。如今，他们当上了老总，就想着要把这些方法教给自己的团队。

我从不认为我的写作是靠我一个人的努力。这么说并不是我故作姿态。客户们为我提供了很多机会来帮助他们解决谈判中遇到的问题。这些案例在做了匿名处理之后，都呈现在了本书中。

尼格诗公司逐渐壮大，公司的同事也从他们的丰富经历中为我提供了许多洞见，证实了我的许多思考，形成了本书的内容，其中不乏一些在新兴经济体工作，为这些地区的客户提供谈判技能培训和咨询服务的同事提供的素材。

因此，我要感谢西蒙·加德纳、罗伯特·哈特内特、史蒂夫·希尔、伊恩·泰特、索伦·希里索、查尔斯·杰克、特雷弗·琼斯和蒂娜·琼斯、乔纳森·希姆斯，杰克·昆兰、科林·罗斯和朱迪·罗斯、拉杜·欧内斯库、约翰·霍顿、威泰克·里赫洛夫斯基，罗伊·韦伯，当然，也要感谢弗洛伦斯·肯尼迪。

本书所讲的是“交易语言”，这也正是世界各地谈判工作者的通用语言。

此外，我还要感谢我的家人。没有家人的耐心和支持，任何一位写作者都会倍感艰难，我当然也不例外。

一如既往，我要把本书献给我的帕特里夏。

1

抓住狡猾的兔子

如何判断自己的谈判水平

自测

1

1. “面对难缠的对手，为了表达善意，更好的办法是在一些无关紧要的事情上做出些让步。”

   a）对

   b）错

如何炖兔肉？食谱上的第一句话是：先抓一只兔子。

抓不到兔子，在别的方面费再多工夫也是白搭。

只有我们经济学家才会假定已经抓到兔子（对不起，这是关于经济学家的老段子了）。抓住狡猾的兔子只是在吃晚饭之前要做的第一件事。

不过，首先，我得向那些素食主义者说声对不起，用炖兔肉来打比方也许“冒犯”到了诸位。但请大家放心，这只是本书开篇的一个比方而已。换句素食主义者也能接受的说法，那就是：做胡萝卜汤要先准备一些胡萝卜。这件事儿可比抓兔子容易得多，不过这么说效果可能会差点儿意思。

所以，你应该先给自己做个定标测试，然后再参加培训，提升谈判技巧。我发现只需要一句话的测试，就可以在谈判者有所表现之前，判断出他们是怀有良好的意愿，还是已经不抱什么希望。

你可能会因为通过了测试而得意（那么在此恭喜你），但不要觉得第一个问题（侥幸）答对了后面就一直能答对。你要这样想，那就大错特错了。

本书从头到尾有很多自测题。做这些测试时，相比于深思熟虑的回答，即时反应给出的答案在学习过程中更为重要。当面对立场坚定的谈判者时，即时反应更接近于你在谈判中的真实表现，因此很有启发性。

打个比方，解说足球比赛可比上场踢球容易得多，解说员居高临下地看着场上的球员，但高速带球的运动员能看到的不过是眼前几米的地方，因此很可能意识不到要把球传给直接面对空门的队友，从而错失良机。

可以肯定，和你假装悠然地深思熟虑后再发言并做出判断相比较，不假思索地回答下面的问题，会让你对所学的知识印象更深刻。你不用想着给我留下深刻印象，只需要测出自己的真实想法。

所以，不要拐弯抹角。现在，快速地回答下面这个问题：

面对难缠的对手，为了表达善意，更好的办法是在一些无关紧要的事情上做出些让步。

a）对

b）错

多年来，大约有 30000 名参加我们培训的谈判从业者回答了这个问题。他们来自各行各业，有着不同的文化背景，讲着不同的语言，对培训学习的投入程度也不相同。然而，96% 的人都给出了相同的答案。

甚至一些参加过其他谈判培训课程的人（不乏非常昂贵的课程）对这个问题也都持有相同的观点。这个测试表明他们就没怎么听进去培训的内容，即使听了，也是一知半解。又或者，这些课程的讲师更擅长推销课程而非传授好的谈判技巧。谨记：发光的可不全是金子。（如果你之前花钱参加过培训，还回答错了这个问题，你应该要求退钱！）

首先，让我来谈一谈学习，探讨一下怎么做才能做到最好，一辈子至少有那么一次达到人生巅峰。

小时候，我们通过不断纠错和解惑来学习。就这样学会了说话、学会了走路。在不断尝试站立、不断摔倒的过程中，我们越来越强壮。从最初的咿咿呀呀，到学会了发音，掌握了名词，然后是动词、形容词等等。大人扶着我们站立，纠正我们的发音。我们刚开始学骑车时要骑带有平衡辅助轮的单车，然后慢慢摆脱平衡轮的辅助，最终能够独立骑行（一旦学会，不管多久不骑，都不会忘记怎么骑）。因此，做这些测试并不是要彼此竞争。自测是用来帮助我们学习的，而不是让人难堪的（千万不要这样想）。这些测试提供了一种有用且令人愉快的方式来让我们思考自己是如何谈判的。而且，由于我不能为每个人量身定制每一节课，因此只能混合采用多种方法以同时达到多种教学目标。

回过头来，对于这个问题，你如何作答？是对还是错？

我的答案是：这个说法是错误的。

由于大多数人在这个问题上选择“对”，因此在听到我的答案时，教室里常会爆发出反对声。然而，人们终将意识到，在他们选择的背后，自己的态度诱导着自己做出了即时判断。这时候，就很少有人仍会坚持认为他们的选择是正确的。那一两个固执己见的，也是无可救药了。在现实的商场中，他们终究逃不过命运的安排。但愿我们的养老金不要交给这些人打理！

因此，要纠正谈判中的错误，首先要明白，一个人的态度决定了他在谈判时的行为。在谈判时的双向互动中，人们会在压力下迅速做出选择。试想，如果你从众多经常相互冲突的态度中选择那些包含错误和困惑的态度来面对谈判，一旦这些错误和困惑暴露在那些强大对手的审视之下，你的表现就会进退失据，有失水准。

这就是为什么自测 1 是理解谈判的第一个有效测试。

我们来探讨一下选择“对”这个答案，在态度上犯了什么错。（少数回答“错”的人也不要沾沾自喜。请往下读，因为接下来你可能会发现，这个题目其实很容易蒙对。）

我们再来看看这个测试题：

“面对难缠的对手，为了表达善意，更好的办法是在一些无关紧要的事情上做出些让步。”

在我看来，这个行为包含五个态度上的错误点：

1.“面对难缠的对手”

这句话让你想到了什么？我们都会偶尔遇到一些连圣人都觉得难缠的谈判对手，面对这种人，我们恨不得踹他们几脚。

他们可能咄咄逼人，不依不饶，大喊大叫，一副凶巴巴的样子。总的说来，就是很令人讨厌。他们总是打断别人的发言，只想着自己，不考虑别人，拒绝你的一切提议。更糟糕的是，他们还会不断转移话题。

“对手”加上“难缠”，就会让人的态度为之一紧。本书中，我将不再用“对手”这个词来指代谈判中的另一方，因为在谈判中这样的称呼会引发错误的态度。我们的谈判方不是“对手”，尽管双方的诉求很可能是对立的。

谈判是与合作伙伴协商，寻求双方意见一致的可能性。这是因为只有双方合作，才能共赢。如果每一方都只考虑怎样对自己最有利，都不愿意转变态度，那么谈判将会变成一场旷日持久、无果而终的博弈。因此，我们不妨一开始就摆正态度。

在体育比赛中，参赛队互为对手，这是因为只有一方可以获胜。在足球比赛中，进球最多的球队获胜；在网球比赛中，得分最高的选手获胜；而在高尔夫球比赛中（这个项目与其他比赛有所不同），完成18洞所花的杆数最少的球员获胜。输赢高下立判。

但谈判不是这样。如果双方就一个解决方案达成一致，就意味着双方都“获胜”了。尽管最终的结果可能并不是他们最希望得到的，但是双方都会有所收获。

如果不能达成一致，他们随时可以说“不”。谈判不是一场一定要分出胜负的比赛。如果双方都说“行”，就都赢了；如果其中一方或双方都说“不行”，那么就是两败俱伤。

2.“更好”

然而，这里的更好是和谁比较？“更好”是一个比较词，因此当没有说明比什么更好时，你应该对此打个问号。在这个测试题中，这个建议肯定不比替代方案更好。

3.“让步”

谈判者不会轻易让步，除非交换。

不要理会谈判方试图迫使你让步的修辞，这是谈判中常用的语言。这种语言的危害很大，它会误导你，让你忘记自己想要的东西。我们不应该在没有得到回报的情况下“让步”（请小心措辞，警惕污言秽语）。

我的意思是：决不让步，除非交换！

4.“无关紧要的事情”

你的免费礼物对谁来说无关紧要？对你还是对其他人？

区别这一点很关键。如果对你来说无关紧要，那就要考虑这个礼物之于对方的价值有多大。你觉得价值不大的，对方可能会觉得价值很大。不要过分以自我为中心，只考虑自己的情况。

如果这个礼物之于对方有价值，那就可能是你唯一能用来交换的筹码；扔掉了，你可就没有什么可以拿来和对方交换的了。

这种情况下，想要达成协议可能要付出更多。要知道，谈判可是为了交换啊。

5．“为了表达善意”

你想表达善意，对此我很钦佩，但请谨慎行事。因为你的让步并不意味着对方会投桃报李。难缠的人，他们的想法跟你可不一样。你要是让他们不付出任何代价就得到了他们想要的，他们就会得寸进尺地欺负你。理解不到这一点，那你可就真是个冤大头了。

让难缠的人尝到甜头，就会让他们觉得你太大方了，还可以得到更多。你要先想想这些人为什么如此“难缠”。撒泼打滚有时候确实有效（小孩子们很快就发现这招儿对父母管用，特别是对付祖父母的时候）。

善意最好来自你们之间的交易。交易让一方用另一方想要的换来了自己想要的。因此，我给谈判下了如下定义：

谈判是我们从想要我们东西的人那里获得我们想要的东西的过程。

现在，请反思一下你在自测中的回答。在本书中，每章的开头都会给读者一个全新的自测题。做测试的方法都一样，即快速选择，给出答案。我们要了解自己对谈判持有怎样的态度，因为你的态度会指导你在现实世界中做出即时反应和相应的行为。每章的末尾都会有针对自测的评论，解释了各种答案潜在的益处和弊端。

如果你的态度导致你做了“错误”的选择，那就想想为什么这个态度会误导你（这只是我的个人观点）；如果你仍然坚持自己的选择是“正确”的，也行。我不是百事通，并不了解某些情况下你做出反应的真实原因。但最重要的是，你得接受挑战，好好琢磨。

是的，不用等到最后一次自我测评，你就会更了解自己，单这一项就能够使你成为更好的谈判者。

2

卷心菜之战

如何正确认识谈判

自测

2

1. 你是否认为自己的谈判经验丰富?

   a）是

   b）不是

   c）不确定

2. 你觉得谈判者是否只对获胜感兴趣?

   a）是

   b）不是

   c）不确定

我们第一次为自己谈判是在厨房里，而不是在会议室里。从家里出师了，再到学校的操场上面对残酷的挑战——和其他孩子谈！在那里，我们明白了要掌握自己的命运，否则别人就会主宰我们的命运。然而，这种谈判常常会落得两败俱伤的结果。

因此，我们在踏入商界之前，早在牙牙学语时，就一直在讨要想要的东西。如果不是想要什么，小孩子干吗要哇哇大哭，难道不是在说："你要是让我吃饱，把我弄干净弄舒服了，我就不哭了，还会冲你笑。"

很快，小朋友在讨价还价的过程中变得越来越聪明，要求也越来越多。他们会更精明地选择跟谁讨价还价。他们能准确地判断出，哪个大人经常给他们想要的。小朋友审时度势的能力让直销专业人士都不得不佩服（当然他们一般意识不到自己孩子的这种表现）。小朋友的这种能力大多在 4 岁之前就已经习得了。

孩子们发现，为了获得自己想要的东西，最佳的讨价还价时间是在精彩的电视节目——或者是球赛，或者是肥皂剧——开始之前。无论是大人还是看小孩儿的哥哥姐姐，都会在那个时候尽可能地满足小朋友的要求，只要小朋友能安安静静别给他们惹事儿，让他们能舒坦地看自己最喜欢的节目就行。但是，如果这位小朋友不识相，干扰了他们的“正事儿”，那可就吃不了兜着走了。

小朋友还发现，在满足自己要求这方面，爷爷奶奶通常是最没有原则的。他们很快就学会了怎样才能变本加厉地让爷爷奶奶满足自己的要求。他们会选择合适的时机，挑一个最合适的大人下手。还会在大人们吵架的时候，投机取巧，从大人那里取得自己想要的。小朋友发现，用微笑和拥抱表明自己站在某个大人一边的时候，更容易得偿所愿。

让我们来见识一下世上无往不胜的谈判者

孩子的表现：

- 知道自己想要什么
- 知道如何得到它（早在识字之前就已经对父母了如指掌）
- 为了获得他们想要的，毫不手软
- 不会不好意思，不会自我反省，更不会感到内疚
- 只要能得到自己想要的，哪有什么“恻隐之心”
- 父母绝不吝啬为自己买好吃的
- 从不考虑未来会怎样

让我们来看看安娜和她 3 岁女儿萨曼莎之间的日常谈判。

萨曼莎不吃她盘里的卷心菜，坚持说她吃饱了。妈妈安娜认为要让萨曼莎营养均衡，就必须让她吃卷心菜。这无疑是对的。不过，安娜并不想给这个小不点儿就“卷心菜对营养均衡的重要性”来一通长篇大论的说教。于是，她开始和萨曼莎谈判。安娜知道女儿爱吃冰激凌，就告诉萨曼莎，只要吃完所有的卷心菜，她就可以吃冰激凌。小姑娘的眼泪在眼眶里打转，可还是紧皱眉头，铁了心不吃菜。虽然一口卷心菜都不想吃，但还是想要吃冰激凌。安娜揭穿了萨曼莎，说她自称“吃饱了”，实际上根本还没有吃饱，不然哪有肚子再吃冰激凌。萨曼莎可不在乎自己前言不搭后语，她没准儿还在想着自己的肚子只是没地儿吃菜而有地儿吃冰激凌呢！

安娜再次试着提议：“那这样吧，你如果乖乖吃四勺卷心菜，就可以吃冰激凌了。”可是，萨曼莎还是摇着头把那盘卷心菜推开了。

父母的表现：

- 前矛后盾地给孩子让步
- 互相妥协
- 觉得自己是有责任的
- 会懊恼自责
- 内疚（却行为失范）
- 善意爆棚

- 大多数时候都会一让再让
- 担心孩子们的未来
- 总能看到别家父母教育孩子的问题，却看不到自己的问题

结果怎样呢?

孩子们在和父母的较量中，“赢”的次数远多于“输”的次数

安娜决定把冰激凌从冰箱里拿出来，馋馋萨曼莎，让她吃了卷心菜。看到萨曼莎不为冰激凌所动，她只好说：“好吧，那我们来挖两勺……？”

萨曼莎还是无动于衷。于是，安娜把盛着卷心菜的盘子推到她面前，说：“就吃一勺菜，然后你想吃多少冰激凌都可以！”

萨曼莎一声不吭。她用手捂住眼睛，坚决不看盘子。“你这个臭孩子，”安娜吼道，“你就看看卷心菜嘛，看看就可以吃冰激凌了呗！”

你觉得安娜和萨曼莎的谈判策略怎么样？她俩谁赢了？

萨曼莎得到了她想要的，对妈妈因为她挑食而表现出的抓狂根本不理会。萨曼莎坚定地追求自己的利益，而安娜本可以通过宣称再也不让萨曼莎吃冰激凌和巧克力、再也不让她喝汽水来增加筹码，可是她并没有这样做。如果她稍微强硬一点儿，至少在萨曼莎上学之前，还能“赢”上几年。等萨曼莎上了学，在学校食堂吃饭的时候，她可就管不着了。我有一位朋友在苏格兰为大

型公共机构提供餐饮服务，他告诉我，胡乱买“垃圾食品”的大多是家庭条件好的孩子，因为在家里他们根本接触不到这些东西。

然而，长大以后，小时候任性索取的行为常常就消失不见了。成长过程中会发生很多事，让大多数人从小时候不管不顾的自私鬼变成了好说话的成年人，愿意“给予”而不总是“索取”。小时候在“卷心菜”战争中获胜，可是最终，为了得到想得到的东西，还是逃不脱别人给我们盛上的那些“卷心菜”。

那么到底发生了些什么？其实，萨曼莎小时候对付妈妈的那些自私到家的手段之所以能屡试不爽，只是因为妈妈非常爱她，所以妈妈很容易屈服于她的情感勒索。但等她踏入社会，从幼儿园到高中，会遇到和自己完全不是一类的“其他人”。

大部分人根本不会惯着她，让她由着性子发脾气。她要是那样，朋友们很快就会烦她的。萨曼莎和大多数人一样从社会大学的自习室毕业，个性里多多少少混杂着自私和顺从，在以后的人生中便带着这些特点行走于江湖。

到萨曼莎十几岁的时候，她的谈判风格就会显而易见了。青涩的爱情难道不就是一场接一场的谈判实践吗？有些人的选择糟透了，他们中的大部分日后会缓过劲儿来，虽然也有人缓不过来。而大多数人就那样选了，其中不乏有人觉得选得蛮好。生活就是这样。

小时候，我们与溺爱自己的大人讨价还价。然后，画风一转，我们开始和同龄的小伙伴们拌嘴磕牙，有时候自己都纳闷为什么要这样，甚至后来发现根本就不想这样，可就是忍不住。有人昨天还在主动“示爱”，转眼间就恩断义绝转向别人。这样的桥段不断上演。年轻时，让我们躁动不安的时刻现在看来不过是一段段回忆的片段而已。可是，那个时候，这些事情却让我们颇受考验。

恋爱时候的较量，会有两个特点。

首先，我们没了小时候的自我意识，学会调整自己的需求以获得当下的满足，也学会了考虑别人的需求。

其次，我们学会了与自己谈判。这恰恰就是我们内心崩溃的开始。我们必须学着纠正这种行为。我们必须回到与他人谈判的状态中，不要和自己谈。

要是得不到自己想要的，我们会将就着拿到我们能得到的，有时候会主动把自己的眼光放低一点儿。当你的伴侣并不是你想要的那一个时，你很快就会发现这样做的代价是什么。生活里既不全是“冰激凌”，也不全是“卷心菜”。两者总是结伴而来。我们眼中的“冰激凌”可能对谈判的另一方来说不过是“卷心菜”而已。

谈判的艺术是在“冰激凌”和“卷心菜”之间取得平衡。因为我们觉得好的东西未必别人也觉得好。对方可能想要我们的“卷心菜”，而愿意付出自己手里的“冰激凌”。

唐纳德·特朗普说，交易的艺术是弄明白对方想要什么。因为，如果你有别人想要的东西，那么这交易就成了（前提是你想做成这笔交易）。

作为一名成年人，我们的目标不是要“获胜”，而是要成功。

顺利交易就是成功，对其他人来说，也是如此。达成交易便意味着双赢。谨记，谈判时，双方各有所图，各取所需。

在我们长大成人之后，有可能越来越不知道怎么跟别人谈判。本书可以帮助我们重新树立对谈判的信心，带我们了解成年人之间该怎么谈判。在成年人的世界里，谈判无所谓“获胜”或“投降”；成人世界的谈判不过是通过交易，使双方各取所需罢了！

自测详解

2

1. 你是否认为自己的谈判经验丰富？

a）是

这个答案没问题。只要你不是缺乏自我意识的小孩子，那么，在生活中，你一定经历过很多场谈判，而且大部分情况下，你根本就没觉得自己是在谈判。

b）不是

也许你认为自己在新工作中缺乏专业的谈判经验，而实际上从小到大，你有太多谈判的经验。仔细想想，你谈判的次数远比你印象中多得多。

c）不确定

如果你还是不确定自己是否拥有谈判经验，那么，你应该认真想想那些你不假思索做过的事情。你有没有用漫画换过徽章？有没有用洋娃娃的裙子换过一双洋娃娃的长袖手套？

2. 你觉得谈判者是否只对获胜感兴趣？

a）是

这个答案是错的，只对获胜感兴趣是不对的，但这并不是说你应该对失败感兴趣。我们至此还没有讨论过“获胜”的真正含义是什么。

b）不是

确实，如果只对“获胜”感兴趣，那么，你也许会错过一些本可以达成的交易。对你来说，更好也更明智的是对“成功”感兴趣。

c）不确定

选这个答案的人是典型的“骑墙”派的谨慎人士，但就这种情况而言，并不完全正确。详情请参考答案 a。

3

谈判时最不该做的事

如何避免仓促成交

自测

3

1. 如果你打算把自己的游艇卖掉。按照行情，这艘游艇至少能卖 30 万英镑。就在你考虑要登一则售卖广告时，一个游艇发烧友得知这个消息，愿意出价 33 万英镑买下这艘游艇，用现金支付。你会：

   a）二话不说，直接成交。

   b）请他等广告刊登后再来议价。

   c）讨价还价。

2. 你想买一艘游艇，看中了伊泽贝尔号，它标价 35.5 万英镑，但你只有 33.3 万英镑。正在这时，你在船坞遇到了游艇的主人。于是，你告诉他自己对这艘游艇很感兴趣，但你手头只有 33.3 万英镑，而他同意以此价格成交。你会觉得：

   a）这个机会不容错过。

   b）太糟糕了。

   c）自己很会砍价。

面对谈判对手，你最不该做的事是什么？

谈判者的回答一般会有以下几种：

“贬低对方。”

“激怒对方。”

“越过对方直接去找老板。”

“让对方显得愚蠢。”

以上种种行为确实都应该避免。然而，谈判时，这些都还不是最糟糕的行为。

其实，最糟糕的是，对方第一次报价，你就答应了！

为什么谈判时最糟糕的是接受对方的首轮报价呢？特别是当价格“好得让人无法拒绝”的时候，为什么不该接受呢？

营销新人最容易想也不想地认同这种“好得让人无法拒绝”的论调。一方面，是因为他们参加的营销培训就是这样教的，他们被训练成了“订单至上者”。“订单！订单！订单！”缺乏实践经验的培训讲师不断把这个念头灌输给他们，却忘记告诉学员，对营销而言，更重要的是盈利。最终，学员们就像电脑程序控制下的虚拟足球运动员，如果程序员忘了区分进球与乌龙球，他们就只知道射门，也不管球是不是射向了自己的球门。

另一方面，营销新人还会因为缺乏经验而错误地接受对方的首轮报价。完成一项艰巨的任务确实令人欣喜。在销售中一直碰壁的人自然明白从潜在客户那里获得第一笔订单有多难。

正是即将成交的喜悦（或者叫解脱），使得营销新人一听到对方的首轮报价还不错的时候，就会忙不迭地接受。他们会想着赶快签了合同走人。人们常常觉得女性更擅长谈判，这是为什么呢？原因大概是，她们从小就被妈妈教导，当男人第一次提出结婚的请求时，一定不要立刻答应。

如果仅仅是因为经验不足而导致营销人员倾向于接受首轮报价，那么问题并不大。因为随着时间的推移，他们会回过味儿来，然后自我纠正。营销人员会不断积累经验，这些经验教导他们要谨慎对待对方的首轮报价，不要轻易接受。如果他们做不到，或者不接受教训，可能就不适合做这一行。

然而，令人惊讶的是，接受首轮报价这种情况在谈判者当中屡见不鲜，其中不乏许多经验丰富的谈判老手。这就给了诸位一个博弈的机会，因为大家极可能会在未来碰到这种情况：要不要接受首轮报价？有可能对方会诱导你接受，或者更糟的是，有人接受了你的首轮报价，而你因此遭受损失。

首轮报价要当心

这个故事的主人公是一个做手表批发生意的老兄。他是个怕麻烦的人。他之前和乡下的零售商做过生意，所以再次交易的时候，就觉得没必要议价了，想直接按照和买家上次谈好的价格成交。

在快到卡茨基尔镇时，他把车停在路边，给对方打电话，打算就这样跟客户交易。他告诉对方："咱们不要讨价还价了，省点儿时间和精力，我直接给你最低价。"

对方有些迟疑，但也没说什么。他以为对方同意了，继续说："这样吧，我给你最优惠的价格，不开玩笑。好了，咱们废话少说，你直接跟我说，这个价位，你想要多少块表？咱们赶快把这单生意做完，还有时间趁着下午阳光明媚，去钓个鱼。"

这个表商开出了最优惠的价格，远低于他们之前交易的价格。这个价位确实很好，好到让对方有一点点心动。

可对方却什么也没说。

于是，这个表商又问对方："按照最优惠的价格，你打算要多少块表？"

这时，对方开口了，说："我一块都不想要。"表商有点惊讶，问："一块都不买吗？这个价格可比去年的成交价低多了，这绝对是我能给到的最优惠价格。你看看想要多少？"

听了这话，对方说："你是不是觉得我们乡下人很蠢。我早就听说过，城里人嘴上说给最低价，其实离真正的底价还差得远。即使真的是最低价，我也会告诉你，我根本不想买什么手表！”

整个下午，他们都在讨价还价。一直谈到晚上才谈拢。最后成交价低到不能再低，对表商来说根本没有什么利润了，赚的钱还抵不上他开车过来花的汽油钱。

这单生意让这个表商明白了：乡下人永远不接受城里大爷（或者随便哪个城里人）的首轮报价。自此以后，他报价的时候，总是会给别人留点讨价还价的余地，让他们开心地讲讲价。

这里分享一个“接受首轮报价”而引发的悲剧。我有一个朋友，住在苏格兰西部，那里有许多很棒的游艇俱乐部，受到社区中各色人等的追捧。一如生活中常见的情况，拥有豪华游艇的人和只有一艘普通小船的人，他们的经济状况和社会地位相差悬殊，但是这并不影响他们跨越阶层，融洽相处。

在游艇圈中，人们常常通过船只大小和载荷来判断船主的社会地位，这是人性的弱点，没人能免俗。因此，有人把航海比作无底洞，是个烧钱的爱好。有些人买游艇纯粹是为了享受航行的乐趣。在苏格兰西部，有这种想法的人往往日后会成为能够应对 8 级大风的航海家。在百慕大或地中海地区，人们买游艇则是为了日光浴。而在法国圣特罗佩，人们愿意花数千美元租几天游艇，却没有出海航行的打算。他们租来最昂贵的游艇，坐在甲板上啜饮香槟，看着码头上人来人往，享受岸上的人投来的羡慕目光。

回到自测 3 提到的买卖游艇的故事。一位有点儿小钱的苏格兰格拉斯哥律师安格斯·麦克塔维什想换一艘大点儿的游艇。在游艇俱乐部订阅的杂志上，他看到有一艘看上去很不错的游艇挂牌出售。这艘游艇是游艇俱乐部船长（相当于高尔夫球俱乐部的会长）的。据介绍，这位船长也是格拉斯哥的律师，他要出售自己的游艇——伊泽贝尔号，报价 35.3 万英镑。这位律师远比安格斯有钱，出售这艘游艇是因为他也想换一艘更大的。

安格斯想买船长的游艇，可他最多只能凑够 33.5 万英镑。他上个月卖掉了自己的那艘小游艇，再加上银行的存款，才凑够这么多钱。有一天，他在俱乐部碰到船长，聊了一会儿。俩人聊起换游艇这事儿，安格斯提到自己对船长的游艇很感兴趣。船长也说很乐意把游艇卖给安格斯，还赞扬安格斯和他妻子都是俱乐部的杰出会员。

安格斯犹豫了一下，决定跟船长摊牌："我最多只能出到 33.3 万英镑的价钱（他还留了 2000 英镑的议价空间），不知道你觉得这价钱能接受吗？"

船长听后，说："没问题，安格斯，33.3 万英镑卖给你。"安格斯当时都惊呆了。于是两人握手成交（在苏格兰，口头协议同样具有约束力）。

没过几分钟，安格斯就对这笔交易产生了怀疑，他甚至觉得整个交易过程都有问题。他没有立即告诉同是航海发烧友的妻子安妮这个好消息，他不确定买到伊泽贝尔号这事儿到底是好是坏。

如果安妮得知他只花了 33.3 万英镑买了一艘价值 35.3 万英

镑的游艇，她会说什么呢（安妮也是一名律师）？她肯定会问花了多长时间才谈妥价格？为了和对方达成交易他都做了哪些让步？如果安格斯告诉安妮，他只用了 15 秒就和对方握手成交，她一定会怀疑，觉得其中有诈，或者怀疑伊泽贝尔号有什么问题。

其实，安格斯知道伊泽贝尔号有点小毛病，但并没有什么大毛病，因为他们之前就乘坐它出过好几次海。可他还是有点担心，伊泽贝尔号会不会还有些他不知道的问题。成交之前，他觉得可以忽略不计，甚至接受这些小毛病；成交之后，这些问题瞬间放大了。最重要的是，他刚一报价，船长就接受了，这让他有些沮丧。他不是想讨价还价，而是想知道他买的游艇是不是真的有问题。

对于安格斯买游艇这件事，或者说船长这样爽快地答应把游艇卖给安格斯这件事，安妮又会怎么想呢？安格斯几乎没做过什么让安妮印象深刻的事情。安妮妈妈的担心早就成真了。俗话说得好，每个成功男人的背后都有一个跳着脚的丈母娘。

对于安格斯来说，忧愁的日子才刚刚开始。在他的人生中，这艘游艇的费用仅次于他买房子花的钱。他要是一开始就报 32 万英镑，或者干脆报 30 万英镑，又如何呢？一想到这儿，他就纠结得不行。

船长爽快地接受了安格斯的首轮报价，这对安格斯意味着什么呢？

船长这么做确实让安格斯很不痛快。他没觉得自己占了便宜，反倒对这次交易充满了怀疑。船长让安格斯觉得自己就不会跟别人谈判。对船长来说，也是一样的。他不确定安格斯还会不会给出更高的价，出于对安格斯的尊重，他也应该跟安格斯议个价。就算最终还是以 33.3 万英镑的价格成交，或者哪怕比这个价格只高了一点点，都会让他俩皆大欢喜。

对船长来说，在俱乐部花了不到 15 秒就把自己的游艇卖掉了。从经济角度来看，还有什么方式比这更不划算呢？

如果安格斯首轮报价 33.3 万英镑，之后船长还了个价，试想会怎样呢？船长把价还到什么程度不是我们讨论的重点，重点是确实要有还价这一步骤。

假设经过一番讨价还价，船长说服安格斯同意把价格从 33.3 万英镑提高到 33.5 万英镑，甚至更高，迫使安格斯不得不跟他丈母娘借点钱来买这艘游艇，又会怎样？如果最终成交价高于安格斯的首轮报价，安格斯心里会舒服吗？

答案是肯定的。他会急忙赶回家向安妮显摆自己“出色”的谈判表现：仅以 33.5 万英镑的低价买到了伊泽贝尔号，绝对是最低价。他会尽量不提游艇的“小瑕疵”（那不过是些正常磨损）。总之，这艘游艇就像战舰一样“坚不可摧”。拥有这样一艘“豪华游艇”会让自己家熠熠生辉。这艘游艇可以带他们出海，让他们在圣特罗佩度过美好的假期！总而言之，他会为自己感到非常自豪。

船长也会很开心。这样一来，他就能以比安格斯首轮报价更高的价格卖掉自己的游艇，多赚 2000 英镑（甚至更多）。他的妻子也会对他刮目相看，至少不会损他。船长还能借此证明自己的谈判能力。

经过一番讨价还价，即使最终交易价格仍然是 33.3 万英镑，谈判双方也一样会有上述感受。这是为什么呢？

经过一番讨价还价，船长会发现，即使没法让安格斯加价，至少也可以争取让安格斯“先交个首付，星期五之前补齐尾款”，或者跟安格斯申明“这个价格不包括游艇上的移动设施，比如 GPS 等。这样一来，船长也能让安格斯感觉到这笔交易没那么容易，只有双方都努力去达成交易，最后才会皆大欢喜。你要是问我怎么知道的，那是因为安格斯就是这样跟我说的。

这笔交易的问题不是出在钱上，而是成交的过程不对劲儿。25 年前，我最后一次见到安格斯时（他已于去年 8 月离世），他仍然对这笔交易耿耿于怀。他私下跟我说过不止一次，他很懊悔当初没有慎重考虑就买下了伊泽贝尔号。我觉得，也许得等到这艘游艇报废，他心中的疑窦才会消除。

谈判者是希望谈一下的。如果对方没理解到这一点，谈判者会觉得自己上当受骗了。不经过谈判，直接接受首轮报价，会让谈判者对这个交易感到心虚，同时也会挫伤他们对谈判抱有的自信心。

如果以首轮报价成交，谈判者就会一直念念不忘：要是给出更低的报价，对方还会接受吗？

自测详解

3

1. **如果你打算把自己的游艇卖掉。按照行情，这艘游艇至少能卖 30 万英镑。就在你考虑要不要登一则售卖广告时，一个游艇发烧友得知了这个消息，愿意出价 33 万英镑买下这艘游艇，用现金支付。你会：**

a）二话不说，直接成交。

错！你只想着能赚点就行，却没想游艇真正值多少钱。商品的价值是由市场决定的，而不是由个人来决定的；买家才是决定最终售价的那一方。你多半没想过，接受首轮报价会带来那么多问题。所以，面对首轮报价一定要还价。

b）请他等广告刊登后再来议价。

错！这样做是大错特错。对方给出的价格已经高于你的要价，拒绝实在不是明智之举。买家可能明天就看上另一艘游艇，不买你的了。当然，可能有人会出更高的价格购买，但也可能没有。

c）讨价还价。

正确！讨价还价的方式不重要，重要的是要有讨价还价的过程。预留一些议价的筹码，让你的报价看上去更合理。这些筹码可以是艇上的设备，可以是船帆，也可以是已经支付了的一季度系泊费，还可以是确定的交接日期。比如，如果对方说“我们计划下个月要参加马尔岛的比赛，希望那时能够驾驶伊泽贝尔号出海”，你就可以以此为筹码谈价格。让他知道，你没那么容易就接受他报的低价。建议你最好跟对方还个价。并不是说非得来场拉锯战。你完全可以借此试探一下对方，看看能否再抬高一点价格。和最终的交易结果相比，为达成交易所付出的努力显得更重要。

2. **你想买一艘游艇，看中了伊泽贝尔号，它标价 35.5 万英镑，但你只有 33.3 万英镑。正在这时，你在船坞遇到了游艇的主人。于是，你告诉他自己对这艘游艇很感兴趣，但你手头只有 33.3 万英镑，而他同意以此价格成交。你会觉得：**

a）这个机会不容错过。

错！这会显得你很鲁莽，不是一个深思熟虑的谈判者。

b）太糟糕了。

正确！卖家会接受更低的价格吗？伊泽贝尔号是不是存在什么问题？卖家为什么如此爽快？你可能永远都放不下这个疑问：这到底是不是一笔合适的买卖？没有议价的过程，这些问题会一直困扰你，让你无法尽情享受未来的快乐时光。如果一报价就成交，那你首先要考虑的是：怎么向家人和伴侣解释这一切。

c）自己很会砍价。

错！你怎么知道这一定是笔划算的交易？当然，不排除这笔交易确实划算。可是，也有可能这艘游艇只会给你带来一大堆麻烦。比如，为了修那些不太明显的故障，你不得不花一大笔钱，更不要说你还得为此不断操心。

4

为什么说抱怨不是谈判

如何借机改善处境

自测

4

1. 你和一群朋友在一家餐厅为你的爱人庆祝生日。尽管已经预订座位，也准时到达了，结果却没有服务员来招待你们，足足把你们晾了 20 多分钟。你会：

   a）向路过的服务员抱怨。

   b）向餐厅的领班投诉。

   c）要求领班赠送一瓶酒作为补偿。

   d）要求见餐厅老板，向他 / 她投诉。

2. 你在销售部门工作了两年，却发现有些同事的薪水比你高，甚至有一个刚入职半年的同事都比你拿得多。你会：

   a）向老板抱怨自己的待遇低，并要求加薪。

   b）告诉老板你比新同事更优秀。

   c）建议老板说明，需要哪些条件才能获得加薪。

你是否曾因别人的不作为或漠不关心，觉得不知道怎么办才好？这种情况大家肯定都遇到过。我们总会因为某人而感到失望。事实上，那些曾让我们失望的人，唯一可以肯定的是，他们还会一而再，再而三地让我们失望。以离婚诉讼案为例，违背诺言、辜负期望和梦想破灭的情形比比皆是。

然而，这样的情形并非只出现在离婚案的庭审中。无论是什么样的官司，你只需要稍微了解一下就会发现，原本合作愉快的生意伙伴，因为一些实际的或想象中的分歧，对簿公堂，甚至要置对方于死地。这样的情形太常见了。

没人知道让人崩溃的事情什么时候就会降临到我们头上。而且，也不只是工作上的事情才会让人崩溃。让我们崩溃的地点无处不在，可能是在家里，也可能是在餐厅、旅店或酒吧，还可能是在机场行李托运处、剧院售票处、海关柜台、商场、出租车站，甚至是在社区学校的家长会上。一对欢喜冤家无论在什么地方相遇，都可能会找一些形形色色的理由，来抱怨对方总是跟自己对着干。（尤其是在婚礼、葬礼或生日聚会的场合中，当家庭的融洽气氛被打破，又有双方的姻亲在旁时，就真的可能会打起来。）

也别光听我这么说！你回想一下，上一次理直气壮地觉得自己抱怨有理是在什么时候呢？如果你的回答是“8 小时之前”，那你要么是圣人，要么一直在睡觉（我敢打赌，就算是睡觉你也会梦见自己在抱怨）。抱怨是人类社会交往的一部分。

我并非要求大家克制自己抱怨的习惯——让大家在生活中不抱怨是不可能的，就连英国历史上的克努特大帝都做不到。我不会自不量力地号召大家违心地停止抱怨。恰恰相反，我觉得以恰当的方式抱怨是有好处的。当你抱怨他人的同时，还能向对方提出建议，而不是仅仅发泄你的不满，这就可以让你的抱怨更有效力。

不要给他们打电话，让他们打给我们

市场环境瞬息万变，房地产开发公司的财务状况对公司的运营起着举足轻重的作用。因此，经理们每天一上班，在调用资金之前，要先花一个小时了解公司的财务状况。这一点非常重要。

如果公司突然出现资金短缺，那么务必要在进行房地产交易之前了解情况，以防被迫需要借短期高利贷来周转资金。一家公司如果一年内多次进入市场短期融资，可能会给别人留下

不好的印象。

然而，当财务人员一大早给银行打电话，却很难接通时，问题就出现了。银行柜员和公司财务人员之间会因此产生摩擦。双方的关系变得越来越糟糕，财务人员会抱怨银行“拒绝配给”“办事拖沓”“服务不好”。基于种种原因，财务人员会认为将公司账户转移到其他银行刻不容缓。

为了化解关系“危机”，公司打算与银行开会交涉。为此，财务人员整个周末都在加班，整理证据，历数银行在过去两个月的种种“不作为”，并且计算了由此给公司造成的损失。

那天上午会议召开之前，公司总经理（一位白手起家的百万富翁）接到财务部整理的资料，却看也不看地将厚厚的报告和相关的数据报表丢进了垃圾桶。总经理反过来询问财务：哪家银行更符合公司的需求，是现在这家银行，还是另一家新的银行？他建议公司财务要求银行每天早上 9：05 通过内部专线主动联系公司财务，而不是公司财务一直徒劳地打电话给银行。

结果，目前合作的这家银行欣然接受了这个提议。总经理提出的解决方案奏效了。但是，假如放任公司的财务人员在会上一味指责银行，那么一场争论就会在所难免。

并非所有的谈判都是友好协商。有些谈判会呈现剑拔弩张的气氛。这种情况并不局限于行业谈判或外交性谈判。在商场，做不成生意常常是因为一方认为另一方在某种程度上不讲信用，比如：不能履行承诺，经常延期交货，质量监管效率低下，产品性能未达标，收益可能低于预期，等等。

签订成交合同只是商业来往的一方面，而执行合同则更为重要。面对复杂的生产过程，导致一方无法执行合同的原因多种多样，因此，必须有一些预案，确保在合同签订后，出现利益冲突时，能够解决纠纷。

在处理公司业务或解决私人问题时，大多数人都会遇到的问题是：他们可以轻松地处理一些无关痛痒的事情，可一旦涉及最关键的问题，却又束手无策。

每个人都会想着通过抱怨来占得上风，这一点概莫能外。我们善于挑刺儿，于是就有了理由抱怨，尤其是当我们察觉到自己的不满被对方轻视，或者觉得自己遭受了不公正的待遇时。但是，我们没有想清楚的是，除了抱怨还能做些什么。事实上，我们常常搞不清楚怎么才能让自己的利益最大化，或者说，我们不懂怎样补偿自己的不满。因此，我强烈主张：

不要只是抱怨，要提出解决办法！

谨记，你需要关注的不仅仅是对方的过失，更要考虑自身的利益。

在此，我将用自己的亲身经历来说明，跌入“无解的陷阱”有多么容易。(从纠正错误和解决困惑中吸取教训，才是最有效的做法！）

某天傍晚，我乘机从新加坡到伦敦，中途在格拉斯哥转机。说实话，那天我非常累。我要去参加由一家跨国公司的财务团队组织的周末活动，他们在苏格兰做了一个大型民间融资项目，此次活动便是为了审查项目谈判的进展情况而举办的。这次出行，主办方为我预订了一家位于洛蒙德湖畔的五星级大酒店的客房。然而，我入住的房间有一个很大的缺点：如果白天不开空调，同时把窗帘拉开，整个房间都会处于夏季的烈日暴晒之下，人待在里面，热得像是在蒸桑拿。

那时，天色已晚，我已经疲惫不堪，当晚又没有其他地方可住，于是，我洗了个澡就睡了。第二天一大早我要和团队碰头，加上长途飞行后还要倒时差，所以我连晚饭都没吃。可想而知，当时我的心情有多郁闷！

因为时差和酷热的关系，那一晚我不断惊醒、辗转难眠，内心十分失望。这家顶级的洛蒙德湖酒店和之前我住的新加坡莱佛士酒店相比，简直有天壤之别，让我十分不爽。在莱佛士酒店，客房服务员白天会拉上房间的窗帘，并打开空调，客人在晚上回来时，就会觉得十分舒适。

我在心里打好草稿，准备第二天一早向酒店经理投诉这件事。我打算先说明，大白天把朝南的房间的窗帘拉开会导致什么后果，尽管苏格兰不是热带地区，这样做还是会让房间热得没法住人。亚当兄弟在 18 世纪的乔治时代建造了这座宏伟的建筑，而那个时代新加坡还只是一个遍地沼泽、鲜有渔民到访的小岛。可是到现在，新加坡酒店的服务水平已经远超苏格兰的酒店。苏格兰五星级酒店的服务也不过如此，与新加坡酒店完全不可比。我想当然地认为，一般情况下，酒店经理会因为我的投诉而再三道歉，并立刻给我换一间面朝花园、有大理石装饰的浴室和私密露台的酒店套房。

第二天一大早，我怨气满满地走到酒店接待处，与前台那位青春靓丽、衣着时尚的女士交涉。我告诉她因为客房服务员将窗帘大开，导致我的房间里热得要命，不过，我强忍住没有将这家酒店与莱佛士酒店进行比较。

而她是怎么反应的呢？她建议我打开窗户，居然提也没提给我换房间！我大为震惊，却只得悻悻离开。

但回想起这事，就像那天晚些时候我在酒店会议室一边吹空调，一边对谈判进行复盘时得出的结论一样：对于这件事，除了怪我自己，我怪不了别人。既然我没有要求换另一个房间，那么她为什么要主动提出给我换房间呢？

我完全可以要求酒店给我换个房间，这是一个完全合理的要求，除非这家酒店主打的就是蒸桑拿的服务。作为投诉方，我应该提出自己想要的解决方案。如果我自己不说，等于将提出解决办法的主动权让给了对方。可以肯定的是，如果我们将主动权让给别人，那么别人在提出解决方案时，极有可能只考虑自己的利益，而不在意我们的利益。因此，在这种情况下，酒店前台只是建议我打开窗户，根本不管开窗会让外面的热空气进来，房间就会更热。

在这种情况下，当我们对某事感到不满时，我们会严厉地指责对方给我们造成了伤害。几乎每个人都会这么做。

- 攻击别人，别人自然要予以反击。
- 强烈地攻击别人，别人的反击自然会更强烈。
- 对别人的能力说三道四，就得容许别人对你的能力挑三拣四。
- 觉得别人的家教差，人家自然会觉得你也没把你家孩子教育得多好嘛。
- 想让别人对问题担责，他们只会表示这跟自己一毛钱关系都没有。

试探对方的脾气永远不会让怒火得到平息。而且，争吵的时间越长，你能占便宜的可能性就越小。不断地吵来吵去，只会让你嗓子痛（可能还会鼻青脸肿）。教训显而易见。把时间花在准备一场发泄不满的激烈争吵上，完全是浪费时间，也是在无谓地消耗精力。

被怠慢了该怎么办

前段时间，我们去爱丁堡的一家意大利餐厅就餐。刚一进门，就看见一个聚会的组织者和老板正在激烈争吵。争执的起因似乎是，前一桌的客人还没有吃完饭，所以餐厅无法让他们在预订的餐桌按时落座。那个聚会的组织者吵吵嚷嚷地坚持要立即就座。这显然是个无理的要求，餐厅老板总不可能把正在用餐的顾客赶走吧。就听见这位客人一直在训斥餐厅经理，反复强调，餐厅接受了他晚上 9 点的预订，而当他和客人到达时，餐厅并没有准备好餐桌。

这位客人把正准备进门的我们推搡到一边，毫无歉意地带着一帮人离开了餐厅，站在街边大喊着："我再也不来这家餐厅了。"我走上前，只看到怒气冲冲的老板转向我。毫无疑问，他认为我也会质问他："你这是怎么经营餐厅的？"他解释说，早些时候来的顾客坐了我们预订的四人桌，我们大概得等 15 分钟（也可能 30 分钟）才能入座。

"好的。"我回答道，"要是这样的话，我们就坐在吧台那儿喝点儿免费饮品，等一会儿好了。"他回答说："好的，没问题。罗科，你来给肯尼迪先生这桌服务，他们想要什么都免费提供。"我们几个喝了快一瓶经典基安蒂干红后，才等到了空位。这是我们碰到的真事儿。

如果对方因为没能提供应有的服务而感到抱歉，通常会接受合理的解决方案；以无理取闹的方式让别人难堪，结果就是什么服务都得不到，对方也不会因为没给你提供应有的服务而给你补偿。

试着提出个解决方案怎么样？为了补救，我们必须想出一个解决办法。而这需要时间好好想想。

准备谈判补救方案，需要注意以下四点：

- 你要主动提补救方案。这样你可以提一个对你有利的方案。
- 谈判要聚焦在你的补救方案上，不要宣泄不满情绪。
- 提出补救方案表达了你积极解决问题的态度，对方就不必担心是不是还能继续跟你做生意了。
- 听到具体的解决方案，对方也许会很乐意接受（当然，这取决于你的要求是否合理）。

在生意场上，如果你没有提出任何补救方案，就等同于你将这一问题的主动权交给了别人，也不管他们会怎么做。如果你只是一味指责对方，对方就有可能不再局限于为自己辩护，而是先默默承受你的指责，让你认为自己“赢了”，之后，他们可能会派出些“捣蛋鬼”在未来合作的业务中暗地里捣乱。在大型组织中，人们有很多办法暗中下绊子，以报复那些“难缠的客户”，这种行为在业内被称为“穿小鞋”。任何一个曾在生意场上（以及恋爱中）受过挫折的人都会明白，上面的忠告是多么重要。

即使你位高权重，也无法保证给别人施压就能产生对你有利的解决方案。如果对别人施压，人家可能会为你做点事，但也是尽可能少做。然而，如果你给出了合理的补救方案，那问题就至少解决了一半。

避免对方不满意的一种方法是要有预案。在可能的情况下，要提前想好解决办法，应对可能出现的不满情绪，防止因为情绪失控而无法达成妥协，最终导致两败俱伤。

我们会发现，之所以会产生不满情绪，主要是因为我们漫不经心地把一切都托付给了模棱两可的承诺或保证。因此，当出现始料未及的问题时，我们应该专注于与争议问题相关的现实选择，而不是无关紧要的问题。如果这道菜变质了，那这就是问题所在，不要纠结你进来时没受到应有的欢迎，或者前台没有妥善保管你的外套之类的问题。如果你爱人迟到了，那这就是问题所在，不要去扯他 / 她的妈妈又怎么了，或者去年他 / 她忘了周年纪念日，等等。

找到可以让你获取部分补偿的折中方案是关键。餐费打个折也许能补偿难吃的千层面带来的糟糕体验；免费提供一杯饮品也许可以弥补房间里电视故障带来的不便；抑或前台忘记及时打电话通知你取早餐，于是酒店为你提供了免费的出租车，让你觉得也还行。

有一次我乘坐晚班飞机从吉隆坡到阿姆斯特丹转机。到达阿姆斯特丹时已是深夜，我当时疲惫不堪，更倒霉的是，再次登机后，还把我从商务舱降到了经济舱（不知道谁那么幸运，开心地获得了最后一刻的升舱待遇）。一位从我旁边路过的空姐，发现我看上去不太高兴，问我怎么了。我跟她说了我的遭遇，又说不知道我的行李是不是也上了飞机，还有就是我对她们航空公司不太满意，不过如果能来一杯免费的白兰地，也许能让我稍微开心一点。几秒钟后，她端着两杯白兰地回来了，我接过白兰地，拿在手上，心情好了不少。

自测详解

4

1. 你和一群朋友在一家餐厅为你的爱人庆祝生日。尽管已经预订座位，也准时到达了，结果却没有服务员来招待你们，足足把你们晾了 20 多分钟。你会：

a）向路过的服务员抱怨。

错！向路过的服务员抱怨对你有什么好处？他正忙着招待顾客，听到你的抱怨，他肯定首先想到的是躲开。

b）向餐厅的领班投诉。

错！直接向领班投诉虽然没错，但如果只是抱怨，他就还得猜测你到底想要怎样，于事无补。

c）要求领班赠送一瓶酒作为补偿。

正确！选这个就对了。告诉领班（不要吼叫），你想让他给你赠一瓶酒，让你邀请的客人在等座时品尝。这样他就知道怎么做才能让你不会因为被怠慢而不满，也不用猜测怎么做才能补偿你。

d）要求见餐厅老板，向他 / 她投诉。

大可不必！闹到老板那儿，无非就是向他 / 她抱怨被怠慢，这抱怨跟向路过的服务员抱怨一样，没什么用处。

2. 你在销售部门工作了两年，却发现有些同事的薪水比你高。甚

至有一个刚入职半年的同事都比你拿得多。你会：

a）向老板抱怨自己的待遇低，并要求加薪。

错！向老板抱怨你的待遇有什么用？每个员工都认为自己应该被加薪，也会有人把不满说出来。老板们对这种事情司空见惯。总之，他们对你应得待遇的看法可能与你自己的观点并不相同。

b）告诉老板你比新同事更优秀。

错！这样跟老板说是没用的，这只是你的想法，老板的观点可能会与你有所不同。笼统的抱怨对平复你的不满毫无用处。

c）建议老板说明，需要什么条件才能获得加薪。

正确！让老板明确明年涨薪的标准，是一个明智的解决方案。将谈判的重点放在解决办法上，而不是含糊其词地抱怨。一旦老板设定了标准，而你达到了这些标准，就有了充分的理由要求加薪。

5

哈伯德妈妈谈判法

如何让对方降价

自测

5

1. 你是一家办公用品公司的销售代表，正在给当地的家暴受害者避难所打电话推销产品。负责该机构的社区工作者表示有意购买一台你们公司产品目录上标价为 2200 英镑的彩色打印机，而市政委员会给她的预算上限为 1755 英镑。你会：

   a）遗憾地拒绝这单生意。

   b）使用你的定价权限来促成销售。

   c）建议她考虑更便宜的型号。

2. 你正在为一家装修厨房的客户报价。你会：

   a）给出报价单中每个项目的详细价格。

   b）粗略地列一个价格明细。

   c）给一个总报价，不列出价格明细。

某天，我和我的律师朋友纳尔逊在苏活区的格劳乔俱乐部一起吃午饭。他跟我说他和合伙人们商量，打算给律所采购一套计算机系统，问我和计算机销售员怎么谈。我那时担任着几家大型计算机公司的销售顾问，对这个市场和计算机销售员的套路非常熟悉。

纳尔逊说，他确定自己想要哪种系统，但问题是，他的预算比这家计算机公司销售谈判代表的报价低 2400 英镑。此外，这笔交易成功与否对他来说很重要，因为他和律所的合伙人刚刚开始合作，他需要一个“开门红”来稳固自己在律所的地位。他告诉我，因为正在同时做两项办公设备采购预算，所以手头的现金很紧张。于是，我建议他试试“哈伯德妈妈谈判法 ”。他听了之后，忙说这顿饭他来请客，让我详细地讲述了这个谈判法怎么用。午饭后，纳尔逊回到办公室会见计算机系统销售代理。这位销售代理和我的两位客户是竞争对手，所以我也乐得看到他们被压价。

纳尔逊很有想象力，编了一套非常令人信服的说辞。他先是让销售员再次展示了自己产品的优点，并约他在本周晚些时候来办公室为合伙人和律所的秘书们演示系统。

纳尔逊是“潜在客户”，所以卖家需要尽可能满足他的要求，促成交易。这没问题。可是，销售员却还透露，他对纳尔逊这单生意格外重视，因为他发现繁忙的律师事务所具有很大的市场潜力。他希望借此拓展市场，提升其产品在律师行业的销量。这位销售员确实不应该给纳尔逊透露这个信息。

纳尔逊并没有掩饰他愿意承对方好意，做成这单生意。他只是隐约暗示，如果这个系统确实像销售人员说的那样好用，他一定会给同行们推荐这款产品，帮助计算机公司拓展销售业务。律师们在法庭上虽然会唇枪舌剑，针锋相对，但在法庭外往往关系很好（当然也不全是这样）。

来办公室演示之后过了一周，纳尔逊就用上了哈伯德妈妈谈判法。他告诉销售员，合伙人原则上批准了采购方案，但他们给的采购价格预算上限是 11500 英镑。按他的说法，“真的是一分钱也不能再多了”。为了强调这一点，纳尔逊把合伙人的周会纪要都拿出来给销售员看了。他把会议记录推到桌子对面让销售员仔细察看了一番。

纳尔逊的这一举动简直是神来之笔。为什么这么说呢？因为自从摩西把十诫的石板带下山后，书面语就比单纯的口头语言更有权威性。比起口头语言，人们更容易接受书面文字（电视和报纸除外），这就是卖家印刷出来的价目表具有绝对权威的原因。纳尔逊告诉卖家，因为这套系统定价是 11500 英镑，加上 500 英镑的培训费和 1900 英镑的年度维护费，总计 13900 英镑，这个价格恐怕超出了自己的支付能力。因此，合伙人让他再去别的公司询一下价，看看有没有更便宜的产品。

卖家显然被这个消息弄得不知所措（在谈判中流露情绪当然是错误的）。可以预见的是，针对 11500 英镑的还价，销售员给出了几个价格优惠条件，比如提供一些免费软件、缩减培训以及延长付款期限等。纳尔逊也给出了积极回应。但销售员的错误在于，提供的这些优惠都没有解决预算上限这个核心问题。对于 11500 英镑总价这一点，纳尔逊不愿让步，也坚持说他不能让步。纳尔逊开场的压价有书面会议记录证明，所以卖方就对纳尔逊的还价没有怀疑。

纳尔逊承认在他的预算范围内买到合适的计算机系统确实很难，但他没办法，因为 13900 英镑的价格远超过他的预算。

谈判陷入了僵局。卖家知道，如果想做成这单生意，必须降价，但对他来说，降价也得有个理由。因为还没想清楚，他便提出跟公司商量一下，再来找纳尔逊谈。如果他告诉纳尔逊，他会“仔细考虑后”再给他答复，可能要比这样答复好，因为这个答复透露出的信息是，他没有权限做决定。这一点可是谈判的禁忌。此外，冒着让其他计算机公司参与竞价的风险，是个不妥当的决定（在竞争激烈的计算机系统销售市场上，总能找到“更便宜”的产品，即使当下没有，很快也会出现）。

三天后，纳尔逊接到一个电话，说计算机公司可以给他“特价”，价格为 10500 英镑。此外，销售员还表示，出于对自己产品质量的信心，公司同意让他推迟一年再交 1900 英镑的维保费。

这个“独家优惠”价格包含 500 英镑培训费在内，总共只有 11000 英镑，完全在纳尔逊的预算范围之内。纳尔逊采用哈伯德妈妈谈判法大获全胜。我对纳尔逊的成功表示祝贺，并且认为，他其实可以把那 500 英镑的培训费也让对方免了——在我看来，要求客户向计算机公司付费学习如何使用他们的系统真是荒谬。

几年后，我建议大型系统公司全额收取培训费用，而不是让销售人员提供免费培训。销售员这么做，是因为培训费属于维护预算，而不是销售预算。以 IBM 公司为例，他们以前卖计算机的时候会免费赠送极具价值的“软件开发”服务，最后他们改变了做法，免费赠送计算机硬件，却对软件开发服务收费。

言归正传，纳尔逊第一次尝试哈伯德妈妈谈判法就取得了巨大成功。这次谈判为律所节省了 2400 英镑。对纳尔逊来说，我们那天在格劳乔俱乐部吃的那顿饭实在是太值了。

“要是这么贵，我就不换了”

维修汽车、船舶发动机和轻型飞机之类的设备可能要花一大笔钱。

哈利·史密斯的一艘小游艇的发动机出了故障，于是他把小游艇拉到了修理厂，请他们检查一下，看看是哪儿的毛病，然后报个价。一星期后，修理厂给哈利打电话，说需要换个发动机，因为旧发动机的轴不行了，用不了多久就会彻底坏掉。

新发动机大概需要 900 英镑，而且修理厂还要收 150 英镑的安装费。

哈利觉得，为了一艘平时不用的船花 1050 英镑换一台新发动机不划算。于是，他试着用哈伯德妈妈谈判法和修理厂讨价还价。他告诉修理厂不换了，他打算把这艘游艇卖了（目前看来，还可以卖 800 英镑），下周二他就去修理厂把游艇拉回来。

周一，哈利就来到修理厂，暗示自己已经找到了买家。哈利告诉修理厂的经理，计划用卖游艇的钱买一艘小艇。修理厂经理不想失去这一单生意，也不想失去一个有维修和保养需求的长期客户，于是他问哈利，要是换发动机的话，最多能出到多少钱。哈利再次使出谈判法宝——哈伯德妈妈谈判法，说：要是换发动机的费用不超过 350 英镑，他才考虑留着这艘游艇。因为后续发动机的安装、维护和加油都需要钱，费用太高的话，他就不如像以前一样，弄个小艇玩玩算了。

经理觉得 350 英镑的报价也不是不可能。他告诉哈利，库房有一台翻新的旧发动机，如果哈利不介意的话，他可以给哈利的游艇装上，加上 85 英镑的安装费，再给哈利优惠一下，总共 400 英镑搞定。经理说："这台发动机是一位顾客三年前留在这儿的，后来再也没见他来过。

哈利最终以 390 英镑的总价与经理达成一致，换了一个"新"发动机，保修期两年，免费安装。

经常有人问我，在不清楚价格明细的情况下，买家如何才能利用谈判（例如哈伯德妈妈谈判法）砍下卖家给出的高报价。这个问题问得好，说明人们正在发现哈伯德妈妈谈判法的好处。卖家的价格超出我们的预算时，要想办法让卖家掂量掂量报价中虚高的成分。我们的任务是想办法让他们主动公开信息，与我们分享。

直接（大胆地）询问价格明细是个办法。很多销售培训都建议销售人员报价时尽量笼统，不要给出价格细目。如果必须给出，那么就尽量把报价设计得看似透露了很多信息，但实际上没经验的人根本什么也看不出来。

有时候，报价中会列出每日人工费用，有些琐碎的活儿还会按每小时人工费来报价，还有就是材料和零件成本（通常是列在报价清单里的）。报价是谈判的第一步。不过，不要太执着于对价格明细挑刺儿，因为价格就像珠穆朗玛峰一样，始终就在那里。你也许能发现一些问题，也可能什么也发现不了。你发现的小问题也许会把你的注意力从那些你完全不懂却很重要的问题上引开。

职业买家和卖家会分享其所在领域的专业知识，但不见得会向你透露一丝一毫。纳尔逊虽然不是计算机领域的专家（但他的学习能力很强），但就像舞蹈大师会降低动作标准，让业余舞者自由发挥一样，纳尔逊也可以通过告知卖方预算紧张来迫使其重新报价。毕竟，卖家非常了解价格结构中虚高的部分，在被逼无奈时，他很清楚可以削减哪些报价，同时还能保证有利润。

但是，这并不妨碍我们要求卖方以恰当的方式提供价格明细。政府买家有权要求并获得所有卖方及其分包商的成本数据，这叫作“透明议价”。有人也把这个称为“政府强制行为”。而我们这些普通买家不太可能有这样的强制力，所以要尽可能地多多询问，获得更多详细信息。我们还可以通过比较多个卖家的报价来对卖方施加压力。针对披露更多价格细节的要求，每个卖家给到的回复都不尽相同。

自测详解

5

1. **你是一家办公用品公司的销售代表，正在给当地的家暴受害者避难所打电话推销产品。负责该机构的社区工作者表示有意购买一台你们公司产品目录上标价为 2200 英镑的彩色打印机，而市政委员会给她的预算上限为 1755 英镑。你会：**

   a）遗憾地拒绝这单生意。

   错！拒绝找上门的生意可以称得上是故步自封的短视行为。对方也许是个潜在客户。我们应该首先弄清楚对方是不是潜在客户。也就是说，要想办法先弄清楚对方的预算是多少。

   b）使用你的定价权限来促成销售。

   错！如果你可以自主定价，在销售时给对方随意降低价格，那么岂不是配合对方的哈伯德妈妈谈判法，让对方轻而易举就讲价成功吗？

c）建议她考虑更便宜的型号。

正确！建议她买更便宜的产品（让她想想，产品颜色对她来说真的那么重要吗？是出于商业原因还是因为她就是喜欢这个颜色？），你可以借此试探一下她是不是很在意价格。更便宜的一款可能非常适合她想要一台彩色打印机的需求。她可能没有意识到，这一款的墨盒很贵，选这个会增加使用成本。如果不多问问，你可能并不清楚她为什么要选这个型号。给她推荐其他较便宜的型号可能会试探出她为什么要这款贵的，也许对方已经有了增加预算的打算。即便没打算增加预算，至少也引导对方向你的报价靠近了一步。

2. 你正在为一家装修厨房的客户报价。你会：

a）给出报价单中每个项目的详细价格。

错！绝对不能提供详细的价格信息（记住，不问就不说！因为详细的价格信息会促使买家压低你的报价）。

b）粗略地列一个价格明细。

错！如上所述，不要提供详细的价格信息；让对方提一个能接受的价格区间，这样你就可以给对方报一个大致的价格区间而不是具体的价格。不要把自己的盈利空间都一清二楚地摊给潜在客户看。

c）给一个总报价，不列出价格明细。

正确！坚持报一个总价，如果不行，就按产品类目分组列出价目表。

6

白纸黑字的威力

如何避免对方反悔

自测

6

1. 你创办了一家公司，运营得还不错。因为产品需求持续增长，你需要找个助手来协助管理公司。有一次，在和一个知根知底的朋友聊天时，你发现他有意跳槽，于是想让他到你的公司担任经理一职。你跟他聊了聊自己对这个岗位的期待以及他有多么适合这份工作，并且还跟他敲定了底薪。一切都商量好了，他准备来上班了。你会：

   a）在法律顾问起草的聘任书中列出你们商量好的任职条件。

   b）鉴于两人是多年好友，达成口头协议就行了。

2. 你是一位经验丰富的跨国采购经理人，多年来，以短期合同的形式在许多国家为联合国和一些国际机构资助的项目服务。在圆满完成上一份工作后，一个发展中国家的政府机构找到你，邀请你为该国新成立的政府从事采购工作。经过层层面试，你成为唯一的候选人。这份工作薪酬相对较高，但由于安全原因，在职两年期间你不能有家人随行。你决定接受这份工作，但是，你打了好几通电话，还是没有在出发前拿到工作合同。抵达当地就职两周后，依旧没收到合同。你会：

a）接受对方政府官员和母国使馆工作人员的口头保证，即一切进展顺利，工作合同耽搁的问题，也是你被雇来解决问题的一部分。

b）坚持以书面形式明确你的身份，并写进正式合同。

c）面试后，将聘任通知信函以及对方政府官员和母国使馆工作人员指明你是该项目采购主管的全部通信往来，都打印出来并寄回家妥善保管。

五年前我曾参与过纳尔逊的谈判，从那以后，我一直担任一家全世界最大的商用软件开发商的咨询顾问。有一次，这家公司的英国销售团队在一项重大合同的投标中失利，而我的任务是为其进行一场谈判后的复盘会议。会议间隙，一位参会的高级经理找到了我，他称自己是“内维尔”，是我在《谈判》第一版中提到的那位计算机系统推销员（本版也有）。

初次见面的尴尬一闪而过。内维尔表示自己的销售技巧受到纳尔逊的“哈伯德妈妈”伎俩的影响。他由衷地称赞纳尔逊是“一个身形高挑、相貌堂堂、语速飞快的家伙，也是第一个真正意义上和自己成交的顾客”。那时候，内维尔还是个销售新手，那次的经历让他受益匪浅。他说：“当然了，被对方的花言巧语拿捏住是我的问题。但你要明白，我对那次交易势在必得，如有必要，我还会再降价。”

这个故事证明了，若是预算有限而你又想给老板留下深刻印象时，“哈伯德妈妈”那一套值得一试！但内维尔提到的其他内容也值得深思。我问他与纳尔逊进行交易时的要点，他快速回答：“先前的会议记录设定了他的预算限额。他本可以编造一些数字，可当他给我看了书面证据之后，我就必须相信他。”他最后补充说：“从那以后，在达成交易的关键时刻，我经常采取这样的书面证明策略来避免价格侵蚀（下跌）。”

这是人们对于书面文件的典型反应。白纸黑字具有权威性，让人觉得更正式，能够提高信任度。此外，书面文件便于留存，更具效力，即便是世上最伟大销售员的说辞也比不上，因为空口无凭，说完就忘了。林肯总统在葛底斯堡短短 278 个单词的演讲，本来只有在场的人才能听到。然而，因为总统把演讲的内容写了下来，后来又印刷成册，这场演讲也就成了西方历史上最伟大的演讲之一。内维尔关于书面证明的观点在买卖双方的谈判中被广泛应用。事实上，书面证明会影响合同关系中的任何一方（任何类型的关系都有可能受到影响！）。

商人在做出承诺后，如不履行，就会给他人带来损失。所以他们必须要缴纳财务保证金作为抵押，如果违背承诺，保证金将会被没收。这些罚金累计起来可能是相当大的数额，数额越大，对你背弃承诺的威慑力就越大。在伦敦金融城，股票经纪人始终秉持“言出必行”的信念，勤恳工作。因为他们知道，如果自己没有信守承诺，那么无论损失多少，作为伦敦金融城的交易员，他们的职业生涯就终结了，再也不会有人愿意与他们交易。而且他们还将终身面临严重的社会排斥，自己和家人的生活都将毁于一旦。

那位看上去总是很忧郁的德国哲学家弗里德里希·尼采曾认为，人类是最先在苦痛中学会遵守诺言的生物，而在地球上，那些未能遵守诺言的生灵常常为此付出惨痛代价。法庭上到处都是诉讼人，他们因为各种各样违反书面合同承诺的行为提起诉讼；还有好些因此丢了性命，在他们的债权人看来，这些人都是在不使用书面合同的行业中严重违背承诺的人。

书面文字的威力涵盖了谈判关系的方方面面，其作用远超书面材料作为重要证明所起的作用，就像纳尔逊使用了“哈伯德妈妈”技巧，用会议中的书面记录来取得内维尔的信任一样。

那么，为什么谈判者似乎总是会忘记这个原则，即白纸黑字胜过空口白牙？

大多数情况下是因为他们健忘，再加上谈判时陷入了虚假的安全感之中，卸下了防备。有时，也可能是因为某些意外情况所致。

例如，筹备北海石油钻井平台项目时，会涉及大量的工作，其中就包括对众多工程项目承包商的管理。

随着钻井平台操作模式的切换时间越来越近，工作也越来越紧张，所有人都忙得不可开交。有些人在重复已经做完，但却出于某种原因被其他承包商搞砸了的工作，还会有一些无法预料的问题出现，比如，需要进行计划外的更改；或者，从一开始工作就出现延迟，等延迟的工作完工时，龙门架却处于关闭状态；等等。

承包商在处理变更订单手续时，应该认真对待文书工作。但现实是，项目临近截止日期，时间紧，任务重，再加上需要钻机管理人员注意的复杂情况层出不穷。这些可能意味着文书工作在当下并非首要任务，眼前最重要的是处理那些并没有适时记录的紧急变更事务。

文书工作是岸上责任，岸上会计严格按照钻井平台的订单变更协议兑付承包商提供的发票。如果承包商没能确保其承担的所有额外工作都包含在已签署的变更文件中，那么，对额外产生的费用，会计将不予支付。但是，如果承包商没能及时找经理签字，从而导致未能按时完成额外工作，则可能会严重扰乱其他承包商的工作进度，进而延迟钻井平台的首次运行。因此，需要对那些应承担责任的人进行处罚。

在岸上总部工作的会计很少去钻井平台，他们对运营要求一无所知。坦白地说，在会计看来，承包商都是些不守承诺的“骗子”。因此，会计认为，没有签字的文件意味着承包商是在虚报发票，他们决不会接受这种行为！

在土木工程建设过程中，文书工作是“烫手山芋”。我认识一位土木工程师，他放弃了做承包商，转行受雇于现场工程师，做起了“文书”校对的工作。这份工作主要是弄清现场的成本流失状况。成本流失的原因通常很复杂，难以识别和监管。这位土木工程师原先的公司，在某次生意萧条时，应邀参加了英格兰南部一条新修建的长 700 多米的公路隧道工地项目，对该项目中几家承包商的变更索赔进行核查。因此，他得以偶然进入这个领域。

他因为帮甲方排查出许多虚假索赔情况而大赚了一笔，这件事在业内广为流传，他也因此获得了更多的工作机会。不久之后，他卖掉了自己原先的土木工程公司，开始专门从事文书工作，即确保从客户进入建筑工地那一刻开始，到项目完成移交给最终客户，现场文书始终真实完整。他熟悉这个过程中的大部分猫腻，能分辨出什么是真正的变更索赔。

如今，他的公司生意很好，雇用了 10 名员工。业务包括替承包商们做那些他们无法胜任却又必不可少的文书工作，以及帮他们记录那些因为天气状况、缺勤和事故等可能对工程进度产生巨大影响而引起的索赔。掩藏在土木工程中的各种猫腻，再也不能充当虚报赔偿的主要手段了。

不付钱，返工会更糟

一个分包商为龙门架做完防腐性防护后不久，另一个承包商的团队沿着龙门架焊接了把手，这样一来，他们就能沿着新粉刷的龙门架铺设电缆。焊接过程对防水层的损坏非常严重，必须重新油漆。为了保证施工计划按时完成，防腐施工队匆忙进行了返工，但钻井管理团队并没有签署必要的文件。这在后来引起了一场严重争论。防腐分包商提交了一份关于额外材料和工时的发票，而石油公司的会计拒绝支付，因为变更文件没有甲方的签字。

因此，你如果对以书面证明为由进行支付存有任何疑问，就该想想，因为没有妥善管理书面资料，或者实际上，从你本可以做好书面记录的那一刻起，却没有做好这项工作，因此会让你和他人损失多少钱。

在所有大型项目中，几乎无一例外地要一边施工一边对设计方案进行轻微或重大的更改。这些问题大多是由对方代表和你所在公司的代表协商解决。虽然这些沟通常是非正式的，也没有记录，但在一起共事多年的人都不会忘记。

这就是问题所在。当我们与信任的合作伙伴就某些小事达成一致时，我们只管执行，往往不会考虑到留存书面证明。但是，正如俗话说的那样，“千里之堤，溃于蚁穴”，当基于善意和互惠的妥协没有进行书面记录和双方签字时，就会发生这种情况。

此外，还会有人员调动的情况。接替岗位的人，未必和原来的业务伙伴有什么交情，彼此也缺乏信任，于是双方的合作与工作进展就不如以前那样顺利。因为缺乏信任，工作中，人们会不认同过去司空见惯的非常规操作，彼此之间非正式的谅解也不复存在。然而，很快人们就会忘了要记录达成共识的变更或新的指令。一起共事的都是熟人，彼此信任，精力都集中在努力完成工作上。所以，就这样吧！

往下看，你会看到“货车协议”的故事。这个故事里倒是有书面协议，但有与没有一样糟糕。因为，虽然书面协议减少了一种风险——证明了你对租用车辆的临时所有权，但却不涉及你在行使这一个月所有权期间可能发生的所有事件。所以你需要的不仅仅是一句话。拿到新协议后，你得自己做好记录，把说好的变更之处写进原协议里，确认这些变更产生了多少成本（包括时间、人员和材料等等），然后把这些作为附件发一封电子邮件给员工，邮件里要求大家在开始工作前让客户代表签字确认。

如有人提出异议，请向他们出示事先印在变更通知书背面的注意事项，说明这是对方的要求。例如，客户的签字印证了对方给你承诺的条件。记住，白纸黑字的条款永远比口头声明更有说服力！

当合作伙伴闹翻时

与朋友一起做生意的人，尤其是那些能赚钱的人，往往会遭到“抢劫”。他们诚心诚意地认为可以有福同享，并保持了一段时间的友好合作。但其中一方会慢慢变得贪婪，觉得自己比别人干的活多，就该拿得多。出于友谊和信任，他们达成了五五分成的协议。然后一方开始斤斤计较，产生了关于谁上个月做得最多的琐碎争论，令人不快的愤懑演变为敌意。最终，他们闹翻了。

针对涉及多个卷宗的大型合同，在双方都同意的情况下，必然会要求在合同中加入条款变更的相关规定。没有人愿意为那些没有争议的小事情再来一次耗神费力的谈判。好处是你也没必要这样做，写一封注明日期的信函，详细说明合同中所有变更的条款，并由双方交换签字认可，这便是充分的书面证据。如果要减少多余的开支，或是为了满足工作流程完备的要求这样做，就堵住了人力资源部门人员、律师或会计师的嘴。有了这样的书面证据，在涉及你方利益的情况时，他们再也找不出任何借口。

亲密的朋友之间不履行口头协议的情况比比皆是。同样的事情也会发生在陌生人之间。因此，把这些口头协议记录下来，是预防记忆出错而采取的必要措施。记忆出错可能与身体的自我防御机制有关，人总是倾向于压制不愉快的记忆；抑或我们事后发现有些事本就是“不方便”或“不那么有利可图”的，于是就忘了。

> 给大家讲一下我过去常去的一家酒吧的故事。酒吧的两个合伙人谁也不理谁，靠着酒吧工作人员来来回回地传信儿。有一次问起，我才知道，酒吧的两个合伙人有矛盾：一个合伙人负责国外业务，长期不能回家；而另一个合伙人只负责当地业务，每天晚上都能回家；因此两人慢慢有了嫌隙。
>
> 他们的酒吧最后当然是倒闭了。由于没有任何书面记录证明，他们都没法为此打官司。可惜的是，他们的生意本来可以做得很红火。

即使记忆没有出错，人们也能够合理地重新解释那些他们早先出于善意和面子所达成的共识。是的，贪婪会使原本无邪的人忘了自己的美德，还会唤起心术不正的人心底的恶！当人们面对诱惑时，必须保护自己不受选择性记忆综合征的影响，提醒自己远离诱惑。

因此，不论是对你最好的朋友，还是对一个看起来没什么问题的陌生人，都要施以同样的原则。问题不在于他有多诚实，而在于当嗅到好运的味道时，他可能变得多么不诚实。他可能算来算去发现，无论你口头约定分给他的份额有多大（彼此也坚定地握手以示合作），可他只要打破口头约定，就能得到比口头约定多出一倍的利益，甚至连你的那份都吞掉。

后来发生的一切从一开始就有征兆，确实是针对你的。尽管你是公司创始人，给别人提供了一份工作，但对于那些和你不是一条心的人而言，给你打工这个念头就会让他觉得自己所做的无可厚非。就算你已经发现问题，并及时处理，但情况还是可能变得一团糟。如果你按照公司内部的人事工作流程，将每个职位的薪酬明明白白记录在案，这些问题就都可以避免。

这一点是最起码要做到的。不管对方是多么亲密的朋友或家人，没有记录在案的书面证明，就说明我们不够用心。不管对方是谁，是你的姻亲还是某个大人物的关系，该有的书面材料都不能少。自己的事业就像自己的孩子，需要自己操心！在聘书中加入一项条款（由律师起草，并将其作为今后招聘的标准文本），规定员工不得在同一地区从事类似的业务，也不得使用属于本企业或由本企业拥有的任何知识产权或“专有技术”，也不得以个人名义与任何客户私下合作，还有就是不得直接接受客户的付款，等等。

根据商业性质的需要，可能有必要签订另外的保密协议。有了这个协议，能够从你与潜在员工或合作伙伴开始讨论的那一刻起就规避信息泄露的问题。保密协议应该在开始商讨合作之前就签署，即使是非正式的。在欧洲，我们可以引用《数据保护法》、《人权法》和《一般隐私法》来解释保密的必要性。过早或无意（和有意）披露生意上的内容可能会对未来产生不利影响。别人可以利用泄露的信息来为自己谋利。例如，在讨论融资计划时，你应该要求在场的人签署保密协议（Non-Disclosure Agreement，NDA）。薄薄一页的保密协议不费事儿也不费钱，比起可能因信息泄露而遭受的损失，这个花费可要少得多（而且这份协议可以照搬照用或者稍微修改一下反复使用）。

我曾接受过一位客户的委托，他打算给英国一家小报投原创的稿件。编辑自然希望在讨论价格之前先看看手稿。我的客户对此很紧张，因为听闻编辑们会为了“独家新闻”而给他们得不到的稿件使绊子，在其他编辑面前贬低稿件的价值。那位编辑在签署保密协议时眼睛都没有眨一下。如果不要求对方签协议，会面临以下问题：其一，对方不会主动要求签保密协议；其二，编辑们因竞争而背信弃义！

如果编辑违反了与客户签订的合作协议和保密协议，并且客户能够提供有他们签名和日期的证明文件，那就意味着他们将面临一场非输不可的官司。想要说服法庭相信你跟他们达成了一致是不可能的。

另一种建议签署协议的情况是你要代表别人进行交易时。作为客户谈判代表，你的真实身份可能会影响到你与对方的谈判。从你透露自己只是代理人的那一刻起，你就变得容易被“套路”了。如果对方很贪婪，或想越过你和主事人谈判，你就遇到大麻烦了。这就好比，你妈妈怎么看你怎么觉得好，完全没有道理可言，而陌生人可不会没有理由地喜欢你。

曾有两个年轻人找到我，希望我给他们公司做代理，利用自己的人脉帮着卖几处在葡萄牙的物业，其中一个是 18 洞的高尔夫球场。对他们的专业精神，我着实欣赏。可是，碰巧当时我手头有其他事情忙，对这个不感兴趣。他们在给我介绍的过程中，向我展示了一些极具吸引力的房产和高尔夫球场的照片。照片做了处理，除了有这些物业所在的国家信息外，没有任何具体的位置信息。这两人是一家房地产龙头企业的置业顾问。他们向我表示，如果我有兴趣代理，就得签署一份“无欺骗协议”（Non-Circumvention Agreement，NCA），在其他交易中我也经常签这种协议。由此可见，他们非常严谨。至少，这份协议能够阻止我（或其他人）直接与他们的客户进行交易，从而避免他们的损失。

最终，我并没有接受这份工作，但还是问了问他们怎么才能保证拿到属于自己的那份佣金。这时，我突然意识到，我应该学着自己保护自己，可以通过签“代理协议”来捍卫自身权益，而不是等着让别人来保护我的权益。我可以起草一份合适的协议，规定凡是我介绍的客户去看房并达成交易的，无论是通过我还是通过他们售出，我都可以获得相应的佣金。回想起来，我明白了为什么他们两个要一起来和我谈。原因就是，如果我对他们的交易细节提出异议，争论时总是二比一，他们始终占有人数优势！

对待合同问题须谨慎，对待证据问题也一样。纳尔逊和内维尔的谈判案例证明，即使在很小的交易中，书面证明也能起大作用。这些证明通常印在发票和订单的背面（我见过用灰色墨水书写的！）。有时，公司的订单与供应商发货清单上的条款有出入，就会引发以下争议：供应商的发货单是否必须与客户订单的条款内容一致（欢迎更专业的朋友共同探讨这个问题）。当供应商占上风时，它们坚持按照自己发货单的费用结算（IBM 就希望按照其发货单的费用结算）；当市场波动对买家有利时，买家的订单条款就会占主导地位，成为主要依据。这是计算机行业的行规。

如果没有书面协议会怎样

一家小型教培公司已经与一家大型企业的人力资源部门合作了多年。这家教培公司的培训师经常在接到通知后，去往全国各地为这家企业开展短期培训。企业与教培公司签订的书面合同包含了常规培训。但是，有时候该企业的人力资源部门没有估算到某项培训的人数会非常多，所以培训师偶尔还得做些额外教学工作。在这种情况下，额外工作的证明文件通常会在“加课”结束后送达企业（通常附有付款支票）。

有一天，教培公司接到一名培训师的电话，说她去上课了，可是这家企业的学员却没有到场，也没有为此次课程在酒店预订会议室。一个月前，该企业总部的人力资源总监确实致电教培公司，预约了这个课程。教培公司也于一周前收到了一份培训学员的名单。

因此这名培训师就给这家企业的人力资源总监办公室打电话，那边接电话的人说她没有要上这门课的记录。进一步询问后，她表示公司已经转让了，所有的培训都暂停了，人力资源总监也换人了，但那天早上并不在。她还表示不知道“既定”课程这回事，由于这个课程没有签订合同，所以他们也不承担“取消”合同的责任。

这给教培公司带来了问题，因为除了授课学员名单这个书面证明之外，没有任何书面文件了。在这件事上和教培公司对接的人员已被解雇，新的股东中没有人接手处理这件事。在没有书面合同的情况下，向对方提出收取交通和住宿费用，除了会增加教培公司的成本外没有任何回报，因为这很难实现。而寻求法律赔偿的成功率也很低。尽管他们很不甘心，但只能承受。

具有法律约束力的证据，或是董事会的指示、法律法规或具体的政策指令，以书面形式存档总比口头协议更令人信服。因此，当你发现对方没有按照约定履行义务与责任时，如果只有口头协议，别人可能不认账，如果有书面证据，就不一样了。

这就是为什么对务实的谈判者来说，以下原则是很重要的：

如果有书面证据，你就有机会。
如果没有书面证据，你就机会渺茫。

自测详解

6

1. **你创办了一家公司，运营得还不错。因为产品需求持续增长，你需要找个助手来协助管理公司。有一次，在和一个知根知底的朋友聊天时，你发现他有意跳槽，并且想让他到你的公司担任经理一职。你跟他聊了聊自己对这个岗位的期待以及他有多么适合这份工作，并且还跟他敲定了底薪。一切都商量好了，他准备来上班了。你会：**

   a）在法律顾问起草的聘任书中列出你们商量好的任职条件。

   正确！如果你意识到，在没有签订明确的书面协议的情况下，与朋友（或其他任何人）合作会有风险，那就需要签订一份书面协议。你应该把商量好的条件写在正式的聘任书中，一式两份，拿给他签字后，双方各执一份。或者你可以在他入职的第一天早上请他在聘任书上当面签字。

   b）鉴于两人是多年好友，达成口头协议就行了。

这可不行！最好的朋友，甚至爱人之间的感情都有可能破裂！（随便问问谁，都会认同这个观点的。）届时，双方相互指责，情感受伤，会让你压力倍增，甚至付出惨重代价。所以，好记性不如烂笔头！

2. **你是一位经验丰富的跨国采购经理人。多年来，以短期合同的形式在许多国家为联合国和一些国际机构资助的项目服务。在圆满完成上一份工作后，一个发展中国家的政府机构找到你，邀请你为该国新成立的政府从事采购工作。经过层层面试，你成为唯一的候选人。这份工作薪酬相对较高，但由于安全原因，在职两年期间你不能有家人随行。你决定接受这份工作，但是，你打了好几通电话，还是没有在出发前拿到工作合同。抵达当地就职两周后，依旧没收到合同。你会：**

a）接受对方政府官员和母国使馆工作人员的口头保证，即一切进展顺利，工作合同耽搁的问题，也是你被雇来解决问题的一部分。

尽管 a 选项比 b 选项的做法要好一些，但还不是最好的。口头保证不一定奏效。如果由于某种原因，你无法解决客户的问题，那么你给客户带来的压力可能不如客户因无法执行采购而导致工作失误给你带来的压力大。没有书面文件，大多数政府部门和机构是不会付款的（即使有书面文件，他们也不一定会付款）。

b）坚持以书面形式明确你的身份，并写进正式合同。

这也不是正确的做法。你执意要求对方为你提供工作的合同保障，底气何在呢？这样做的下一步通常是各种威胁，扬言撂挑子回国，但这种威胁并没有什么威慑力。对客户（他们可能已经几个月没有拿到工资了）没有什么影响，对母国大使馆的工作人员也不会有多大影响。你应该把自己的交涉过程以书面形式记录下来，但是这样做还远远不够。

c）面试后，将聘任通知信函以及对方政府官员和母国使馆工作人员指明你是该项目采购主管的全部通信往来，都打印出来并寄回家妥善保管。

正确！实事求是地说，这种书面文书能够证明双方默认合同的存在，那些指明你是该项目采购主管的通信往来也同样有效。这些文件的价值远远超出口头承诺（口头承诺说了跟没说一样）。这是一个退而求其次的办法，至少能证明对方愿意与你签订书面合同。你可以把这些文件的原件和复印件都寄回家，因为离任回国时，也许会遭遇有人让你清空背包、没收你的文件这等事。这些都是我曾经经历过的。

7

对谈判者最有用的问题

如何规避合同中的陷阱

自测

7

1. 假设你经营着一家快递公司。马上要到忙碌的周末了，结果公司的一辆车出了故障，连杆大头坏了。你朋友有一辆备用货车，可以借给你救急，不过需要你签一张字据，内容是：租借货车一辆，为期一周，租金 800 英镑。你会：

   a）按他的要求签字。

   b）坚持签署一份正式合同。

   c）跟他说，朋友之间无须立字据。

   d）要求写下更多合作细节。

2. 有一家石油公司正在与你们公司接洽业务，请你们为其管理一个大型岸上土建工程项目，并要求签订合同。你会：

   a）把这次合作视为进军石油产业的机会，石油产业利润丰厚，让你觉得可以轻松收回前期投入。

   b）认为石油产业效益好，可以要个“高价”。

   c）再观望观望，看石油公司能接受什么价格。

   d）算算自己的账，看看能赚多少再决定报价。

在处理常规业务时，经验很重要，特别是当业务领域内几乎没有什么意外状况时，你会对一切驾轻就熟。你在某一特定领域的谈判经验，也可以应用于那些可能你根本不知道什么是“正常”、什么是“不正常”的领域。

我第一次接触到石油和天然气行业的制式合同时，看到上面写着”收货或支付”和”发货或支付”，就觉得有点不放心。在我看来，如果不能接收或发送货物，那么就只好让对方等着，直到你能收货或者发货再说。在我看来，这似乎合情合理。但是石油和天然气属于可以全天候运输的大宗商品，等待的代价是非常大的。在这些情况下，对于不可抗力或“情有可原”的延误持容忍态度，对你来说没什么好处。

那么，你除了花时间（或许你就没时间）来获得经验之外，还能做些什么来弥补经验缺乏这个不足呢？假如你必须要做一个决定，涉及大笔钱，或者这个决定带来的后果对你非常重要，而你在这方面几乎没有任何经验，那么你需要的就不仅仅是好运气。幸好谈判的原则总可以让你有腾挪的空间。

这时，对你来说重要的不是所涉现金数额多少。尽管对新手来说，钱多钱少常常是他们判断要不要接受首次报价的第一标准，但是对于刚刚进入一个新市场的人来说这是无关紧要的。如果你的资金流不大，那么如果有人张口就开出带了好几个零的数字，尽量不要表现出很惊讶的样子。这会削弱你的气场。同样，也要避免走向另一个极端，不要表现得仿佛你谈的都是几百万美元的大生意，根本不屑于谈这种小生意。常常有顶级谈判者承认，他们搞不定几十美元的小交易。

如果有人开价，并且价格诱人，你觉得很划算（或者反过来说，你觉得价值很大而别人开价很低），请记住：

他们也许没疯，只是你可能过于天真了。

所以，不要觉得价格还行就急着成交完事儿。同一产品，在一个市场上的低价在另一个市场上可能就是暴利。对一个人来说，没有什么比后来发现自己骗了自己更糟糕、更伤自尊的了。你“无法拒绝”的价格应该是你仔细考量过觉得合适的价格。

假设你是一个游客，在格拉斯哥市中心游玩时口渴想喝水，这时候你会花多少钱买一瓶水？考虑到格拉斯哥一年中大部分时间都有雨，应该不缺水，所以水不会太贵。可以肯定的是，在格拉斯哥，你不会因为喝了点水就把自己喝穷了，当然如果你想喝的是当地盛产的“生命之水”（威士忌），喝上几瓶倒是有可能把你喝破产。

再比如，你身处沙漠中，愿意掏多少钱买瓶水呢？几年前，我开着一辆四驱越野去某内陆国向从事石油勘探的英国籍工人兜售钻石，为了不让嘴唇爆皮，每行驶 20 英里[①]我就要喝一箱水。让人难受的还不只这个，有经验的沙漠旅行者告诫我，一定不能喝酒，哪怕是路过没上锁的酒窖，也不能贪便宜喝酒。还有就是满身的沙土，即使身上的每个毛孔都被沙子填满也不能抱怨一句。无论如何也不要想姑娘，还有人夸张地跟我说：“碰到了骆驼，也只能盯着公骆驼看。”

坦白地讲，如果我遇到了沙漠里的种种状况，比如因天气原因身体极度缺水，我会用身上所有的钻石去换一杯水，甚至不惜把公司的四驱越野车搭进去。因此，讨价还价需视具体情况而定。也就是说，如果你想迅速找到自己的谈判立场，就需要大量信息，弄清楚什么价位对你来说是合适的，以及交易后会有什么影响。

交易失败的案例不胜枚举，所以能坚持到底很不容易。不过，你应该在签字之前，仔细阅读合同细则，而不是出了问题之后，才去律师那儿仔细琢磨。如果律师在交易过程中总是对和他们相关的部分喋喋不休，那么让他们参与谈判对你帮助不大；更何况，他们总是会与经手的交易撇清责任。

假设你身处异国，人生地不熟，面对一个新的市场，你需要

---

① 1 英里 ≈1.6 千米。——编者注

独自去应付谈判。你期望自己能撑得时间长一点，以获得一些宝贵的经验，从而免于落入对谈判老手来说显而易见的陷阱。这一切都充满了风险。要想在“一次性交易”的谈判中表现良好，首要的建议是：不要指望运气，运气保障不了你的利益。你得靠自己保护你的利益，为此你必须先弄清楚你要的利益是什么。

总有人喜欢充当事后诸葛亮，等我们把合同都签好了才跳出来提建议，这不起任何作用。不管在哪儿，无论是正式晚宴还是酒吧闲聊，聪明人随处可见，这些人总喜欢在你做了决定后，夸夸其谈给建议。远见是一种稀有商品，因此更弥足珍贵。

我们必须警惕自测题目中提到的这种租车合同，因为这个合同对我们很不利。这样的合同符合墨菲定律，即所有可能出错的最后一定会出错。有一个关于劳埃德保险公司的玩笑话：你害怕发生的意外总是在你没能及时续保时发生。为了避免仓促成交带来的惨痛后果，在签订合同前一定要进行谈判。

让我们来看看下面这份合同。在马斯喀特找朋友租一辆四驱车，撰写合同如下：

“一辆卡车，租金 5000 美元，租期一个月。”

这份合同简洁明了，有什么问题吗？不复杂，没套路，无争议。只需要 5000 美元就可以把车开走。但是，别忘了，墨菲定律常常会应验在这样的租车合同上。这种合同根本无法保障双方的利益。

想靠诉讼保证自己的权益，就得花钱。而且案件常会不了了之。在我曾工作过的一些国家，谁给法官的贿赂多谁就能胜诉。而且，法庭上真正的赢家只有律师及其银行经理（你认为你们国家的律师收入很高，但和其他国家的律师相比，他们简直就是穷光蛋）。

在上面的合同里，作为租车方，你不知道租到的车是在“朋友”院子里看到的那辆，还是你没见过的、停在后院的那堆落着灰的“破铜烂铁”。当然，你可以反驳说：我相信他，我们是同学。确实，他可能是你最好的朋友。然而，有许多穷困潦倒的兄弟会成员——英国人会“礼貌地”称其为“流氓”，而美国人则粗鲁地称其为“游手好闲的懒鬼”——在讲述自己穷困潦倒的故事时，开头总会说：“我和我最好的朋友一起做生意，一个信得过的银行经理给我们贷款……”

如果你是出租方，你不知道租车方还车时，车是不是还能完好无损。等车开回来后，你得把车停在车库的后面。因为你要是把车停在车库前面，是不太安全的，总有些人想试驾。然后，你就得和第一个来租车的莽夫交易。“一次性租车合同”会为双方留下很大的争议空间。比如，租车方什么时候还车，谁负责为车辆投保，谁来支付事后的停车罚单，等等。

那么我们如何避免租车合同中出现的这些问题呢？

很简单！用两个简单的字起头来提问，问题越多越好，问得越细越好，问到你对一切都一清二楚为止。不管用什么语言，意思一样就行。这两个字是：

假如……？

假如你去偏远的地方推销产品，需要租借一辆四驱车，可以试着问问清楚下面这些问题。不管是租车方还是出租方，这些问题都有用：

假如车在路上抛锚了，但不是司机的操作问题，也不是零件磨损的原因，又没有备用零件，怎么办呢？

双方要对下面的问题达成一致，包括：是否保证更换零件，是否把更换的零件送达事故现场，或是否把一辆新车送达事故现场。

假如因驾驶不当导致车辆抛锚，怎么办？

对于操作不当导致的问题，出租方要坚持概不负责，请租车方自行将车开回，费用自理。

假如车被盗了，影响到租车方无法完成一个月的销售之行，怎么办？

你们可以就以下问题达成一致：买一份保险，保证租借车辆出问题时立即安排备用车辆，但不要承诺承担对方预估的销售损失（也不会有销售人员认为自己没能做成生意是别人导致的，这无异于钓鱼的人钓不到鱼却认为责任在网）。

假如因粗心大意导致车被盗怎么办？

合同里写上免责条款，确定哪些情况可以免除租车方的责任，指定一位双方的好友作为唯一的最终裁决人，确定哪些情况属于“粗心大意”。

假如该车的债权人将车收回，耽误了租车方的行程，怎么办?

买一份保险，确保万一遇到这种情况，能够及时为租车方更换车辆，坚持这项费用由车主承担。

假如出租方在租车方不知情的情况下私自损坏车辆，怎么办?

起草一份免责声明，坚持要求租车方在提车之前签署这份关于车辆情况的免责声明。

假如租车方得罪了人，致使有人为了报复而蓄意砸车，怎么办?

为应对这个情况，建议租车方支付一笔数额较大的“可退还”押金，由出租方保管，记得指定一位信任的朋友做仲裁。

假如撞倒了一头骆驼，当地人拦住车索要赔偿，怎么办?

这笔费用肯定不能算在押金里。

假如车没有跨境行驶许可证，但租车方突然必须跨境行驶，怎么办?

要求租车方只能在境内行驶车辆，对违法跨境的行为，责任自负。确需跨境行驶，租车方需要给出租方交押金，出租方还要给租车方买一份当地的地图。

假如双方对车辆的损坏程度或小划痕的严重程度持有异议，怎么办?

仲裁条款中明确说明你们的朋友可以做出裁决。

假如租车方发现出租方不是车辆的合法所有者，车辆的合法所有者要将车辆收回，怎么办?

可以要求出租方提供合法的所有权证明，如果没有相关文件能证明所有权，租车方可要求出租方减少租金和保险费。

假如租期结束，租车方没能按时归还车辆，怎么办？

约定收取日息率每日翻倍的超额租金，同时扣除押金。

假如车辆用于某些非法目的，被警察扣押，怎么办？

租车方交的押金作为罚款交给警方，之后租车方可继续合法使用车辆。

假如双方在提车前对上述假设还没有达成一致，怎么办？

告诉租车方，如果同意以上条款，就可以立马提车，不然的话，就再说。

以上有些假设虽然有点无厘头，却包含着对所有谈判者来说都需要重视的要点。

我们来看看以下短租合同的摘要，与上面的“一次性租车”合同做个比较。

这是一辆 2007 年新款的四驱车，已跑里程 20000 公里，所有部件都能正常使用，预计在保养期内还可行驶 19308 公里，车上配有轮胎、备用轮胎、汽车风扇带、排气系统、插头、新电池、链条、滑轮以及 106 升汽油。下周二早上 6 点前送到您的酒店，届时请支付 5000 美元现金 。一个月的保险费以及交通和其他违法行为的所有法律处罚均由租车人承担。车辆自身的任何损坏将在交车时由双方验证。除此之外的任何其他损坏，都必须照原样赔偿。租期从下周二始，至 11 月 2 日止，为期一个月，里程不限。租赁期结束时，租车人必须在当天早上 6 点之前归还车辆，加满 106 升油并保证车辆完好无损。如因车辆损坏需要支付赔偿，包括车损、故障、零件缺失（包括需归还的备用配件）等，须以现金形式支付。

可以肯定，这份合同在法律上并非万无一失，但和之前朋友之间随便订立的“一次性租车”合同相比，这个显然要好得多。从汽车租赁行的制式合同就能看出这一点。这些公司是规避“一次性租车”交易的行家 —— 如果车行做不到这一点，那可是要被淘汰的。

不过，汽车租赁公司还远没有航空公司那样严谨。航空公司的免责条款规定，如果一架飞机在跑道上不止一次撞倒你。你（更有可能是你的遗孀或鳏夫）会发现，航空公司什么责任也不用负。那些新的廉价航空公司会更谨慎，对旅行中经常发生的事故，或者候机时发生的事故，它们可不会承担任何责任。

在大型交易中，想要保护好自己的利益，需要就许多“假如”问题达成一致。在一项新的交易中，或者在一个陌生的国家，更需要预先准备好一份“假如”问题清单。

当谈判一方收到对方事先准备好的合同时，他们就遇上大麻烦了。因为事先做好准备就意味着这份合同符合起草合同一方的利益！这样的一份合同会让没有准备的一方措手不及，乱了阵脚。

建议把能想到的问题摆出来，在谈判之前仔细考虑怎么办，谈判时提出相应的条款。每笔交易都有成千上万的假设，其中很多都是正常的考虑，而且也有很多可选方案，利用其中的一些方案作为谈判时的筹码。筹码可以多种多样，并且是一方或双方在某种程度上看重的东西。

当然，在世界上一些动荡的地方，你只能签这样的“一次性租车”合同。好在只有少数地区是这样的。在这些地方，你可能只能选择接受，别无他法。

当一个人登机或在停机坪上晃荡的时候，不幸遭遇飞行事故，在这样令人唏嘘的情况下，问一系列“假如……”这样的问题，有点不合时宜。

然而，你若是在自己工作的那个“岁月静好的地方”谈判，就一定要多问几个“假如”。请记住要是什么也不问会怎样。后果就是，你签的合同只会对另一方有利，对你没什么好处，这是因为对方把风险一股脑儿都让你承担了。

自测详解

7

1. 假设你经营着一家快递公司。马上要到忙碌的周末了，结果公司的一辆车出了故障，连杆大头坏了。你朋友有一辆备用货车，可以借给你救急，不过需要你签一张字据，内容是：租借货车

一辆，为期一周，租金 800 英镑。你会：

a）按他的要求签字。

错！如果你按照对方的要求签署这样一份租车合同，这于你而言是一个非常冒险的决定 。这种“有去无回”的交易 ，结果如何，取决于谁来决定合同条款。

b）坚持签署一份正式合同。

正确！不管有没有时间，起草一份恰当的法律合同对你们双方都很有必要。实在没有时间，也得考虑采用 d 选项。

c）跟他说，朋友之间无须立字据。

这可不行！要是这样，那你就成了“砧板上的肉”，任人宰割。你肯定有好些多年的老友，当然也有很多走着走着就散了的朋友。回想一下，难道你和你的朋友从来没有面红耳赤地吵过架吗?

d）要求写下更多合作细节。

正确！合同要详细一些。就可能发生的问题协商好解决办法。你必须想好什么很重要，哪些风险是你想要在合同里明确并尽量避免的。

2. 有一家石油公司正在与你们公司接洽业务，请你们为其管理一个大型岸上土建工程项目，并要求签订合同。你会：

a）把这次合作视为进军石油产业的机会，石油产业利润丰厚，让你觉得可以轻松收回前期投入。

错！投机行为不是致富之道。如果根据未来可能的收益来定价，有可能会让你失望的。

b）认为石油产业效益好，可以要个“高价”。

错！凭空想象是危险的。除非算过，否则没法判断什么是“高”价，什么是“低”价。当别人对你的报价提出疑义时（这是肯定会发生的），你需要有理有据地说明你的报价是合理的。

c）再观望观望，看石油公司能接受什么价格。

错！让对方觉得报价有点高，然后降价，那你可就太保守了。如果你的报价建立在你认为对方可以接受的价格基础上，那么他们还是会继续砍价。你的定价要建立在“你可以接受和你认为合理”的基础上。

d）算算自己的账，看看能赚多少再决定报价。

正确！对方迫切需要你的服务，那么你就可以相应报个高一点的价格，而且要始终保证你出的价能让你有的赚。

8

凡事都可以再商量

如何避免吃哑巴亏

自测

8

1. 你刚发现新订购的计算机到货了，你以为的“安装”实际上不过是安装人员将计算机电源线插入不到两米远的电源插座中，然后打开开关。而你对装配人员安装的要求是将计算机联网，分别安装在楼里的 20 个位置。你会：

   a）指责卖家误导了你。

   b）让“装配人员”把计算机拿走。

   c）致电卖方要求重新拟定合同。

2. 假如有一家大型建筑公司在当地的代理人告诉你，如果你能降价 5%，他们就同意你中标，买下运往约旦的推土设备。你会：

   a）只同意降价 3%。

   b）同意。

   c）暗示要想降价需要先修改招标条款。

公司董事会一般会采纳会计、财务和法律专家的意见，这些人肯定是术业有专攻。

会计师看钱，财务经理花钱（前者认为公司的钱好像是他们的，后者认为公司的钱就是公司的）。因此，任何时候听取专业人士的意见都要小心谨慎。注意，这些事情都是非常严肃的。这些人自己可以互相开玩笑，但是外人可不行，不要开他们的玩笑，一句俏皮话也不要说。也不要尝试离间他们和老板的关系。有时你很无奈，专业人士对你不感冒，就会让客户对你的能力产生怀疑。

有一次，我正在为一家大型企业集团的董事会成员做咨询服务。他们的某个部门遇到了一个问题，涉及当地经理与客户签订的合同条款。简而言之，除非修改条款，否则董事长就不想继续合作了。基于他们告诉我的情况，我认为在他们已经与对方达成的条款中，有一个会导致巨额损失的失误。

这种情况下，我一般的开场白是：“签就签了，没签就没签，没什么大不了的。”这一次，会计一个劲儿地点头。看上去，她非常赞同我的看法，也许是因为她之前就是这样对董事长说的。

我继续说：“你们应该重新协商条款。”董事长问具体做法，我提议，重新就所有合同条款进行谈判。

我瞥了一眼会计，这回她可没点头。事实上，她看着我，仿佛我什么也不懂。专业人士崇尚简洁，这与他们严肃的个性相称。所以她用一句话表达了自己的观点：“要是那样的话，合同就不能称其为合同了。”董事长挑了挑眉毛，想看我怎么回答。我又重复了一遍：“所有合同都可以重新谈判。”我停顿了一下，然后继续说，“每份合同都试图阻止变化，但合同里一般都会留有让双方重新谈的口子，因为合同里所有的内容都是写在明面儿上的。”这时候，会计尴尬地笑了。她以为自己轻而易举地给我出了个难题，却没想到我四两拨千斤地化解了。我解释说：“虽然合同措辞不同，但意思大同小异。合同里都会有一条声明：本协议包含双方同意的全部内容，未经双方签字不得进行任何更改。”

她带着点傲气，说道：“这不就是我刚才跟你说的嘛！”我冒着和会计吵架就没人管饭的危险，说：“我再重复一遍！”和提供帮助的专业人士过不去是没有好果子吃的，特别是这个专业人士还是给你报账的那一个，或者就算了，爱咋咋地。但是，我还是继续解释：“未经双方签字同意，合同不得更改，这意味着我们可以在对方同意的情况下重启合同条款的谈判，因此所有已达成一致的条款都是可以拿来再谈的！

“好吧，那你到底是想让我们怎么做呢？”她问道。我慢吞吞地回答：“嗯，我从来没有说过这事儿很容易。”听到这里，她不再跟我争辩了，只是靠在座位上，一声不吭，直到会议结束。并且，在我留在他们公司总部帮忙的那段时间，她再没有理过我。

在生意场上，会计师表现出这样的态度很常见，但这态度绝不仅限于会计师。专业会计常常排斥其所属专业协会组织以外的无证会计（英国有四家权威的会计师协会，互相都看不上）。不要误会我的意思，我对职业会计师及其协会没有任何意见。我的女婿和我的两个好友都是会计师。

事实上，每时每刻，在世界各地都有合同订立。大多数合同都撰写得滴水不漏；不过，也有一些漏洞，因此我们需要提醒自己，一切都可以再商量。

我最早是受到爱丁堡的一位资深银行家的启发。这个银行家名气很大，因为他能做成棘手和复杂的大生意。虽然我俩是同一个俱乐部的会员，但是因为我最近很少去那儿，所以我们已经有几年没见面了。我俩见面，也会和大家一样，聊些日常琐事。他有次说起，他正焦头烂额地帮着客户处理个麻烦事儿，忽然想起我。他的客户签了一个本不该签的合同，现在后悔不迭。突然，他就想起我的这本书——*Everything is Negotiable*（英文直译：一切都可以谈判）。他想着这本书兴许能给他和同事们一点儿启发，让他们能更好地为客户服务。他的同事打趣道：“一切都可以重新商谈，现在是时候证明这是对的了。”（后来，从各方面来看，他确实证明了这句话。）

尽管有时会压力重重，但是重启合同谈判确实是行之有效的解决方法。当对方认为重新谈判是“毁约”时，你的压力就更大了。而我更愿意称之为“重新撰写合同，使之更符合双方的利益”。为什么对方会同意重新谈判可能对他们有利而非对你有利的条款呢？显然，在这种情况下重启谈判并不容易，你可能需要施加一些“压力”了。

在需要打印纸质合同的年代，在打印合同上花的经费没完没了，而影印公司成为唯一受益者，它们每月的发票账单堆成小山，就像给你的伤口上撒的盐。迫于竞争压力，在这个行业的销售人员中有许多不正当竞争行为，我就听说过一个公然贿赂的案例：影印公司每月开假发票给客户办公室的经理，让其分期付款买车，以此诱使他签署“无害”的双面小字打印协议，其中包含隐藏的“价格自动上涨”条款，这应该算是一种欺诈行为了。一旦被揭露，影印公司就会极力否认与销售人员存在不正当的利益输送，坚称他们已经开除了当事人（就好像别人都信似的），但决不会取消那些让他们赚取不当利益的条款。

当我听说这些欺诈交易时，我会给受害者两个建议：要么支付费用什么也不说，要么就对影印公司的服务部门发动一场成本上升运动。因为再完美的暗箱操作都会露出马脚。通过抬高成本的方式，甲方迟早都会注意到这些吃回扣的人。当客服电话、维修、更换备件、撰写报告和处理账目的成本超过一定比例时，就会引起注意。

首先，他们试图阻止你获得“满意的服务”的权利。你要记住是谁说的，说了些什么，以便日后作为呈堂证供。如果他们以新的价格（有时略低于当前租金，但期限更长）提供新机器作为替代，你一定要拒绝。如果他们以升级上门服务和升级零部件为理由收取费用，那你就以违约为由要求终止合同。如果他们对超出一定次数（服务固定次数较低）的上门服务拒绝回应，也可以违约为由提出终止合同。如果他们派高级经理和销售人员来“说服”你接受他们的报价，要不卑不亢，坚决拒绝。如果他们以取消合同相威胁，那你就顺势立即接受。

幸运的是，这个例子涉及的金额相对较小，而且影印业务的暴利最终在法律的干预下结束了（类似的近乎诈骗的行为也对金融服务业造成了很大冲击，迫使该行业进行了整顿）。不过，基本上，同样的重新谈判基本策略也可以应用在其他领域。

如果涉及的合同金额较大，该怎么做呢？

所有重新谈判过的合同都有一个共同点：你必须尽可能地引起对方高管的注意。如果是服务合同，查一下服务成本对生产的影响，看看从哪个角度切入可以最大程度地引起高管的注意。

一些老谋深算的律师会预判到客户可能会在哪些方面给他们施压，或把客户之前所作所为记录在案，并在后来的合同里做出相应的修改，以避免后期出现问题或产生费用。再次强调，你首先采取的应对策略就是仔细研究对方的提议。供应商的律师给他们起草合同，为的是保护供应商的利益，而不是你的。如果买方公司的规模足够大，它们就有能力由自己的律师拟定自己的合同，而不会采纳供应商的合同。

例如，石油公司采购物品，大到整条管道，小到一盒铅笔，都使用相同的制式合同。我们从石油公司那里收到了厚厚一沓合同，包括他们所有的条款和条件、技术规格，并要求获得百万美元债券或百万美元保险以应对可能的索赔（这些全是针对我们的）；明确拒绝赔偿供应商的任何损失，包括己方因疏忽而应承担的责任；还有严苛的保密条款和让人难以忍受的赔偿；声明对我们提供给管理课程的材料拥有版权；等等。不细心阅读其中的内容可能会让你赔上自己宝贵的知识产权。要是不同意，坚决不能签字；当麻烦来的时候，一无所知会让人感觉酸爽。因此，最好在第一轮谈判时就做到条款清晰明确，而不是等到处于不利地位、面临损失时，寄希望于重新开启谈判。

事后诸葛亮从来都不受欢迎。因此，不要在事后浪费口舌，还是脚踏实地做事情吧。既然事情已经发生了，那么该怎么办呢？

重新谈判意味着先前已有达成一致的协议。该协议通常在法律的框架下列出了相应的商业条款。所以，你应该把注意力放在这些条款上。

重新谈判最快捷的方式是直接向对方提出要求，并且尽可能与对方高层接触。但是如果你没法越过具体工作人员（教条主义者），那你只能先和他们打交道，耐着性子慢慢地推进。

重新谈判有几个办法，一个比较好，一个不那么好，还有一个介于二者之间。第一个“好”办法是：如果你提出的问题既真实又重要，你可能会期待对方与你相向而行。二十多年前，日本铁矿石谈判代表因为以固定价格签订长期供应合同而使自己陷入大麻烦之中。同样，能源供应商也遇到了大麻烦，因为目前关税呈明显下降趋势，随着市场的变化，它们每交付一吨产品，或者每消耗一度电，都会亏钱。它们尝试的“好”方法就是，让它们的商务合作伙伴知道自己的难处。但这个方法时灵时不灵。

如果这个办法不起作用，能源供应商也没有太多的选择，只能继续以合同条款交付产品并承担巨额损失，或者通过主动终止交易来避免损失。如果它们签订合同是通过一家对最终归属没有追索权的第三方公司，那么最后双方都将因此蒙受损失。针对没有资产的破产实体公司执行商业合同只会浪费你的法律费用。这种可能性给了亏损方潜在的谈判筹码。令人遗憾的是，采购方刚开始在尽职检查中并没有发现这个对未来影响巨大，但当时看来并没有什么影响的漏洞。对供应商来说，利用这个谈判筹码需要一定程度的决心。这决心也许来自你的自然反应，因为对方在你方遭遇困境时，一开始就拒绝为你方提供帮助。如今，国际贸易公司在起草合同时对如何保护自己的利益已有了丰富经验，但这并不意味着和我们做生意的每个人都有经验。即使完备无缺的合同也不能保证没有问题出现。

因此，花一点时间去寻找对方想要的改变是十分值得的。有必要评估一下，看看对方潜在的需求是否能够促成对你有利的交易。

一家银行及其客户的故事

有一位住在城市郊区的本地银行业务经理。当地有一个相当大的零售店家族。每次他和这个家族的人谈银行收费的时候都会遇到下面这个问题。

每当他与其中的任何一个店长达成了协议，消息都会在零售店传开（最终也会传到他们的朋友那儿）。他猜都猜得到，很快就会有人来问他，他们在银行的业务费用能不能也以同样的价格来算。这让他疲于应付。

由于每个银行客户都被视为单独的业务，而且每个客户都有不同的信用记录和不同的收费结构，这个银行经理发现，自己正被迫重新谈判他认为在未来 12 个月内已经敲定的交易。

在征求我的意见时，我建议他应该欢迎来访者，因为要求重新谈判双方已达成的协议也是双方达成一致的好机会。他不应该在交易上一再让步，而是应该对下一个家族来访者说：

“辛格夫人，我很高兴与您讨论您的企业账户，并倾听您的新要求，因为我也有一些新的要求需要调整。我认为我们应该打开天窗说亮话，把共同要求提出来，然后说说如何互相帮助。那么您到底有什么要求呢？”

关于重新谈判协议的提议，必须有信息支撑，得到与每个账户相关的具体建议。

他接受了我的建议，七个月后，他告诉我他与客户进行了很多有趣的对话，但是每当他明确提出自己改变的要求时，却很少有人响应他。他们将提议搁置在一边，表示自己会认真“考虑”；大部分人直到轮到他们进行年度审查时才回来。没有人愿意中途改弦易辙。不过，客户喜欢和他“聊天”，因为社交能力在交际圈中十分重要。

第二个“不那么好”的办法是：你会发现，重新谈判或放弃特定的合同“很方便”，你需要进行大量修改，或者你只是出于某些原因不想交易了。让你萌生出这些想法的原因太多了，我就不一一列举了。

谈判者有时只是在传达别人的意志。如果你不介意，请看看我的建议。（谨记，纽伦堡辩护中的“我只是服从命令”这种说辞，既不是法律辩护，也不是道德辩护。）

大多数合同中都包含了“终止”条款，注明了可以单方面终止法律合同的情形，通常包括因违反合同义务而终止的子条款，例如没有按时支付发票、交付的产品质量有问题、令对方名誉受损等。精明的律师通常会通过一些表面上的惩罚措施对这些违约行为进行补救，即一方必须在 30、60 或 90 天内改正其违约行为，否则受害方可以随时单方面终止合同。有的更进一步，要求违约方“在 30 天内对其违约行为进行补救”。这看起来足以保护受害方的利益。类似的条款还包括“对任何一件违约事件没有采取补救措施，合同作废”。还有就是之前有过违约的情况，却没有采取任何措施，但这不能成为“将来继续此类违约”的借口。

是不是觉得有点头晕眼花？是的，我知道，法律术语会让人头皮发麻，但请相信我，对谈判者来说，仔细阅读这些条款是非常重要的。最重要的是，要将律师视为谈判者，而不光是把他们看作律师。确实，他们人不错，但他们是为对方服务的，不是为你服务。这和人好人坏没什么关系，只是对方是他们的金主，给他们的报酬还不错。

这里的关键词是“能够补救”。当然，这听起来像是如果他们纠正了自己的“意外”违规行为，那么他们就会再次顺利地成为商业合作伙伴。然而，对重新谈判者来说，这个愿景太狭隘了。你必须把它扩大。多年来，我处理了许多合同违约事件，并借着这些违约行为重启重要的谈判；或者，如果客户选择的话，终止合同。这里面不乏市值数十亿英镑的公司，它们聘请了自己领域的顶级律师团，个个摩拳擦掌，坚信自己会打赢这场官司。

但是它们却忘记了一个词——信任。

商业关系中有一种大家都承认，但很少去定义的领域，我们称其为“信任”。只有“信任”才能拿来解释为什么会有“能够补救”这样看似无辜的说法。

用“失信”反击对方！将他们的违约行为说成是信誉问题。这样，他们就没有借口说自己的违约行为可以“补救”，或者认为在 30 天内或其他任何时间对违约行为进行补救，就可以跟没事儿人一样了。

那么，应该如何补救“失信行为”呢？不要问我，你只要去离婚法庭感受一下当事人在面对另一半出轨时是什么感受就知道了！（或者，只要看看律师怎么为他们辩护就明白了。）

因此，如果业务合作伙伴给你的发票有误，请先记录，然后以书面形式对他们失信的行为进行投诉。撰写投诉信时，在“信任”前面加上定语“受托人的”，明确指出他们“失信于受托人”。

收到这个消息，他们应该给律师打电话，但是大多数人不会这样做。并非所有人在阅读信件时都明白“受托人”是什么意思。关于“受托人”（fiduciary），字典上是这样表述的，指“有义务为他人（如商务伙伴）利益行事的人”。

处于特定关系中的商务伙伴，需要彼此信任，如公司的供应商，或代表公司销售的销售代理，合资企业伙伴和客户，等等。客户有权相信，作为谈判代表，你告知他们的内容是真实可信的。当供应商给我们发送产品时，我们有权相信包装上写的与里面包的是同一种东西。

销售摘要、活动报告、对方代表自己管理的事件台账、费用报销、会计报表、质量保证表、正在生产的产品、销售前景评估、成本估算和所有权声明、通话记录，以及最重要的承诺，都是合作伙伴之间的信托事项。因此，信任至关重要。如果你和业务合作伙伴之间的信任遭到破坏，那么，你有权寻求补救措施。没有什么比你发现自己极度依赖的信任感遭到破坏更糟糕的事了！

这就是你“失信于受托人”带来的后果。此类违规行为十分严重，需要采取严格的补救措施：针对不利条款重新谈判，或者一方单方面终止合同。在规定的日期内补救是远远不够的。对于违反信托的行为，没有简单或廉价的补救办法，而且不难断言，这意味着此类行为根本就没有补救办法。

也许，失信于受托人这样的“小事情”可能不足以让你要求赔偿。放在宏大的背景下，这些看起来好像都微不足道，但是这样的事件发生得多了也会引发严重后果。有多少失信于受托人的行为是合理的呢？不能为你带来法定利益的连续失信行为绝对是不合理的。如果你倾向于将其归为违约，那么，没有一个违约行为是合理的。

受到侮辱的女人会冲着肇事者发泄她的愤怒，这个怒火盖过了地狱之火。而失信于受托人的行为引发的怒火可能会胜过受辱之火。我建议你在遇到“失信于受托人”的情况时，一定要保持冷静，可以悲伤，但不要愤怒。当你在谈判桌上（和电话里）冷静发言时，会产生更大的影响。

当你选择终止对另一方有利的合同时，你很可能会被要求重新协商对方不满意的任何条款（例如自测 8 提到的有关“安装”含义的错误信息）。为了避免终止合同的结果，对方可能会使尽浑身解数，包括表现出迄今一直隐而不发的灵活性。

自测详解

8

1. 你刚发现新订购的计算机到货了，你以为的“安装”实际上不

过是安装人员将计算机电源线插入不到两米远的电源插座中，然后打开开关。而你对装配人员装配的要求是将计算机联网，分别安装在楼里的 20 个位置。你会：

a）指责卖家误导了你。

错！这听起来像是抱怨。经过前面的讲解，相信你已经明白，抱怨对解决问题没有任何帮助。你需要的是对方安装好设备，而不是跟对方打嘴仗。以书面形式记录事情的原原本本，以及你能记住的卖家说的话，以便在 c 选项中使用，这才是你该做的。

b）让“装配人员”把计算机拿走。

最好不要这样做，除非是要支持 c 选项。让“装配人员”把计算机拿走显得十分果断，但是接下来的事情更为重要。如果你的同事已经签收了货物，尤其是在已经拆开包装的情况下，就会被认为你已经接收了该货物。因此，如果你想重新谈判合同条款，在卸货之前就拒绝收货对你最为有利。即使已经卸下了一些货物，也不要紧，因为还有许多货物没卸。交货单上写明了，在一段时间内，你有权拒绝收货，并要求将其退还给供应商。一定要确认合同中的这些内容，并确保你是在规定时间内退货的。但是问题在于，你可能要到收货后才意识到合同里“安装”这个词有歧义。

c）致电卖方要求重新拟定合同。

正确！沉着冷静地打电话给卖方，要求重新谈判合同条款。这就会引起对方的重视。对方很可能会拒绝你的提议，然后你可以选择将重新谈判升级为终止合同，如本章所述，你可以用“失信于受托人”作为理由。

2. 假如有一家大型建筑公司在当地的代理人告诉你，如果你能降价 5%，他们就同意你中标，买下运往约旦的推土设备。你会：

a）只同意降价 3%。

错误！只给代理 3% 的降价优惠，代理会将你的报价报告给公司，这将促使他们去争取 5% 甚至更多的价格优惠。一旦价格底线被突破，你就会处于劣势。

b）同意。

错！同意降价只会让你的处境更糟。对方会变本加厉，就像在斜坡上倒油，让你下滑得更快！

c）暗示要想降价需要先修改招标条款。

正确！只有先修改招标条款的内容，你才同意降价。这样做不仅可以维护自身利益，守住价格底线，还可以让对方感受到你愿意做出让步。当对方问你要修改哪些招标条款时，你可以具体地或者模糊地给出答复。但无论怎么回答，你都要明确表达一点，即不管在什么情况下，合同条款都应该是用你想要的条件换取他们想要的条件。简而言之，只有变更招标条款，你才会同意降价。

9

教狼追雪橇

如何放下有害的“善意”

自测

9

1. 你是一家光纤电缆制造商，欧洲最大的有线电视公司老板想和你会谈。几经推迟后，有一天，他在即将飞往澳大利亚前，和你约好在希思罗机场第 5 航站楼见面。这对你来说，是个不可多得的机会。他来迟了，于是一边往边检处走，一边说要和你们签一份为期 6 个月的合同，要求以最优惠的价格采购你们专有的符合六西格玛标准的光缆中继器，他们的工程师最近一直在测试该中继器。你会：

   a）向他开出你的最低价，以此作为你迈入这个行业的敲门砖。

   b ）开出略高于最低价的价格。

   c）开个高价，但留有商量的余地。

   d）祝他旅途愉快。

2. 一家大型化工公司的采购员听了你对萘并吡咯的报价后说："竞争非常激烈，你得给个更优惠的价格。"你会：

   a）为了获得订单，同意降价。

   b）问他，你的报价比别人的高多少。

   c）让他去找别人合作。

   d）要求看看别人的报价。

   e）问他对你的报价是否满意。

对谈判者来说，有一个能促成高效谈判的原则，即在谈判中，我们要学习斯克鲁奇，而不能学亚西西的圣方济各。[①]把握让步的分寸仍然是谈判中的一大难题，这一点听起来似乎有些前矛后盾。

你为什么要听从这个刻薄的建议呢？因为在谈判过程中，你的慷慨大方并不会感化对方。要是那样就好了。

事实上，经验表明，如果你觉得以自己的让步能换来对方的让步，那你就大错特错了。如果你做出一定的让步，那对方为什么也让步呢？如果对方不为所动，你有可能做出更大的让步。实际上，慷慨的让步无异于单纯放弃一些东西，这些东西有可能对方比你还看重。在“紧张”的谈判中，放弃绝对不是个好办法。

---

① 斯克鲁奇是狄更斯小说《圣诞颂歌》中的人物，是个有名的吝啬鬼。亚西西的圣方济各（1182—1226），是动物、商人、天主教教会运动以及自然环境的守护圣人，也是方济各会的创办者。——编者注

我想探讨一下“善意让步”这个奇葩说，希望能改变你对这个词的理解。这个理论从何而来呢？它的起源不详，但我将其追溯到一个叫比约恩·麦肯齐的人，19世纪90年代，他曾在加拿大北部的哈得孙湾做过一段时间的旅行推销员。对“善意让步”起源的认识并不重要，重要的是这个说法似乎在各行各业都具有一定的影响力。你只需要问谈判者，他们有没有做出过善意的让步，就知道这个说法有多么流行了（回想一下第1章里提出的第一个问题大多数人给出的答案）。

奇怪的是，支持“善意让步”的人总是不能理解我对这一说法的批评。在研讨会上，这个话题引起了激烈的讨论，有一些人为“善意让步”极力争辩，理直气壮。主张“善意让步”的人给出了以下两个理由：

“我在一些小事上让步，只是想要感化对方。”

“必须先有人主动推动谈判，否则谈判永远无法向前推进。”

以上两个理由都是错觉战胜了经验，这些人错误地以为“善意让步”就能促成交易。当然，我这么直言不讳，是为了激发人们思考这个问题，而不是无端地侮辱（我的孙子孙女们称之为“鄙视”）他人。

让我们来看看“善意让步”的第一个理由。它的理据是什么？我不敢说我知晓所有的研究成果，万一我遗漏了一些也未可知。但我能肯定的是，我所知道的研究成果都表明，情况恰恰相反：

一方的善意让步不会“软化”另一方，反而会使对方更加强硬！

你只需要仔细想想支持“善意让步”的人给出的建议，就会发现他们一定是错的。他们认为，谈判时当你以慷慨刺激对方，你的“善意让步”会“软化”对方，使他们也变得慷慨起来。但是这种想法忽略了一种可能性——对方会对你的“善意让步”有不同的解读。他们可能认为你的行为可能出于两个原因中的一个：要么是你在表达“善意”，要么是你在示弱。

即使对方认为你是在表达“善意”，他也没必要以慷慨来回应，他仍然可以选择不妥协。如果他认为你在示弱，就可能会保持更强硬的立场。

除非你们熟知彼此的相对优势，双方都十分愿意以慷慨大方的方式谈判，否则对方更可能表现强硬而不是给予“善意”的回应。如果双方都乐意“善意让步”，那就祝你们以后谈判的时候总能遇见对方。

但如果你遇到一个不喜欢“善意让步”的人，会怎样呢？你的善意策略完全依赖于他们听了你的想法后立马也变得愿意让步。你要怎样“感化”对方呢？你是否会坦言，做出让步是为了“感化对方”？那样做就像没有带降落伞从高空往下跳。或者你不会那么坦率，不跟他说明你的动机。

试图“感化对方”，最可能得到什么结果？不需要对人性有多么透彻的了解，你就能推断出他很有可能把你的善意让步当成弱点，而不是优点。

注意，前面提到的第二个理由中善意让步者的语气是带着无奈的（“必须先有人主动推动谈判”和“谈判永远无法向前推进”）。从战术上讲，这和第一个理由一样无力，对方更可能会坚持强硬的立场，而不是善意的回应。这都是因为你表现出想要推进谈判的迫切需求。比如：你急于去别处；你急需对方的产品；你条件优渥，所以缺乏耐心；等等。这些原因都说明，你不应该就重要的事情谈判，因为你的压力未必是别人的压力。如果对方并没有像你那样感到困扰，那么你的焦虑会给他们什么信号呢？是的，当你考虑要做出让步时，请放慢谈判的节奏，从而向对方施压。

假设对方也很着急，那还有什么必要做“善意让步”呢？你这样做只是在无条件地将自己的立场转向他人。你站在斜坡顶端，随时准备滑下来。如果我一施压，你就让步，或者回应缓慢，那么我最好的策略就是继续向你施压。

我们来用一个故事说明“善意让步”的问题在哪儿。我第一次听到这个故事是在20世纪60年代，当时我还是一名年轻学生，站在后排参加了一场伦敦地铁司机罢工会议。我的一个朋友在工会工作，他的秘书请病假了，我正好在假期，就来顶几天班。我的主要工作是接电话和发信息。某天，地铁工会员工罢工，我便有机会在站外参加了一次罢工会议。

面对管理层对他们的威胁，有人批评工会的罢工策略。于是，会议主席讲了一个故事。以下是故事梗概（稍加一点修饰）。

在北部苔原地区，那里的人们可比“善意让步”者聪明多了。他们吃过“善意让步”的苦头，所以知道这么做不对。事实上，如果你在挪威北部、西伯利亚、加拿大或阿拉斯加等北极圈内的任何一处，说你是“善意让步”者，他们就会把你扔进雪地里（即使在零下 40℃的天气）。在一些交易场所，当地法令明文禁止人们“善意让步”，而且他们的郡法院对被指控“善意让步”的城里人毫不留情。那里的人都反对“善意让步”。

为什么呢？几年前，当第一批推销员去那里推销新玩意儿——冰箱、防晒霜和冰镇啤酒——时，当地人非常欢迎，且盛情款待他们，毕竟那里的人们以热情和慷慨闻名于世。

推销员们把货物放在狗拉的雪橇上，穿梭于各个偏远村镇间。我这里说的都是男性推销员。这个悲伤的故事都是由这些来自南方的聪明男人引起的。当时，唯一的女销售员是当地人，她非常聪明，从不驾着雪橇去推销冰箱。糟糕的是，其中一位男推销员不仅带来了文明恶习，还带来了“善意让步”的龌龊行为。

起初，当地人与新朋友玩得非常好，生活一如往常，并没有意识到新朋友带给他们的麻烦。就在当地人教给推销员如何在长途雪橇旅行时猎取食物之后，麻烦随之而来。导致灾难的恶习一开始不那么明显，但是只要一露头就需要采取严厉措施，以防微杜渐。

比约恩·麦肯齐是一名冰啤酒销售员，他可能有瑞典或苏格兰血统（人们说法不一，也可能这两种血统都有）。一天下午，他发现几英里外有一只狼在跟踪他。他刚刚射杀了一只大麋鹿，竭尽全力才把它搬到巨大的雪橇上。刺耳的狼嚎让比约恩非常害怕，声音似乎离他很近。

他快速地撤离营地，立即出发前往最近的村庄。那只狼在他的步枪射程之外。比约恩加快了速度，雪橇向前倾斜，因为冰啤酒和麋鹿肉太重了，压得雪橇发出嘎吱嘎吱的响声。那只狼离他越来越近，他发誓自己能听到狼的喘气声，于是他拼命地思考摆脱困境的办法。

就在这时，比约恩灵机一动。他想，狼很饿，它肯定想要一些麋鹿肉！“切下一些麋鹿肉丢给狼，雪橇还能跑得更快！”他心里这么想着，觉得自己简直太聪明了。比约恩推断，如果有肉吃了，这只饿狼肯定很满足，就会停止追他。这样，比约恩就可以摆脱它，安全到达旁边的村庄。于是，比约恩切下了一些肉——因为雪橇在不平坦的地面上飞速移动，所以切肉也很不容易——然后把肉抛到身后。他有很多肉，丢掉一块也无所谓，没准儿还能让狼对他不那么恶狠狠。

接下来的两英里，一切都按计划进行。狗全力奔跑，雪橇在冰上快速滑行。比约恩已经在构思如何向村里的朋友吹嘘他的辉煌（和勇敢）事迹——他摆脱了贪婪的狼。可突然间，他又听到了身后狼的嚎叫声。而这一次，他似乎听到了两只，也许是三只狼的声音！

比约恩心跳加速，惊慌失措。他快速地思考了一下，断定狼又追来是因为自己刚才给的肉不够多——他也懒得想另外两只狼是从哪里来的——于是他切下更多的肉抛向身后。虽然扔了三份，但他仍有很多肉，足够晚餐享用。

后来，他向朋友们发誓，说他才走了几米，就听到了狼群的再次嚎叫。这次他断定身后的狼超过了三只，他看到还有好几只狼在小道旁的树丛中朝着他的雪橇飞奔而来。比约恩更用力地抽打着鞭子，用嘶哑的声音喊着‘快走，快走’（就像电影情节），一边跑他还一边飞快地切麋鹿身上的肉，把大块的肉扔向四面八方。狼群仍在继续追来。有几十只狼，从四面八方追赶着雪橇。狼群大声嚎叫，声音越来越大。

当狼群得到一块麋鹿肉时，就会大声嚎叫，仿佛是在嘲笑比约恩。显然没有什么能让狼群满意了，它们似乎已经疯了（狼本来就有野性，而现在又变得很狂躁）。比约恩开始瞄向其中某些狼扔肉块，期望讨好它们，这样的话，如果他最终被狼群当作口中餐时，能有狼认出他这位朋友。

没过多久，比约恩的麋鹿肉就扔没了，可他却没有摆脱狼群。现在还有数百只狼在他身边！就在他即将到达安全地带时，他把最后一块麋鹿肉扔给了狼群。比约恩“狼”口脱险，幸运地逃过了一劫。确实，尽管他原本只打算给狼群扔一小部分肉，可最终却把所有的麋鹿肉都扔了。不过，他还活着，还能告诉当地人和其他推销员自己战胜狼群的绝妙策略。

多年来，当地人在荒原上驾雪橇，从来没有听过类似的故事。从来没有狼靠近当地人的雪橇，当然更没有狼群打扰到他们。当地人摇摇头，把比约恩的故事归结为城里人的想象。

相比之下，那些对狼没有经验，也不知道狼长什么样子的推销员却准备立刻把麋鹿肉装满雪橇。即使不是为了防御凶猛的狼群，有这些肉也不致使自己被困在荒原上！

这就是灾难的开头。在后来的6个月里，比约恩和其他推销员继续在荒原上跑来跑去，推销冰箱、防晒霜和冰镇啤酒，向追赶他们的狼喂肉。销售员们觉得比约恩想到的对付狼群的办法太聪明了。公司派他们来这里是为了赚钱。虽然他们还没有赚到钱，但所幸没有被狼吃掉。

后来，当地人拿着枪威胁他们，让他们打包走人，他们感到非常震惊，难以置信。当地人把他们赶上临时造的小船的时候，他们问道："我们不是给你们带来了文明的玩意儿吗？"

当地人回答说："是的。"他们一边从哨所的冰箱里拿出冰镇啤酒给荷枪实弹的保安，一边反问："但是狼群怎么办？"这让比约恩和他的朋友们大吃一惊。

'狼群？狼群怎么了？"比约恩问道，"我和同事们没把狼群怎么着啊。事实上，我们 ·直在按我认为绝对可靠的方法防止狼靠近。"

这时，当地人差点将比约恩当场毙了。当地人喊道："你根本没有阻止贪婪的狼，你这个白痴！你不过是在教狼，如果想要食物，就应该追雪橇！"

现在看来，这个发生在荒原上的老好人故事对我们来说是一次深刻的教训。这些推销员在荒原上"善意让步"，教会了狼群追逐雪橇来获取食物，当地人不得不把他们赶走，以消除狼患的源头。后来，当狼群追逐雪橇时，除了扔来的空啤酒罐，它们什么也没有得到，此时它们就不再追逐雪橇了。它们又回到了大自然，回到了原来的捕食方式，留下雪橇独自前行。

不幸的是，尽管比约恩和他的朋友们早已不在荒原上实践不入流的“善意让步”，但在世界各大城市里，还是随处可见这样的行为，没有任何补救措施修复这个行为带来的损害。

谈判者还是会在面对看似难缠的人时做出让步，也有时候是因为害怕谈判进行不下去，或者是希望对方能够以友相待，对自己友善一点。这个毛病随处可见，一旦染上，就可能变成绝症。有这个毛病的人被其他强硬的谈判者拿下，然后发现他们只适合从事销售培训，教聪明的年轻销售员一些没用的招数，比如前面提到的“比约恩对付狼群的绝妙策略”。

自测详解

9

1. 你是一家光纤电缆制造商，欧洲最大的有线电视公司老板想和你会谈。几经推迟后，有一天，他在即将飞往澳大利亚前，和你约好在希思罗机场第 5 航站楼见面。这对你来说，是个不可多得的机会。他来迟了，于是一边往边检处走，一边说要和你们签一份为期 6 个月的合同，要求以最优惠的价格采购你们专有的符合六西格玛标准的光缆中继器，他们的工程师最近一直

在测试该中继器。你会：

a）向他开出你的最低价，以此作为你迈入这个行业的敲门砖。

错！他和你一样，也是肉食者。他的威胁显然对你有效，他知道你能做什么，并且会得寸进尺。你知道自己的报价是不是"最低价格"，可他不知道。一上来就这么说是因为他要确保你的价格没有水分（他不知道你的实际价格，但他知道永远不能接受首次报价！）。

b）开出略高于最低价的价格。

错！他不知道你的开价仅"略高于你的最低价"，并且他势必会压价。如果你在第一次简短的会谈中就做出如此大的让步，那么如今你还能采取什么办法来达成交易呢？等他回来，长时间与你会谈，会不会提更低的价格呢？一开始就大幅度地让价不是好办法。

c）开个高价，但留有商量的余地。

这个办法也许行。先抬个"高价"，再留出商量余地总比上面a和b选项要好，至少你没有被他的威胁策略恐吓到，但这仍然不是你最好的行动策略。鉴于他飞往澳大利亚要花好长时间——长达24小时，你可以尝试d选项以达到更好的结果。

d）祝他旅途愉快。

正确！请他回来后给你打电话。同时，与他的技术人员探讨，让他们谈谈符合六西格玛标准的电缆中继器有哪些优势。技术人员喜欢与懂行的人聊。在热络的交谈中，技术人员会透露许多有用的商业信息（例如，他们多么迫切地想要使用你的新中继器），其实这一信息对方原本不想让你知道。你从采购人员那里不会得到有用的信息。如果他们没有见过你，老板从澳大利亚打电话回来的时候，他们就可以告诉老板你还没去找过他们。机场会面的目的是迫使你做出”善意让步”，这个让步就成为之后你们见面谈判的起点。我有一个客户，是一家跨国经营的电子公司。就是因为上述原因，他们禁止任何技术访问者进入他们的制造区域，除非有采购经理陪同。如果这位经理猜到你会做什么，他这一路上都会非常小心。

2. 一家大型化工公司的采购员听了你对萘并吡咯的报价后说：“竞争非常激烈，你得给个更优惠的价格。”你会：

a）为了获得订单，同意降价。

错！如果你降价是为了换取订单，这就是盲目降价。对方会告诉你，降价力度不够大，价格要更低才行。当你坦承价格已经无法再降时，他才会考虑你的新报价。

b）问他，你的报价比别人的高多少。

错！这样问他，他会夸张地跟你说，你的报价比别人高得多（而你永远不会知道真相！）。如果他向你出示了一份价格更优惠的清单，说别人的报价比你更低，那他为什么还在和你谈？——这份清单是不是早上才打印的呢？

c）让他去找别人合作。

错！他要是并非虚张声势的话，让他去找别人合作是冒险行为。而他如果真的是在虚张声势，那风险就更大了。如果他不承认自己是在虚张声势，或者他不愿透露别人的出价，那就意味着，他确实能从其他人那里获取更低的价格。

d）要求看看别人的报价。

错！要求查看其他人的报价只会加大 c 选项中提到的风险。他可能会坚持说是商业机密，他不能透露一丝一毫。 他会认为，你这样做是怀疑他在撒谎。

e）问他对你的报价是否满意。

正确！他仍在与你谈，这说明他认为你的报价有优势，并且可以肯定，他对你的报价还算满意。这是个积极的信号，即他肯定会比较你的报价和其他人的报价。价格不是投标决策中唯一的变量，围绕着投标价格还会有其他条件。和其他人的报价相比，你的报价可能对他有吸引力。

10

用首次报价镇住对方

如何出其不意地达成更有利的交易

自测

10

1. 你想买一台功能更齐全的电脑，淘汰目前使用的笔记本。电脑商为你推荐了一款合适的型号，标价 3000 英镑。你期望能得到多大的折扣?

   a）5%。

   b）不要折扣。

   c）15%。

2. 你看中了一辆待售的二手捷豹汽车，类似品牌和型号的新车售价为 5000 英镑。你愿意出价 2250 英镑，并全款一次性付清。你觉得卖家会：

   a）讨价还价后接受这个价格。

   b）讨价还价后拒绝这个价格。

   c）拒绝考虑你的报价。

杰克住在加利福尼亚，在当地是一名律师，也是一位经济学教授，最近刚刚退休。作为一名经济学家，他经常有一些荒诞的设想，并由此得出一些不切实际的结论；同时，他兼职为穷人充当公益律师，用一些站不住脚的假设来伸张正义。

然而，一直以来，他痴迷于收藏老式（20世纪60年代的）捷豹汽车。每隔一年，他就会离开伯克利一阵子，去爱丁堡探望妻子的家人。到苏格兰后，他会找机会买复古老式捷豹车，或买点儿零件，运回美国的家中。显然，对加州的富人而言，收藏老式捷豹及其零件是他们的生活乐趣之一。他们过着锦衣玉食的生活，追求极致的享受，收藏捷豹对他们来说并不稀奇。

回到家后，杰克用他收藏的各种零件仔细翻新他的老式捷豹，也会花很多时间修复他从苏格兰运回的捷豹车，而他这样做只是为了开心。偶尔，出于邻里之间的惺惺相惜（绝非庸俗的爱财），他会从自己的珍藏中卖出一辆修复好的捷豹（或者只是某个特定车型的一些零件），给那些骨灰级的捷豹爱好者。只要听说他回来了，这些人就会找上门来，表现出极大的热情和兴趣。当然，他同意卖出的前提是对方真的喜欢捷豹，那便是捷豹的最好归宿。

我有幸目睹过他在买车过程中是怎样讨价还价的。他有个习惯，每当看到一辆老式捷豹停在路边，或者因报废被遗弃在路边时，他会要求我靠边，停车下去看看。杰克的这个习惯老是会打乱我们的日程安排。为买捷豹车讨价还价，让他乐此不疲。买完回来的路上，他便绘声绘色地跟你描述他的谈判过程。他要是独自一人的话，我相信他都会自言自语起来。回到家，他依旧兴致不减，对妻子再说上一遍。他的妻子一向很有耐心。我从未见过有人如此痴迷于买卖车的谈判，也没见过有人能这样好脾气地对待像杰克这样疯魔的人。

如果交易没有达成，他会坦率地说，不怪对方，只怪自己。在购车交易方面，他遇到过很多趣事，成功的和不成功的都有。一般来说，交易不成功是因为他没有使出自己的谈判妙计：

用首次报价镇住对方。

杰克坦言，这条“妙计”多年来他屡试不爽。在我看来，这与杰克作为律师的信条——“用你的损害赔偿要求镇住他们”——正好相反。

这个妙招的用法也非常简单。当开始交易谈判时，作为买家，你要报低价；作为卖家，则要报高价。杰克从来不会把预期成交价作为首次报价，他喜欢给自己留很多谈判的空间。杰克认为，如果你给出的首次报价与预期成交价差不多，在谈判顺利的情况下，你可能会以该价格成交；当谈判不顺利时，作为买家，你可能得到的是比这个价格更高的价格，作为卖家，你也可能会以比预期更低的价格完成交易。

首次报价有风险。作为卖家，如果你开的价太低，就会让对方误以为还有议价空间。如果他认定了还有砍价的余地，为了使自己的利益最大化，他会丝毫不留余地逼你做出最大让步。因为对另一方而言，你的预期成交价格是个未知数，他才不会理会你的抗议，更不会因此而加价。

从孩子们的口中夺食

阿伯丁的一家二手车经销商要出售一辆“经典款”捷豹（也被称为“老爷车”），标价为 1850 英镑。杰克看见这辆车停在经销商的停车场，就走过去查看。卖家和杰克讨价还价了很久，最后杰克表示愿意出价 1250 英镑。

谈判陷入了僵局，俩人有一搭没一搭地聊着。显然，卖家明白他无法以 1850 英镑的标价卖出，但是现在他不知道杰克还能加多少钱。正说着话时，卖家的儿子把另一辆捷豹汽车拖进了停车场。杰克看到了那辆车，于是凑上去看了看。这辆车虽然没有前一辆新，但是整体车况要好得多。显然这辆车保养得不错。

卖家儿子说这辆车是留给他自己的，不卖。卖家却不以为然地说，这辆车是公司的，如果杰克想要，可以卖给他。杰克嗅到了商机，表示愿意出价 1000 英镑。价格拉锯战又开始了，卖家问杰克打算如何付款。

“付现金！”杰克答道。他身上有足够的美元，而且由于英国北海的石油贸易发达，使得阿伯丁变成了北方的“休斯敦”，当地人习惯用美元交易。最终这辆车以 1100 英镑的价格成交，卖家儿子脸上写满了不开心，可也不得不把他的东西从车里拿出来，包括车上的收音机和音响。杰克很快付了钱，开着车走了。

事后我问杰克，为什么他买的这辆车明显更好，出价却更低？他说他原本打算接着再看看上一辆车，再跟卖家讲讲价，但卖家如此坚决地在儿子面前摆出一副老板的架势（他们之间因为这个问题肯定产生过矛盾），所以他只在杰克首次报价上加了一点点钱。杰克说：“有点遗憾，因为另一辆车有一整套真皮座椅，在美国那边能卖个好价钱。”然而，他买的这辆车在苏格兰转手卖出，价格至少还能翻一番，在加利福尼亚甚至能翻好多番。

换句话说，在杰克身上是占不了什么便宜的。这没有什么奇怪的，因为他在交易谈判中看重的，是对方必须通过努力才能争取达成交易的东西，而不是轻而易举就能买到手的东西，不然，就算他成交的价钱比他预计的要低，他也会觉得不爽。

不管从哪方面考虑，假如交易的条件远远低于预期，那么这就不是一笔好买卖。你也可以宽慰自己，在“那种情况”下，能促成交易，就已经“心满意足”了。这种自我安慰会让你的自尊心免受伤害。但在开价时，如果你注意使用谈判技巧，便会“如愿以偿”，这样做才是明智之举。如此一来，你也就不必为自己的表现不佳进行自我辩解了。杰克用他的“首次报价就镇住对方”的妙计达成了许多交易，都是以远远低于他的“最佳”（或对自己有利的）价格成交的。如此看来，这条谈判建议是非常合乎情理的。

为什么会这样呢？因为能把对方镇住的首次报价会迫使卖家重新考虑他们之前对该商品现行市价的预期。杰克因为离谱的开价也失去过一些交易谈判的机会。因为他的报价与对方的底价相差太多。但杰克说，总体来看，大多数成交价都比较接近他的首次报价，而不是接近他能出的最高价格。即使他必须把价钱加到接近他的预期最高价，情况也不会比他开一个接近他预期最高价的价格更糟。如果对方的期望价格高于杰克能给的最高价（他决不会让对方知道这个价格是多少），在这种情况下，他要是首次报价就很低，那就可得谈一阵子呢。

首先，让我们考虑一下谈判开始时的情况。比如你打算用现金购买商品时（比如捷豹汽车、100 万吨阿尔巴尼亚水泥、1 万台来自波兰的黑白电视机、一艘停泊在希腊附近的挪威集装箱船，或者是在墨西哥景区商店里的一顶草帽），你心里总有一个预期价格。换句话说，假设你懂行情，你在买东西时据此出价，或者在卖东西时据此要价，你心里的这个价格就叫作“期望价格”。

谈判之前，你怎么确定期望价格，与本章主题无关。我们重点讨论的是，这些期望价格在谈判过程中会不会变、怎么变？如果你对合适的定价有先入为主的看法，并不说明无论谈判如何发展变化，你都会一直保持你的期望价格不变。期望价格是可能变化的。例如，一开始谈判，你就会掂量，能不能以自己的期望价格达成交易，而你的期望价格也会随之发生变化。

或者，如果你的期望价格基于你在谈判过程中获取到的信息（在听取对方的意见之前，你并没有自己的想法），那么随着谈判期间各种情况的发生，你的期待价格可能会受影响或改变。或者，更准确地说，你对这些情况的看法可能会改变。在这种情况下，你可以选择降低期望价格或换个交易对象。当然也有另一种走运的情况：你发现这些新出现的情况对你有利，可以让你提高期望价格，或者至少确保你可以坚持原先的期望价格。要知道，期望是主观性的，不能脱离谈判双方对情况的解读而独立存在。

杰克坚信，第一次接触会大大影响谈判双方的期待价格，甚至会决定谈判的结果。此时双方都不太确定自己能得到些什么。因此，他认为在谈判开始时表现得很坚决是有利的。如果对方一开始的期望价格比较高，你的坚定态度便可以直接动摇对方志在必得的决心。或者，如果对方并没有明确的期望价格，一开始的强硬立场就限制了他期望从杰克那里得到的实际价格。在杰克看来，首次报价的冲击越大，这个策略就越能奏效。

我不得不指出，在美国法律体系中，律师们可能滥用了“镇住对方”这一策略，他们过度夸大了民事案件中的损害赔偿。例如最近的一个诉讼案子，被告是一家由底层的韩国合法移民经营的干洗店，店员不小心弄脏了原告价值150美元的裤子，于是原告提出了200万美元的索赔要求。幸运的是，上诉法院驳回了下级法院的裁决。我相信，这个韩裔美国人会因此重新认可美国司法的公平性。

杰克和我都没有说过“用首次报价镇住对方”的策略会保证你交易成功。如果一个潜在买家认为，交易价格应该是1100万美元，而你的首次报价却是2200万美元，那么你就会使对方对自己的期望价格产生怀疑。他（买家）会想，你是认真的吗？你的价格符合实际吗？他的价格符合实际吗？他计算得对吗？你真的像他的会计师所说的那样不好打交道吗？对方倒不会犹犹豫豫地不买，但你这样报价肯定会打乱对方的节奏，让对方琢磨为什么你会这么说。这时候，你可以转移话题，让对方平复一下情绪，然后再回到预期的销售中。

你走进一家商店想让店家给你打15%的折扣，店员告诉你他们只赚7%的毛利。你会怎么做呢？如果你半信半疑，也觉得自己很难享受15%的折扣，那么，你要么降低自己的期望，要么去别家再看看。

你决定在电视上宣传自家产品，并为该项目做了7万欧元的预算。一位制片人告诉你，拍摄5分钟的片子，每分钟需要2万欧元，可以剪成 40 秒的广告，这是最低费用，再便宜的话就没法保证质量了。片子拍出来，你还得买电视广告的时段。那怎么办呢？要么增加预算，要么就不做广告了。

你邀请一位女士陪你去阿卡普尔科参加一个会议。她跟你说，她一个月后才能和你共进晚餐。你会怎么做呢？是降低要求，还是试着和她的闺蜜约会呢？

上述情况都说明了，用首次报价镇住对方会带来怎样的影响。不管对方有什么举动，或是去别处碰运气了，他们的期望都会有所下降。如果对方开出的价格和你的预期价格相差甚远，那么想改变对方就像赤手空拳攀登珠穆朗玛峰一样难。所以，如果你的目标是摘星星，而对方只想爬树，那么你可能得费点劲儿。在谈判现场，你会看到：大多数人会放弃那些不切实际的要求，退缩了。

总结杰克的见解，我们可以看出，最好的开价往往是最强势的，其他所有因素都没有开场报价对谈判结果的影响深远。但强势的开价必须在某种程度上是可信的，至少得让对方这样想。如果一开始就漫天要价，那也是徒劳，就像你不可能用 200 美元买下帝国大厦一样。除非你一直等着，等到政府花钱请你去拆除它的那一天。

想要搞清楚能镇住对方的开价和不着调儿的开价之间的区别并不容易，因为它们之间的界限并不明显。二者之间的重要区别就是，镇住对方的开价是可信的，而不着调儿的开价是不可信的。

令人震惊的打字错误

一名工会官员替工会会员提交了一份涨工资的书面申请。一周后，他去会见了管理层，协商新的用工合同。

令他惊讶的是，公司图文并茂地给他出示了公司的销售情况和运营成本，还有一份关于未来几年财务预测的报告。他不明白，公司这么做是为什么，于是他看了看桌子对面的文件，想知道还得多久才能切入正题。那一堆文件最上面放着的正是他撰写的涨工资的申请。文件离他很近，他坐在对面，即使反着看也看得很清楚。

他恍然大悟。原来他的秘书把数字打错了。她把要求工资涨 12%（他的预期目标是涨 7%）打成了“21%”。难怪公司会大惊小怪！

他（明智地）一言不发，等着管理层介绍完公司目前不那么好看的业绩后会说什么。对方一开始提出可以涨 12% 的工资，最终以涨 15% 的工资谈妥，这比他在会议前的期望值高出了 8%。他这才知道，之前的要求有多保守。

如果你能言之有理地捍卫你的开价，那么不着调儿的开价也有可能变为现实。可信的理由让你事半功倍。请记住，你给出的开价理由只需要让对方相信就行了，不需要去说服第三方和消息灵通的法官。

例如，杰克在苏格兰谈判时有一个优势：别人一听他讲话就知道他是个美国人。他出生于纽约布朗克斯，现住加利福尼亚，有着一个大嗓门。如果他说自己出价低是因为没钱，别人肯定不信。所以，他要是把买不起作为开价低的理由就有点扯了。然而，他确实还有一个出低价的理由，那就是，他得把车辆运回加利福尼亚，这就使他的成本翻了一倍。他还强调用现金交易，这往往是吸引二手车卖家的一个重要因素。此外，还有一个吸引卖家的条件，那就是杰克会把车辆运到加利福尼亚，离卖家很远，不会再找卖家麻烦，一般卖家在与美国人打交道时非常在意这一点。这些都让杰克在谈判中占据了强势地位。

当然，卖家最应该关心的问题不是这辆车在苏格兰值多少钱，也不是杰克需要花多少钱才能把车运到美国，而是当杰克把车运到加州后，这辆车能值多少钱。据说，在加州，伯克利的老式捷豹车及其配件的价值远远超过杰克在苏格兰买车的价格，也远远超出当时卖家的要价。

一般来说，如果你那令人震惊的开价是有道理的，这个价格就很有可能成为谈判的基础价格，所以你应该强势开价，再言之凿凿地捍卫它。把球抛给对方，让他们绞尽脑汁地跟你议价。

自测详解

10

1. 你想买一台功能更齐全的电脑，淘汰目前使用的笔记本。电脑商为你推荐了一款合适的型号，标价 3000 英镑。你期望能得到多大的折扣？

a）5%。

正确！你的期待值较低，但这只是个开始，你不妨以此为基础尝试砍价。几轮谈判后，你会变得更大胆。

b）不要折扣。

那可不行！如果你觉得不用打折，那么你非常需要接受补习，以提升你的实际谈判能力。从 5% 的折扣开始，锻炼你的谈判能力吧。

c）15%。

正确！期望获得 15% 的折扣，说明你有挑战价格的意愿。

2. 你看中了一辆待售的二手捷豹汽车，类似品牌和型号的新车售价为 5000 英镑。你愿意出价 2250 英镑，并全款一次性付清。你觉得卖家会：

a）讨价还价后接受这个价格。

正确！如果你觉得卖家会在讨价还价后接受这个价格，或者以接近的价格成交，那么说明你很乐观。这一点对于一个想要用首次报价镇住对方的谈判者来说，是个正确的方法。

b）讨价还价后拒绝这个价格。

错误！如果你觉得卖家会在讨价还价后拒绝以这个价格成交，那么你就太悲观了。你有什么可信的理由吗？一旦这么想，很快你就不想再去砍价了，这样谈判会让你付出昂贵的代价。请记住，对方可能不会因为你的讨价还价而大幅降价（现金交易可能会让对方降价），但他可能会做出一些无关价格的让步。比如，赠送给你 CD 播放器、GPS 设备或一套现成的座椅垫。

c）拒绝考虑你的报价。

错！你试过讨价还价吗？当对方拒绝考虑你的低报价时，你就这样坦然接受吗？至少在试探对方的期望价格前，你不知道对方的想法，也不知道他所承受的压力和顾虑。

11

把鸭子变成鹰

如何卖个好价钱

自测

11

1. 你想卖掉你的旧车，买辆新车。你觉得可以要价 5500 英镑，不过你心里清楚旧车有些小问题。你会在出售广告里报价：

a）5500 英镑，价格可议。

b）5700 英镑。

c）6000 英镑，价格可议。

d）不写具体价格。

e）5500 英镑。

2. 你有一辆拖车，但因为用在你的新车上不适合，所以想卖掉。于是，你在当地报纸上刊登了广告。考虑到拖车车况和市场行情都还行，你认为这辆拖车能卖 500 英镑。你在广告中的要价为：

a）510 英镑。

b）525 英镑。

c）500 英镑，价格可议。

d）让买家开价。

e）一口价：500 英镑。

f）不写价格。

与跨国业务相比，二手家居用品市场虽然是小菜一碟，但谈判者也能从中学习到一些经验。在英国，小朋友们出售或交换旧玩具，一起玩康克戏，互相分享下载的音乐。孩子们学着与朋友交易旧物，学得很快。他们的父母也一样。除了日常去的商超之外，非正式的家居用品市场到处都是。

在发展中国家也是这样，无论官方和法律怎么规定，人们还是会私下以物易物。走在一些不发达国家的大街上，一定会有人想要跟你买点儿什么，有时候你身上的衣服都有人问你卖不卖！尤其在一些新兴经济体中，开放的市场空前繁荣。在美国，人们将以物易物称为"车库甩卖"，在英国，称为"后备箱集市"，在中东，叫作"露天市场"或"集市"。街头市场无处不在，充斥着缤纷的色彩、交杂的气味、精致的商品和寻找便宜货的熙熙攘攘的人群。

纸媒上充斥着"小广告"，《交易市场》（*Exchange and Mart*）

这样的杂志向我们展示了，即使在营商环境不好的地方，小买卖依然存在且发展势头良好。

在实行货币管制的国家，非法兑换货币会受到处罚，但还是有人愿意以比官方汇率高得多的价格购买你手中的美元或英镑。苏联时期，有一次我在华沙中途转车，外币兑换点已经打烊了，没有人值班，可是有人在通往月台的人行隧道里拦住我，提出以高于官方汇率两倍多的价格购买我身上的美元。我想起有一次在华盛顿特区，当克莱默书店的店员提出以 20 美元购买我穿的红色条纹衬衫时，我一脸蒙圈。我觉得他的品位不错，但同时认为他买我衬衫的时机不对，因为我正要去国际货币基金组织的餐厅吃午饭，怎么可能光着膀子走过两个街区？我当然不会卖身上穿的这件衬衫。这买卖要是做成了也太奇怪了，即使在穿搭随性的美国也让人觉得不可思议。

这也可以谈吗？

某位顾问刚刚结束了 10 分钟的演讲，她声称能帮助客户解决销售渠道问题，服务费开价 7.5 万英镑。

公司总裁侧身问道：“关于费用，还可以商量吗？”这位顾问明白，如果她回答“可以”，那么对方就会压价；如果她回答“不可以”，那么，自己就可能会因议价而陷入困境。她想了想，回答说：“只要您能接受我的建议，我随时准备好听取您的建设性建议。”

总裁点头同意她的回答，什么也没有说。一周后，这位顾问获得了这个项目，合作正式开始，并且没人再提费用的问题（也没人再探究她那么说是什么意思）。

实际上，我们都做过买卖，从牛仔裤到二手车、家具、旧书、赠阅的新书、多余的足球比赛门票，甚至还在缴费期的停车罚单。我们和朋友、邻居、家庭成员或完全陌生的人之间买卖这些东西。人们口耳相传或贴出小广告来了解出售这些物品的信息。

这是个有趣的问题：你觉得自己是老鹰还是鸭子？老鹰在天空中翱翔，而鸭子只能待在地面。如果你是老鹰，那么你通常对自己的报价非常自信，喜欢跟人讨价还价。如果你是鸭子，那么你就会羞于报价，有时候又忍不住要给出自己的报价，但是只敢讨价还价几秒钟，然后就躲起来，害怕吃老鹰的瘪。

举个例子，许多人卖自己的汽车时，总会在后窗或侧窗贴个告示，写着自己期望的价格。就像这样：

此车出售

5500 英镑

经常地，出于某种惯例，“鸭子”还会添加以下内容：

价格可议

意思是：价格还可以商量。

“鸭子”为什么要在标价后面加上“价格可议”呢？答案各不相同。有人说这可以防止潜在客户被价格吓退。但是既然给出了价格，还标出“价格可议”，如果给出的价格不在可议的范围内，为什么还要写出来呢？任何价格都不会让“老鹰”望而却步，更何况他们认为这是一个挑战。

鸭子们的观点是，如果潜在买家认为价格是可议的，那么他们会更愿意与自己谈谈。还有“鸭子”则表示，他们这样做是想促成交易，所以打算做些让步，不排除会大幅降价，不然恐怕会失去一单生意。但真正的问题是：仅根据“价格可议”这四个字，潜在客户如何判断出议价的空间有多大呢？大多数情况下，“鸭子”给商品标上“价格可议”，是因为他们认为自己出售的物品是二手的，觉得二手物品的买卖当然要讨价还价一番。

在我看来，标上“价格可议”是不明智的做法。事实上，“价格可议”根本就是错的！为什么呢？让我们扪心自问，买家看到“价格可议”会怎么想？大多数情况下，买家会认为你在给人家介绍车况之前，就情愿低于5500英镑成交。这对“老鹰”来说简直是正中下怀。

“价格可议”的标签必然会削弱卖家的气势。潜在买家不会认为自己还得与其他人竞价，也不会觉得自己得以高于5500英镑的价格买这辆车。相反，他们发现，你担心这辆车根本卖不到5500英镑。只有潜在买家会在意“价格可议”，这个标签对其他人根本没用！

标上“价格可议”，表示你愿意以低于而不是高于 5500 英镑的价格卖掉车子，这会让你没了议价的底气。你这时候根本就不知道对方会出多少钱，傲气的“老鹰”才不会透露自己的底价。如此一来，你一开局就处于绝对下风。你只知道，买家因为家里有需求而迫切需要购买一辆车，你的车可能是她那天看的第五辆，而其实她也没时间再磨叽。这就意味着你可以把车卖到 5500 英镑，甚至更多，因为以这个价格成交对双方来说都过得去。

谈判者无法看透对方。在双方见面之前，大家都不知道能给对方多大压力。一旦双方开始接触，就可能会对彼此的情况了解得更清楚，或者隐隐约约知道一些情况。双方都有可能回避一些事实，对方如果看出了一些蛛丝马迹，有可能会用作讨价还价的筹码。

不过，与此同时，直接将“价格可议”放在广告上，就表示你在开始与客户谈判之后都不会做的事情，却在之前就说明了。假设你没有在广告上写“价格可议”，你是否会在与潜在买家沟通时，告知对方：虽然报价 5500 英镑，但也可以考虑降价？你当然不会这么做！那为什么要在你还没有遇到买家的时候，就告诉人家“价格可议”呢？

看到“价格可议”的标签，对方对你的售车态度就有了底儿，你就别指望这辆车能卖到 5500 英镑了。随后，人家可能就会想：“现在的标价是 5500 英镑，那卖家会降多少呢？”就议价来说，你亲手打造了信息不对称的状况，而且还是有利于对方的。人家应该不会说：“我原本打算支付 5500 英镑，但现在我想再多花点。”谁又会这样说呢？如果对方说了这话，我猜测你会问“那你能加多少钱？”你会这么说吗？议价的力度也许取决于对交易抱有的热情大小。也就是说，如果你给了“价格可议”信号，那么最终的成交价格更有可能会让买方满意，而不是你自己满意（如果能成交）。对“老鹰”来说，这可是一个好消息。

经验表明，买家常常会忽视一点，即“价格可议”中暗含了“可以接受更低报价”的意思，而实际上，他们是按照报价买进的！显然这些人是“鸭子”，不是“老鹰”。买家中的“鸭子”没有领会到“价格可议”所暗含的信息，因此也没有讨价还价。他们为卖家解了围。但不幸的是，“鸭子们”不能依靠别人的错误来掩盖自己的错误。

没有课题可做的社会学家或心理学家对异常行为很感兴趣。他们没准儿会把“买家为什么会犯这个错误”作为研究课题，但这个研究怕是会跑偏。如果“老鹰”认为5500英镑可以接受，那么这表明他们愿意为这辆车出更高的价，这一点希望你随后能认真想一想。

当你看到任何标着“价格可议”标签的商品时，要立马反应过来：无论标价是多少，卖家期望的最高价格有可能低于他的报价，并且他的“最低”价格还可以更低。你尽可以给个低价，不试试怎么知道对方能接受多么低的成交价（别忘了杰克的谈判原则！）。你可能是他见过的第五个买家，他已经错过了好几个买家，所以很可能会愿意降价，因为没时间老耗在这个事情上。不可能没完没了地在这儿卖，也许在你打量这辆车时，他就已经觉得赶快卖了就算了。既然他说了“价格可议”——这是业余“鸭子”的做法——说明卖家一点儿也不专业。鉴于此，你可以指点他怎么做生意，不用不好意思。的确，你是在给他帮忙，也是在给大家帮忙。额外的折扣是给你的奖励，而对方从中学到了经验。或者也可以这么说：

当一个有钱人遇到一个有经验的人，有经验的人得到了钱，有钱人得到了经验。

有点残酷，但很真实，同时也说明了学习不易。对你来说，更简单的学习方法是：在不提“价格可议”的情况下练习谈判。或者，买东西的时候，试试用你的开价镇住对方。要做“老鹰”，不要做“鸭子”！

如果你问“鸭子”：为什么他们在广告中会标明“价格可议”？他们会跟你说许多听上去颇为合理的理由，大致如下：

“我需要腾地方，这个东西很占地方。”

“我需要一笔钱来换辆新车。”

“我只是不想要了，只要对方给钱我就赚了。

以这些理由来卖东西并没有错，但这里没有一条理由能佐证为什么要以“价格可议”的方式卖。“鸭子们”想证明，我们卖东西时总会有些压力，这压力会让人觉得，只要卖的价钱还说得过去，就很不错啦（此处应有鸭子“嘎嘎”大笑声）。

“鸭子们”忘记了，压力并非他们独有。我们永远不该这么想：其他人都没有我们承受的压力大。这样做会让我们在谈判还没开始时就处于下风，这可不是什么好习惯。

谈判开始前，先自己妥协，就仿佛是站在坡顶，随时准备往下出溜（鸭子确实喜欢往下滑）。如果带着这样的心态去谈判，有可能会让你的事业一败涂地。自己骗自己，认为是对方的强势造成了自己代价惨重的错误。在前文讲的故事中，工会谈判代表感慨管理层手握大权，管理层感慨和工会相比他们处于弱势，因为工会似乎总能对会员一呼百应。一样的道理，卖家觉得买家强势，而买家觉得卖家强势。

我们对家居用品定价往往很随意。价格常常是我们觉得差不多的数儿，而不是我们会拿到手的数儿。不过，好在我们很快就会发现市场会判断出你给的价格是符合实际的还是凭空想象的。在大城市的郊区不乏幼稚想法，总有些人觉得自家的破烂会有人抢着要，但这种想法坚持不了多久，很快就会被现实打脸。

尽管从经济学家撰写的论文中我们得知，定价是一门科学，不能单凭直觉，但在商场中可不是这样的。我之前合作过的一家网络开发公司认为，如果每周他们能卖掉大约 7 套自己研发的局域网，就会很开心，也有的赚。然而，第一周，他们就在市场上卖出了数百套，紧接着又卖出了数千套，公司创始人仅用了一年就成了百万富翁。

大多数创业者就没有这么幸运了。有个团队想要卖掉他们开发的计算机控制相机镜头。产品上市之前，他们计算好了一个镜头能赚多少。我建议他们把这个专利出售给一家大品牌相机公司，因为这家公司拥有全球分销网络，而他们没有。对于他们这样的企业，有必要先占领市场，特别是要赶在模仿者进入市场之前。模仿者会买一台他们的相机，进行拆解、仿制。但没有人听我的，他们的创新成果被一家行业头部公司所取代，也许始作俑者是一只老鹰，他把自己发明的计算机控制相机镜头卖给了这家大公司。

有一次我跑到爱丁堡，去看一张所谓的“古董桌”，这张桌子售价 70 英镑，是办公室常用的那种。（我知道，花这么多钱还能买到更好的，不过我到“市场上”就是为了看张桌子。）1950 年左右，当时政府清仓变卖办公用品，一名被解雇的公务员把这张他在办公室用的桌子买了下来。他也不知道为什么，就是觉得这张桌子是个古董，他已经用了 20 年了。

你或许对你们家的东西花多少钱买的心里有数，但是你恐怕搞不清要是卖的话，别人愿意出多少钱。只有当你打算卖的时候，才会知道这个东西值多少钱。如果不知道该怎么定价，可以标个“价格可议”，先把买家吸引过来。不过要当心，不要变成“鸭子”。“价格可议”的牌子会引来“老鹰”，他们可能会影响到你对这东西价值的评估。他们会来看看，然后让你觉得有点压力，他们还会纠正你对这东西值多少钱的看法。

当然，把他们带到你家前院，让他们看你的汽车、书籍、收藏的唱片或望远镜，对你来说，就已经迈出了销售的第一步。没人看，就没人买。定个合适的价格不容易——“高”是多高？“低”是多低？这些形容词掩饰了价格的多变性，于是想凭着“价格可议”来定价根本就是无稽之谈。

不厌其烦地浏览你卖的东西，说明这人基本就是要买了。因为在二手市场上淘东西真的很费时间。看了一阵儿，如果发现这东西很划算，买家可能会抬高价格，而卖家则可以重新定价。买方的优势在于，他知道广告成本会加到售价里，此外还有好多其他成本，这些成本包括商品的场地费。这些成本会使卖家心里有一个可接受的价格范围。买方也有搜寻的成本，他要是从你那里买到了自己正在找的东西，就省下了这项成本。因此，买家也一样有压力。你俩谁也理解不了谁。卖家无法感受买家的搜寻疲劳，买家也无法体会卖家的悲观情绪。除非你俩互相倾诉（此处应有鸭子的“嘎嘎”大笑声）。

如果确实需要调整价格来达成交易，那也得由你决定价格怎么调整（调整幅度不能太大，也不能调个没完）。只有“鸭子”会在一开始就表示价格可以商量。如果买方想讨价还价，就一定会这么做。不妨让对方讲讲价，这也不会让你的处境更糟糕。如果他小心翼翼地讨价还价，要求并不过分，岂不是对你挺好。

记得问问他们买这东西用来做什么，能满足他们的什么需求，等等。如果你问清楚了这些，就能判断这桩生意能不能做。这可比在广告上标明“价格可议”强得多。“鸭子们”不明白，但“老鹰们”都明白。

自测详解

11

1. 你想卖掉你的旧车，买辆新车。你觉得可以要价 5500 英镑，

不过你心里清楚旧车有些小问题。你会在出售广告里报价：

a）5500 英镑，价格可议。

错！还没见到买家，不要通过“价格可议”这四个字告诉别人，你愿意接受低于 5500 英镑的价格。

b）5700 英镑。

正确！把价格开高一点儿，因为这样就给了你讨价还价的空间，并且也符合你对车的估价。

c）6000 英镑，价格可议。

错！这个价格有点不着边了，和你的目标价格差得有点远，会因为“价格可议”而被砸价的。

d）不写具体价格。

错！对于稀有的老爷车或顶级品牌的车来说，可以这么做，但对于普通的二手车可不行。

e）5500 英镑。

错！开价就是你的目标价格，这会让你的成交价更低（想想我们关于首次报价的讨论）。

2. 你有一辆拖车，但因为用在你的新车上不适合，所以想卖掉。于是，你在当地报纸上刊登了广告。考虑到拖车车况和市场行情都还行，你认为这辆拖车能卖 500 英镑。你在广告中的要价为：

a）510 英镑。

错！别人会对你的首次报价发起挑战，而且 10 英镑的议价空间并不大。

b）525 英镑。

正确！因为 25 英镑的议价空间比 10 英镑的余地更大。

c）500 英镑，价格可议。

错！这会让买方觉得以少于 500 英镑的价格就能买到这辆拖车。对方也许觉得花 500 英镑买也还划算，但如果对方是“老鹰”的话，肯定会觉得有必要再试试，看你还能不能再便宜点儿。

d）让买家开价。

错！如果买家属于老鹰的类型，由对方出价可能会让你变主动为被动。要是买家开价 400 英镑，你怎么办？你就得使出浑身解数才能把价格抬高到 500 英镑。

e）一口价：500 英镑。

错！假设对方出价 499 英镑或接近这个数，那么你报一口价 500 英镑就显得很尴尬。你是接受呢还是拒绝呢？要是拒绝，会显得你太小气。如果你觉得少一英镑也行，你是不是能接受对方给出更低的价格？你这样做，就把那些有意向花高于 500 英镑的人拒之门外了。

f）不写价格。

错！我敢打赌，要是有人来问，你会忙不迭地报出你想好的价格——500 英镑，甚至会接受他们给出的任何价格。（此处应有鸭子的“嘎嘎”大笑声。）

12

育空法则

如何在谈判中保持强硬立场

自测

12

1. 你是一家软饮公司的大客户谈判代表，刚刚，一家全国最大连锁超市的首席采购员要求你每箱饮料降价一美分，不然他们会停止采购你们家的产品。这家可是大客户，每年卖出数百万箱你们的可乐汽水。你会：

   a）微笑着说“不行”。

   b）同意。

   c）建议对方让点步。

2. 你接下来要和一家大型连锁超市谈判，对方的主要采购人员表示，你能来真是太好了，因为和你家软饮竞争的那家品牌因罢工停止给他们发货了。采购员询问，能不能紧急订购 5 万箱你家这个牌子的罐装软饮来填补空缺，要求立即发货。你会：

   a）欣然接受。

   b）由于交付紧急，将收取 5% 的额外费用，要是对方能答应，就接受他们的订单。

   c）以订单量巨大、时间太短为由拒绝这一单生意。

   d）欣然接受订单，并且告知对方可以送货，你还可以提供本月的“批量购买折扣”。

谈判中应保持强硬立场，这一点并没有引起从业者的足够重视。就像那些常被引用却很少有人认真阅读的伟大文学作品一样，人们老是吹嘘自己在谈判中多么强硬，其实却很少在谈判中这么做。对商人的刻板印象让公众对商人表现出的强硬态度有着错误的印象。

我这里所说的强硬，指的是谈判时内心的坚定，而不是日常表现的那种带有恐吓和无礼行为的无知无畏。谈判时态度的坚定可不简单。我们常常会认为这些有坚定意志的人是有个性的人。有人说，这种品质是天生的，就像一位来自澳大利亚的谈判代表曾说的那样："老鹰就是老鹰，鸭子永远也变不成老鹰。"

我们来看看乔的故事。乔供职于一家大型汽水生产企业，这家企业还经营品牌特许的灌装业务。乔的职位是全国重点客户经理。他与主要的食品连锁店进行对接，并有权限独立判断是否拿到了"最优条款"，从而决定要不要和对方达成交易。他曾有过单次订单销售超过100万箱罐装汽水的记录。他所在公司的竞争对手在市场营销方面投入了巨额预算，因此他的压力也陡增，与食品连锁店的代表谈判时，每一分钱的价格都要谈半天。客户时常告诉乔，另一个供应商（也就是他们公司那个难缠的竞争对手）在哪些方面做出了让步，并据此向他们的公司提出相同的要求，威胁要是得不到满足就会取消订单。

乔在谈判中的表现堪称典范。每次，无论他听到的是坏消息，还是威胁，或者是客户要对他们的产品有所动作，他都不会流露出一丝真实想法。他说话非常轻柔，无论客户说什么，他都会微笑着点头示意，但要是客户提出一些荒谬的要求，他也会明确表示拒绝。

显然，对于买家来说，他们的恐吓压价策略在谈判中确实会让大多数卖家就范。大客户不会一而再，再而三地恐吓，只要一两次就把对方弄服帖了。然而，他们想要欺负乔，可就失算了。乔知道，一旦他开始与竞争对手拼价格抢订单，那么他就和对方一样俗气了，而且，更糟糕的是，他们会陷入无休止的相互压低价格的恶性竞争，直到大家都玩儿完。好在乔的公司针对目标客户所做的媒体广告效果很好，因此他们并不完全仰这家全国性连锁超市的鼻息。他们公司以这种方式维持了公众对其品牌产品的需求，而只要有需求，不管哪家商店卖，都能赚到钱。

如果这家连锁超市不卖乔公司的产品，而其他超市却还在卖，那么这家超市的区域经理肯定不想看到由于公司总部下架热门产品而导致其营业额下降。超市的采购经理会因此感受到来自公司内部的压力，从而继续订购乔公司的产品。乔不会表现得好像要讨好对方，让对方施舍他。即便孤身一人在客场谈判，他也不会忘了说明，他谈的是全国性的大业务，更不会忘记强调这些连锁超市的顾客对他们的产品有较好的品牌忠诚度。

买家试图说服他，这么大的品牌一箱便宜几分钱，完全是小菜一碟（毕竟这是他们的职责所在，不是吗？），但他始终坚信一点，顾客为孩子买饮料，肯定不在乎多掏几分钱。他还清楚，即便降了价，商店也不会让利给顾客，大多数情况下只是把多赚的这些存到自己的账户。事实是，孩子们喜欢这气泡水，这就足以让父母掏钱了。

既然乔对客户为什么购买他们的瓶装饮料有着清醒的认识，他就有足够的信心在面对买家的威逼利诱时不为所动，而他也决不会因为在谈判中占据了优势，就对谈判另一方颐指气使。乔公司的产品在客户门店中的销售业绩是明摆着的，对方也没法藏着掖着。乔在价格上立场强硬，能让他做出价格让步的情况十分罕见。当然，如果买家在产品价格上的立场也同样坚定，他就会想一些变通办法。比如，乔可能会建议在当地媒体做广告：如果顾客一次购买超过一打产品，就可以获赠几罐饮料；或者要求门店将每月订单增加 20%；等等。重点是乔的行事风格很明确，买家知道他不会轻易让步。但是，即便是这样，买家也还会尝试着一次又一次地向乔施压，企图让他让步。

2%的占比带来巨大的影响

在英格兰南部某个集团公司旗下的一家几乎不赚钱的小厂子，员工正在罢工抗议裁员。工会谈判代表受邀与管理层会谈。大家围坐在桌子旁时，看到一幅占满整面墙的挂图，上写着“2%”。随后的会议上，并没有人提及此事，直到一个谈判代表问，这“2%”是什么意思。

一位人事经理站起身，走上前翻开挂图，露出一张计算表，回答说：“在当天早上召开的管理层会议上，计算了这家工厂的营业额占其所属集团工程部门的总营业额的比例，结果是 2%。”她说完，没有评论也没有解释，把那张 2% 的图又翻回来，然后坐下。

她没有解释仅占所属集团工程部门的 2% 意味着什么，只是让谈判代表自己去想。她要是说多了，反而会让谈判代表认为这是管理层在忽悠他们。

为了给这些谈判代表更多时间，以便他们与其他工人进一步磋商，暂时休会。在重新召开会议后，员工们显然意识到了他们面临的窘境：如果罢工，大家都会失业。工人代表们与管理层开始协商裁员方案，而不是激怒总部关停这个厂子（毕竟保留一些岗位总比全员失业要好）。这位年经的人事经理促成了令人满意的谈判结果。她自始至终表现出了超乎年龄的沉稳，那种坚韧（说话平和，做事果断）不亚于许多年龄大她一倍的经理。

那么，当买家用“你必须拿出点儿诚意”来向你施压时，你会怎么做？是屈服还是忙不迭地拒绝？如何回答在某种程度上跟个人处境相关。这可能关乎你的事业，你的物质财富，或者你的个人幸福。同样，这对你的公司也很重要，因为对公司里的其他人来说，大家利益攸关，都指望你推销产品时的谈判能力来卖掉自己生产出来的产品。不管他们在背后对你有什么看法，我敢打赌他们无比希望你能谈成赚钱的大订单而不是小订单，而且他们也乐意看到你不会被强势的买家吓倒。

因为，你要是不强硬，让出去的每一分钱都可能是他们日后的工资损失，甚至他们以后有没有工资领都取决于此。公司亏损对大家都没有好处，销售价格一降再降，只会让大家离失业更近一步。不要说降价一分钱微不足道，不能用这个说法来麻痹自己。物流环节可能会给车辆维修让一分钱，生产环节可能会给员工工资让一分钱，管理环节再给消耗品让一分钱，你要是放任这样的恶性循环不管，其结果就是无穷无尽。没有人会觉得他们的“让步”行为有什么大不了，因为单就某个行为而言，好像是没什么大不了。可是这些加到一起，习惯于降价和妥协，就会让你和你的企业垮掉。

让我们来说说强硬是什么意思，以便大家理解我们在说什么。强硬和你的举止、你说话的方式或以你的身体姿态来恐吓别人的这种外在能力无关。强硬是指决心要在盈利的前提下为自己为别人完成手头的工作。这不是指一边倒地只为自己牟利，不是指一方要把好处占尽，而另一方就只能捞到些残羹冷炙。

有一次，我们去应对英格兰西北部的一场旷日持久的罢工。当时，我们给工会提了一项建议：“如果工会方同意我们提出的每周 40 小时弹性工作制，我们就和你们讨论如何分享生产力提升带来的成果，把员工的工资提高到两位数。或者，要是你们选择继续纠缠，那我们就回过头来讨论你们拒绝的提议，即两年内加薪 3.5%。同时，诸位也可以继续罢工，这是大家的权利。不过可以肯定的是，这么做不会影响最终结果，只会让结果更糟糕。”这个例子说明了什么是坚定的决心。没有威胁，没有欺凌，没有辱骂，没有虐待。

那么，有什么证据表明，在谈判时，对付另一方“强硬”要求的最佳方式是你也要强硬起来？这个问题的答案惊人地一致。简而言之，这么做值得！在谈判开局，对方强硬，而你软弱，对你没有任何好处。杰克“镇住对方”的开价表明，他弱化了对方的（强硬）态度，或者使他们更有可能这样做。

反过来看更清楚：如果在谈判一开始，你的立场就十分软弱，那么对方就有可能上调他们的预期，而不是下调预期。这正是“善意让步”背后的问题。如果你心软，单方面让步，对方会得寸进尺。你不可能喂饱贪婪的狼群；你一旦给狼群喂食，它们就会一直跟你要。

由于你采取了更强硬的立场，交易失败的可能性有多大？只要交易还没有开始，就没有人知道多么强硬才会导致交易失败，所以没有人可以信心满满地回答这个问题。如果你认为你可以准确预测这个概率，那么诺贝尔奖和 100 万美元奖金就在向你招手了。

可以肯定的是，立场强硬比立场软弱更容易使谈判陷入僵局。你交易成功的可能性可能会低一些，但对你而言，从为数不多的高价交易中获得收益，还是从大量低价交易中获得收益是个经验问题。做成 5 笔 12000 英镑的交易比做成 7 笔 7000 英镑的交易获益更大（当然，如果你改个算法，就能得到不同的结果和结论，这也是为什么赢得诺贝尔奖那么难）。

但强硬的立场与回报的大小并不完全相关。它也可能与从长期关系中获得的回报有关。实际上，你可能正在做长期投资，而不是短期交易。你不一定要在交易条款上与其他各方争个高下，如果你能把你的产品集成到另一方的产品中，就意味着你从销售和市场营销中获得的收益与对方是一致的。同时，这也意味着你的竞争对手出局了。

对于从事大众消费零售业的乔来说，这一点并不适用，但对安装在个人电脑上的英特尔处理器来说，就是这样。天空电视台拥有独家转播英超联赛的协议，那么塞坦塔公司就无法转播。直到英国足协明智地决定将英超联赛的部分足球节目拍卖给出价高的人，该公司才有了转播权。英超联赛的所有比赛都没有所谓独家转播之说，天空电视台以高于塞坦塔公司的价格中标一部分比赛，而塞坦塔公司又以高于天空电视台的价格中标另一部分比赛。英超联赛从中获益，比它早些年的“赢家通吃”的竞标方式赚得多了不少。在这种情况下，你的决心可能比你给多少钱更能起决定作用。很多谈判者将谈判内容与决心混为一谈，以至于在谈判中弄不清什么是强什么是弱，从而导致可怕的失误（以及许多不明智的战术决策）。

面对威胁时（比如罢工，管理层或恐怖分子的挑衅），采取软弱的立场是错误的，因为这会从一开始就动摇自己的决心。但这并不是说以下行为是正确的：出言挑衅，或以威胁反击威胁；或是一时冲动，说你永远不会与肇事者谈判；诸如此类。

坚定的谈判者在谈判中无所畏惧。无论别人在谈判之外做什么，都不会对结果有丝毫影响。明智的做法是赢得坚持真理的声誉，而不是因屈服于恐吓而落得个丧失原则的名声。当汉森勋爵被问及如何评价坊间有关他的跨大西洋公司可能被收购的传言时，他回应说："如果有人想收购我们，我们会派车过去接他们来看看。"

那些胆小鬼会怎样呢？首先，他们要说服自己，可以"表现得软弱一点"，以期获得原本会流向竞争对手的业务。然后，示弱的谈判习惯会逐渐控制他们，以及他们的观点和行为。每当对方以放弃谈判相威胁时，他们就会退缩，甚至心悸。自然而然地，他们完全无意识地把自己的态度和观点传达给对方，而对方很快就学会了——就像条件反射一样——利用你对交易失败的恐惧来对付你。如果他们有什么反应（相当于扑克玩家所谓的"暗示"），对方就会更进一步，很快，他们就被逼到了墙角，甚至是突破了底线，只能可怜巴巴地向同事解释自己有多无奈。如果买家走"弱"，就会引来诡异的反应；成群结队的强硬卖家带着各种捆绑销售的合同蜂拥而至。你看，这个消息传开了之后，就仿佛置身于苔原上的狼群中一样凶险。

在谈判桌上，态度强硬是怎么表现出来的？真正强硬的谈判者，会表现出坚定的决心。如果他们碰到的也是一个态度强硬的谈判者，那就要么直面对方，要么坦然面对僵局，决不能后退一步。

谈判是双向的。你有苛刻的要求，我就有苛刻的条件。你不能什么都想要。强硬的谈判者不像软弱的谈判者那样害怕僵局。他们更关心的是这笔交易能不能达到他们的预期，而不是为了交易而交易。

如果你担心拿不到订单，卖家就会感觉出来，就像狗知道什么时候冲你叫是安全的，什么时候溜走更好。如果你对交易条款不满意，你又很纠结，那么从心理学上讲，你就是在为接受这些条款找借口。

好多年前，当我还是个小孩时，我的祖父给我讲了一个他的故事。那是第一次世界大战之前，他在加拿大当矿工，开采金子、钴还有煤什么的。他给我讲自己和老板吵架后，怎样晚上走过结冰的湖面回家。当时的生活很艰苦，可他讲的时候显得很平淡，故事一点儿也不复杂。那时候的北美矿工对自己的命运抱有一种骄傲的宿命论调，他经常会背诵罗伯特·塞维斯的几行诗，这些诗和他们的精神产生了深深的共鸣：

这是育空地区[①]的法则，只有强者才能茁壮成长。

---

① 育空地区位于加拿大西北方，是加拿大的三个地区之一，以流经该区域的育空河命名。——编者注

弱者必将灭亡，唯有适者生存。

当你准备开始重要的谈判时，请记住育空法则，因为你需要果断的坚定意志来坚守你的期望，同时直视谈判桌对面那个自认为看穿了你的谈判策略的人，与他冷酷、坚定的眼神对峙。

自测详解

12

1. 你是一家软饮公司的大客户谈判代表，刚刚，一家全国最大连锁超市的首席采购员要求你每箱饮料降价一美分，不然他们会停止采购你们家的产品。这家可是大客户，每年卖出数百万箱你们的可乐汽水。你会：

a）微笑着说“不行”。

正确！微笑着说“不”绝对是你的最佳回应。每年 100 万打的销量表明你的饮料广受顾客欢迎，连锁超市不会让顾客失望的。如果你不相信这一点，就说明你卖错了产品。

b）同意。

错！除非你希望每次通话都承受价格压力，否则不要同意降价。

c）建议对方让点步。

错！在价格上妥协不是个好方法。选择 a，让对方自己想办法调整价格。记住，很可能还有别的调价方式（比如，对你们双方都有利的联合促销活动）。

2. 你接下来要和一家大型连锁超市谈判，对方的主要采购人员表示，你能来真是太好了，因为和你家软饮竞争的那家品牌因罢工停止给他们发货了。采购员询问，能不能紧急订购 5 万箱你家这个牌子的罐装软饮来填补空缺，要求立即发货。你会：

a）欣然接受。

这个选项也行。如果这是一开始的步骤，后面紧接着是 b 选项，那么你可以笑着说“行”。

b）由于交付紧急，将收取 5% 的额外费用，要是对方能答应，就接受他们的订单。

这个主意好。你先说“行”，但要补充说，会收取 5 % 的费用。（如果你认为费用可能更高，就再提高一点；在不得已的情况下，可以降一点儿，但也要慢慢来！）记住，你是在谈判！

c）以订单量巨大、时间太短为由拒绝这一单生意。

错！告诉对方不可能在短时间内交付如此大的订单，根本就是胡说。这可是难得的现金交易，虽然可能有些困难，但如果价格合适，也绝不是不可能完成的。

d）欣然接受订单，并且告知对方可以送货，你还可以提供本月的“批量购买折扣”。

这就有点扯了！坚决不行！要是这样，你恐怕挨不过这一周就会失业，而你们公司肯定会马上不名一文。如果你不利用买家自称的窘境，那么当你的竞争对手重新杀回来后，这家连锁超市就既不需要你，也不需要你给的折扣了。那时，你就会欲哭无泪。所以别想着因为你可以弥补他们因对手罢工而造成的空白，而把今天当成他们的“幸运日”。在这种情况下，还要给他们提供“批量购买折扣”，简直是疯了。这时，如果你强调自己加班加点地满足客户的迫切需求，效果会更好。他们会更加感激你。

13

赔本买卖

如何远离不当交易

自测

13

1. 你是一位退休农民，在村子附近拥有一片 30 英亩（约 121406 平方米）的树林。市政当局打算推进该地区的小型住房开发。一位建筑商找到你，希望在你的林子边上建造几栋顶级豪宅。只要地块面积不少于 1 英亩（约 4047 平方米），他就有信心获得规划许可，而且这些房产对高收入人群有很大的吸引力。为此，他准备以每英亩 2 万英镑的价格购买你的土地。一般情况下，获得规划许可需要 6~10 周。你会：

   a）同意，前提是他现在就以每英亩 4 万英镑支付给你。

   b）不同意，因为你情愿自己开发这些地块。

   c）同意，前提是他与你合作开发，利润对半分。

2. 詹姆斯和约翰共同出席会议。詹姆斯在会上批评了约翰所在部门的销售业绩。詹姆斯宣读了当月的销售数字，他报出的销售额是 500 英镑。约翰注意到詹姆斯没有把出口销售额算在内，算上这一部分，部门销售额就达到了 850 英镑。约翰应该打断詹姆斯的发言吗？

   a）应该。

   b）不应该。

其实我们可以很清楚地意识到，外面的骗子比监狱里的要多。有一次，我问一个犯罪团伙成员，他是怎么做到从来没进过监狱的，他告诉我说：“因为我从未被抓到过。”

并不是你遇到的所有骗子都有意来欺骗你；对那些打算骗你的人来说，合同就是个摆设，不管合同起草得多严谨、多完善，他们都不会遵守。要求每个不打算骗你的人都诚实是不可能的。那些一开始真诚相待，最后却欺骗你的人，大都是因为环境变了或机缘巧合。你应该细心观察，稍微注意一下环境的变化，就能防止他们钻空子。

来看一个发生在中东某国交易失败的案例。一家外国劳务公司与当地商人合作一个石油建设项目。当地商人声称他们听命于王室家族的某位王子。石油开采不是劳动密集型产业，其劳动力成本还不到打井、铺设管道和炼油加工所需资金成本的10%。雇用的工人必须有地方住，除了常见的为外国工人和他们的家人修建的宿舍区之外，在本国工作的员工也需要有地方住。

在勘探结束并进入稳定开采生产阶段后，原先简陋的野外工作生活环境就不再适应工作人员的需要。这家合资公司的主要员工都是在中东这种商务条件下工作多年的外国人。日前，他们竞标建造专门为员工设计的符合酒店标准的“宿舍”（有单人空调间、连接浴室设施、电视 / 电话 / 互联网连接，以及基本的自助式设施，包括冰箱、燃气灶和洗衣机）。他们提出的设计方案，其巧妙之处在于能适应各种规模的入住人数，可以在全国的油田推广复制。

因为与王室有点儿关系，该项目的资方得到了很好的“官方庇护”。而且合同条款看起来很完备，并且担保在合同签订后三个月内，项目即可投入运营。有意思的是，合同里明确写着，不管出于何种原因，如果该项目在 90 天内没有取得进展，合资公司所有的花费都可以报销。这还有什么问题？

然而，确实出了点儿问题。由于无法解释的原因，石油部叫停了合作并拒绝支付建筑公司的费用，其中包括初步勘测、雇用员工、建筑费、与当地企业签订的建筑材料供货合同以及来自国外的建筑机械进场的费用等等。

我被请去督察这个案子和相关文件，看完材料之后，我认为，公司确实已经产生了费用，应该获得补偿。这家外国劳务公司怀疑这就是欺诈——肯定有人“接触”了石油部，意图将这笔交易转给一家竞标失败的竞争对手，这引发了人们对贿赂和腐败的担忧，并且也加剧了人们的失望情绪。但是，我还是决定调查一下这个中东国家的人事和财政情况。调查结果发现，这家外国劳务公司没有预先做好调研。换句话说，如果他们在签合同之前就谨慎地做足功课，之后也就不会被形势变化坑了。永远要注意自己的软肋，无论是客户那边的捣蛋者，还是因竞标失败而怀恨在心的虎视眈眈的竞争对手。

通过搜索知名且高度可靠的数据库，我发现了几份报告。这几份报告均对该国财政可能出现的“债务积压”表示了担忧，其中一两份报告发表于该合同签订之前，而且在石油部单方面撤销合同之前，出现了大量报告透露对此的担忧。

该国的财政状况十分严峻。整个社会的公共债务如此之高，以至于执政的王储在没有给出任何解释的情况下，下令暂停了所有公共合同谈判，撤销所有现有的非紧急合同（尤其是石油部的合同），并放缓了少数紧急合同支付。数十亿美元的项目，就这么被按下暂停键。

在中东国家最鼎盛的时候，想要从那些掌握着生杀大权的人那儿探听消息很难。与海湾国家的官僚一比，西班牙官僚“明日复明日”的工作效率已经如同闪电一样飞速了。根据我所了解的情况，这些外国人几乎没有可能拿回那些已经被撤销的合同（或者好像澳大利亚人说的那样，他们“和巴克利一样没有一丁点儿机会”）。他们的弱点在于过于相信在当地法院签署的合同是有效可行的。如果他们知道当地即将发生财政危机，就不会承担任何让他们面临财务风险的支出。财政危机前期是有些蛛丝马迹可循的，极有可能会有一些权威报告披露风险，而且这些报告都是公开的，很容易获取。

看起来不错、可靠且有利可图的交易，实际结果却很糟糕。想到这儿，我就暗下决心，因为我不打算和他们一样，浪费自己的时间和金钱去起诉石油部，做无望的努力，然后再去找这家外国公司给我付咨询费，这同样也是没门儿的事情。我相信他们不会想着故意赖账，但我不想冒与他们纠葛不清的风险，因为他们很可能就没钱给我。

在处理很烂的业务时，最好一开始就要减少损失，以避免将来造成更大的损失。没人情愿违法或行贿，没人情愿故意误导外国公司，没人情愿“搬出”一个更有权势的王储来“终止别人的交易”，也没人情愿冒着犯罪的风险不给别人支付人家已经花出去的成本。有在中东工作经验的人都明白这是怎么一回事，并且知道不能相信所谓的“政治庇护”，稍微了解一下整体情况就能预测未来可能是什么情况。

所有生意失败的共同原因

英国电子公司费朗蒂在对一家公司收购时遭受了多次非法欺诈。这是一家美国公司，叫作国际信号与控制公司（International Signal and Control，ISC），是美国国防部的承包商。这家公司的非法交易硬是把费朗蒂这样经验丰富且讲诚信的公司搞破产了。这种情况明明是可以避免的，可是确实发生了，真是太遗憾、太可悲了。

做个事后诸葛亮总是很容易。1987—1989 年，我在费朗蒂的一个部门担任顾问，只知道公司收购了 ISC 公司，但并不知道那家公司的具体情况。我给当地总经理打电话，接线员说“你好，这里是费朗蒂”，之后，她马上改口：“抱歉，这里是费朗蒂国际有限公司。”然而，我和我在费朗蒂的那些好同事根本不了解 ISC 是怎么回事儿，以及费朗蒂是怎么一点点衰败的。

主要问题是 ISC 的财务数据不“真实”，也不“合理”。简单地说，大家都知道，费朗蒂公司被骗了。ISC 声称与巴基斯坦军方签订了合同，却并没有书面证明。口头协议是有的，也可能最终会获利。但在 1988 年 8 月，巴基斯坦总统的飞机在巴东部起飞几分钟后爆炸，穆罕默德·齐亚·哈克总统、美国大使和其他 27 人全部遇难。这次空难造成的损失不仅是 27 条生命，还毁掉了 ISC 的这笔交易。ISC 现有合同所报的收益具有误导性，其实并没有真正赚到钱。

在这一点上，ISC 确实很可悲。公司老板兼创始人詹姆斯·盖林承认自己犯了欺诈罪，并于 1991 年被判入狱。两年后，费朗蒂国际有限公司破产，分公司也被低价出售。盖林声称他一直在为美国情报机构工作，通过虚报合法合同的利润来“洗钱”。真相与否不得而知，但是也不重要了。

有时，当交易顺利进行时，收购团队中没有人愿意直截了当地提些“不礼貌”的问题，怕会搞砸交易。然而，鉴于有这么多利害关系，冒着粗鲁无礼的风险弄清楚这些问题是值得的！费朗蒂的前任老板因此失去了自己的公司，估计也会认可这个观点。

怪罪 ISC 也是为了转移买家应承担的责任。买家确实应当谨慎。他们应该在收购 ISC 的合同签订之前，就要求“看合同”或“看财务数据”！那时候没有人要求查看，更没人核查证据，这是个巨大的错误。所以，他们尽了自己应尽的职责了吗？

我不想给你留下这样的印象：只有做大交易的大公司，才会偶尔犯大错。如果你买过房子，就知道这种错太容易犯了。因为房地产是一个充斥着糟糕交易的行业（比如，一不小心在泄洪区买了房子，就窘了！）。

我们要承认，并非所有房屋都建造得十分坚固。有些房子建造的时候，完全无视科学规律。但是，你只有买到手之后，才会发现这一点，而且可以肯定的是，房子有什么建筑问题，通常总是在你付了房款之后才会暴露，这就是墨菲定律。当然，房子在建造的时候就已经有问题了！

而且，并不是所有卖房的人都有起码的良心。事实上，你不妨站在这样的立场来看待这个问题：所有房产商，嗯，都有丘吉尔所说的“表述不准确”（要说他们满嘴谎言有些太刺耳）的问题。对卖家而言，诚实是一种商品，在他们不用付出成本的时候更能证明这一点。说真话的损失越大，卖家就越容易表现得不诚实。也许卖家不会直接对你撒谎，他们可能只是隐瞒一些事情，而且你的验房员也可能注意不到。不管怎样，验房报告会受到一系列的保护，比如写上各种例外情况、质量合格报告还有后果自负的免责条款，建议你进行结构调查（结构调查报告也会充斥着同样的质量合格报告和免责条款）。

因此，为避免在入住新房后出现让人心烦的问题，让我们回顾一下你第一次看房时的情况，看看卖家在你看房时必须提供些什么。

你必须明白一点，虽然卖家笑得像朵花，但这不是因为他爱笑，而是因为他长期以来就养成了逢人就笑的习惯。谨记，人家根本不在乎你，他只想卖掉自己的房子。慈祥的老太太夸赞自己的房子，边笑边补充着这房子这样好，那样好。但是，实际上她不过是装装样子而已，她心里想的只是尽快将自己的房子卖掉。只要对方愿意出高价，其他都无所谓。等到房子卖出去之后，她就会带着你给的钱搬去别处。她根本不在乎你，也不在乎你把房子买到手之后会怎么样。也许，你会认为我有些夸大其词，对这位慈祥的老太太有点刻薄。但是，我才不在乎卖家是什么样的人，他们要是正在卖房子，很可能会和骗子一样伪装自己，只不过骗子的招数显而易见，而他们的伪装却让人难以辨别！

反过来，如果你是卖家，上门看房的买家也会非常有礼貌，认真听你东拉西扯，但事实依然是买家对你没什么兴趣。你在买家夫妻面前努力展示自己的房子，而他们会假装对房子没一处满意的，两人一唱一和，配合默契；其实他们很喜欢你的房子，并打算使出浑身解数，以尽可能低的价格从你手中买下它（如果可以，他们会拼命砍价）。

这两个极端的教训告诉我们，生意归生意，感情归感情，谈生意就不要讲感情。对一段关系保持距离的最大好处是可以自我保护。除非你自己愿意，就没有理由轻信陌生人，并且不要幻想能和对方成为朋友，这样你就不会无意中向人家透露你的谈判立场。

由于不清楚谁更想取得交易成功，那些对房子表现出热情甚至渴望的买家，自然会花比别人高的价钱买下这个房子。而如果卖家向买家透露了自己能接受的最后交易期限，或者更糟糕的是，流露出迫不及待卖掉房子（不乏有这样的人）的想法，相比那些不是很着急出售的卖家，他们的房子成交价就会比较低。卖家要是知道了买家对房子的期待，绝无可能降低价格；而买家要是发现了卖家的困境，肯定也不会提高报价。

你无法知道你们当中谁更迫切地想完成交易。卖方可能非常着急，已经准备降价了，而这时买方却透露出自己的渴望，这让卖家瞬间看到了希望，刚刚还在垂头丧气，转眼就变得兴奋异常。不管你有多大压力，永远不要急于成交，否则不是买贵了，就是卖得太便宜。

再举一个例子，我们经常会收到来历不明的电子邮件，拿“冻结资金”之类的说辞诈骗。常见的骗局是，某人的亲戚或员工痛失亲人，而这位亲人留下了超过 1900 万美元的账户资产。信上说，由于这笔钱属于政府，而政府似乎已经“忘记”了还有这笔钱，他们需要一个欧洲银行账户才能取出这笔钱。如果你有欧洲银行账户，他们希望你能很快回信，与其联系。他们将为你详细介绍情况，解释如何将冻结的资金转移到你的银行账户上。为了感谢你的帮助，他们说给你10%的回报（超过100万美元）。

这时候，你要是心动了，按他们说的去做，就是在从事犯罪活动——从政府那里偷窃，哪怕是从外国政府那里偷窃，也仍然是盗窃行为——骗子就抓住了你的把柄。他们会跟你要详细的银行信息、空白支票和签名。最终，那些深陷骗局的人会惊讶地发现，根本就没有什么百万美元的转账，相反，他们会发现自己银行账户上的数千英镑却被转走了，而且这才注意到诈骗犯的通信地址竟然是在尼日利亚的某个地方。

虽然受骗之人意图窃取国家财产，但仍然是受害者。是那帮骗子偷了他们的钱财。罪犯自然应该被绳之以法，然而，对于那些失去毕生积蓄的人来说，酿成这一苦果的责任全部在于他们的贪婪。他们意图与诈骗犯合作，他们觉得自己可以凭着帮助诈骗犯窃取国家财产而得到分成，简直荒唐至极。

为了让人相信这些鬼把戏，骗子首先要让受害者相信能够不劳而获。如果他们没有贪欲，也不愿意犯法，就不会成为骗局的受害者。在生意场上急于求成就有可能成为骗子的目标。你以为骗子给你的承诺对你和企业来说是一个极好的机会，却不料因此而陷入泥潭，无法自拔。如果你认为犹豫就会失去机会，对小细节吹毛求疵就会眼睁睁地看着机会从你的指尖溜走，你就会把谨慎抛在脑后，只看你想看到的，只做你想做的梦。当你醒来并意识到你在做梦时，你可能会想清楚，也可能永远想不清楚，困在牢笼里享受着自我麻醉的时光，蜗居在租来的小房子里，幻想着从住在郊区豪宅的某个人那里捞点儿好处。

自测详解

13

1. **你是一位退休农民，在村子附近拥有一片 30 英亩的树林。市政当局打算推进该地区的小型住房开发。一位建筑商找到你，希望在你的林子边上建造几栋顶级豪宅。只要地块面积不少于 1 英亩，他就有信心获得规划许可，而且这些房产对高收入人群有很大的吸引力。为此，他准备以每英亩 2 万英镑的价格购买你的土地。一般情况下，获得规划许可需要 6~10 周。你会：**

   a）同意，前提是他现在就以每英亩 4 万英镑支付给你。

   正确！不管你开价多少，也不管对方给你的开价有多高，都不要接受对方的第一次报价。你的报价要有一些附加条件，例如现在就付款，而不是他获得规划许可之后再付款。当然，你能想到的是，他会就成交价格和是否全款支付提出异议。如果他没有意见就接受了，那就说明你提的条件低了。如果他不接受这个价格和条件，那你就得权衡一下。你需要了解土地价格与房价比率的市场行情。不懂就问。当你不了解这些信息时，就要提醒自己不要选择 b 选项。不过，可以让对方来想办法，作为房地产开发商，想必已经习惯了为达成交易而想方设法。

b）不同意，因为你情愿自己开发这些地块。

错误！自己开发土地很大程度上受制于你对房地产行业的了解程度。如果你对这个领域几乎不了解，那么你就得从头学起，并且可能会因为在大量未知领域不断试错而付出无法估量的高昂代价。

c）同意，前提是他与你合作开发，利润对半分。

错！开发商一般不喜欢和“一张白纸”的人合作，他们会觉得这些人拖了自己的后腿。想成为合伙人可能是因为你一想到钱，就变贪婪了。另外要注意：会计做账的花样多得很，你的合伙人可以从其他地方，把能想到的都加到成本里去，让你分享利润的想法变成泡影。监督建设工期和成本是门学问，让许多建筑商头疼；建筑行业破产的现象如此普遍也与这个有关！

2. 詹姆斯和约翰共同出席会议。詹姆斯在会上批评了约翰所在部门的销售业绩。詹姆斯宣读了当月的销售数字，他报出的销售额是 500 英镑。约翰注意到詹姆斯没有把出口销售额算在内，算上这一部分，部门销售额就达到了 850 英镑。约翰应该打断詹姆斯的发言吗？

a）应该。

错！你愿意讲话的时候被人打断吗？我从来没有遇到过一个人不在乎自己正在讲话时被人打断。扪心自问（说实话）："你是不是从来没有打断过别人讲话？"必须承认，你肯定打断过别人的讲话，没准儿你还经常这样做，特别是别人误解你和你所珍视的人和事时。尽管大家都不愿意被打断，但也没有人敢说他们从没有打断过别人讲话！谈判的基本规则是，你即使肯定他们确实说错了（虽然可能也不是），也不要打断人家；你即使不同意别人的观点，也不要打断人家（意见可能不同，但打断别人也不会取得进展）。

b）不应该。

正确！没有人（包括你）愿意讲话被打断。最好永远不要这样做。最好等轮到你发言时，再问他们一些问题，比如："你对你引用的数字有多大把握？""为什么你在计算上个月的数据时没算上出口销售额？"他们的错误越多，立场就越弱。他们的回答会让他们接下来继续批评的话语没有任何力度。此外，你认为的"事实错误"可能不是，跳出来插话只会把自己置于不利地位。

14

对谈判者最有用的两个字

如何让你的提议受到重视

自测

14

1. 你是一个包价旅游的从业者，正和一家希腊群岛连锁酒店商讨下一季的房间预订事宜。对方的人均要价比你们目前的报价高出 90 欧元，并提出要“对半分成”。你会选择下列哪种做法呢?

   a）建议分成方案为 55：45，你们拿 55%。

   b）表明你方不接受对半分成。

   c）同意对方的提议。

   d）分成方案 75：25，你们拿 75% 才行。

2. 你认为谈判的目的是：

   a）达成公平和对等的交易。

   b）达成妥协。

   c）达成共识，尽可能满足双方的利益。

当被问及你认为哪两个字在谈判中最有用时，许多谈判者的回答都是“不行”。

如果他们听过比约恩·麦肯齐和狼的故事（详见第9章）或者是“育空法则”（详见第12章）之后这样回答，就不足为奇了。所以，尽管“不行”不是正确的答案，但也不是很离谱。

这个问题问的是对谈判者而言“最有用”的两个字，而“不行”仅符合“有用”这个要求。对谈判者而言，“最有用”的词是“如果”。

为什么说“如果”一词如此重要呢？这个问题的答案会带我们了解谈判过程中最核心的问题是什么，同时充分解释了我为什么如此反对以任何借口做出单方面让步。

在《牛津英语词典》中，“让步”的定义是：“特指给予、退让或投降之意”。然而，读者读这本书，一定是想提高自己的谈判能力，而不是为了学会妥协让步。谈判和妥协让步是完全不相干的两码事。如果你选择让步，那么对方还有什么必要和你谈呢？无论他提什么要求，你都会答应。从另一个角度来说，如果你一味选择单方面让步，那么你就不适合处理任何与利益相关的事务。

你怎么才知道自己是不是已经在和别人谈判呢？在谈判刚开始时，你也许还没有进入角色。有时候，谈判差不多结束了，你才意识到自己是在与人谈判（这时你会对自己过早做出了善意的让步而感到后悔）。还有一种可能性很大的情况是，你从一开始对谈判就不抱有希望（这种情况下，你把自己置于谈判的劣势地位，自然就无法沉着应对了）。

当然，你迟早可以判断出，你是否可以或是否应该通过谈判争取到比对方提供的方案对你更为有利的结果。所以，当谈判开始时，要先判断一下对方的实力。你应当不断地进行试探。千万不要被对方大声拍桌子给震慑住。这种行为不能说明他就比你有实力。对方可能只是擅长造势罢了。

我曾一度认为，签订好的合同可以在一定程度上保护自己的权益，但令我恐惧和尴尬的是，我发现对方对合同的解释是有效的，而我那些想当然的假设根本站不住脚。某次，对方不留情面地指出了我方的过失，这就迫使我不得不仔细翻看合同条款。在合同的某个不相关条款中，我意外找到了对方违约的依据，而且他们肆无忌惮地多次违约。总之，五个月后我以对方的这些违约为由终止了这份合同。

从本质上讲，谈判是一种独特的决策形式，因为每一方都能决定最终结果。谈判双方能随时停止交易谈判，并另寻交易对象的原因，就是在于这种“否决权”，如果一方没有这个权利，那么他便得不到想要的谈判结果，并且可能被迫接受对方提出的任何要求。如果交易即将进入实施阶段，那么双方必须先达成共识，然后才能进行下一步的行动。也就是说，双方通过谈判做出了共同决定。如果你不能接受对方的提议，又想不出替代方案，那么你可以拒绝对方的提议，这是因为：

谈判意味着双方自愿同意其共同决定。

如果你被迫违心地表示同意，那就不能叫谈判（那是被鞭笞）！

让步不是谈判

伦敦一家名叫“科斯塔洛特”的包价旅游公司，与西班牙度假连锁饭店的销售经理帕科·埃米诺斯先生进行了一场商谈，讨论来年的合作事宜。会议刚开始，科斯塔洛特先生就给出了一份清单，上面列着以往客户对酒店、餐厅和店内娱乐设施（包括度假村的标准服务）的投诉内容，并且就此提出了一系列的改进要求。

当双方逐项磋商该清单时，帕科对其中的大部分要求都表示同意，或认为应稍做修改。后来，当科斯塔洛特先生说完最后一个要求时，帕科不禁感慨：

“科斯塔洛特先生，我本想这是一场谈判，但现在是我一直在做出让步。”

“谁说不是呢，”科斯塔洛特先生回答说，“等你不再让步了，我就开始谈判。”

那么谈判究竟意味着什么？

首先，谈判双方对什么样的谈判结果适合作为共同决定有不同的看法。这是很正常的，双方都希望共同决定对自己有利。如果某一方没有这种谈判意图，那么他也就没必要参加谈判了，因为即便是去谈判了，他的生意也很快就会赔个精光。

- 如果你是卖家，当然希望高价卖出；同理，你是买家，你也想要低价买入。
- 付款方希望付款期限尽可能延长，而收款方希望客户立马付钱。
- 卖方更喜欢大宗而简单的订单，而非利润少要求多的订单。
- 卖方希望多收预付款，而买方则希望少付订金。
- 买方希望商品卖（用）不完可以退货，而卖方则希望货物一去不回。
- 如果买方要往不同的地址配送多个大件货物，那么卖方自然希望收取额外的费用。

不一而足。

谈判不是你方得到而对方失去那么简单。如果你已经谈判成功，那么整体而言，你从微妙的利益平衡中获得的收益，要比在双方迂回拉扯中的损失多。反过来说，对方也是这样。交易的意思就是利大于弊。

谈判双方都会从交易中获利，但你们的收获可能有所不同。谈判并不是零和博弈。双方在某一领域进行条件置换后，可能会给你带来先前不具备的优势，但这绝不意味着对方失去的部分就是你得到的部分。他纠结的地方可能正是你可以谈条件的点；如果你急于拿到货款，那么对方让步的意愿就会减弱。

另一方面，如果你在摇摆中失去的比在回旋中得到的多，那么，你的谈判方案至少应该确保最终的一揽子计划不会比你谈判技巧还不那么熟练时对你更不利。

其次，一般来说，谈判意味着你不会总是获得对己方最有利的结果（在不考虑对方利益情况下制订的方案）。因为对方要是不满意，便可以否决你的所有提议。同理，因为你也拥有否决权，对方也不能只想得到最利己的结果。

因此，双方必须从众多可能实现的提议中找到一致同意的共同决定，这样既能充分满足双方的利益和期望，又不会引起一方或双方的否决。如果双方无法达成一致，那么，谈判就会陷入僵局，需要另寻出路。

选择哪种结果取决于多种因素，最关键的是你对合作前景的看法、为改善目前的结果而进行谈判所能腾出的时间和精力，以及谈判陷入僵局会有怎样的后果。如果你将谈判视为投降（无论你采取何种形式投降，包括单方面做出的善意让步），那么可以预见，这笔交易不会对你有利。这并不是说能力平庸的谈判者就无法谈判成功，他们也可以谈成交易，但表现自然比不上那些谈判高手。

如果不能投降，那么怎么使谈判持续进行呢？当然，如果我们一意孤行，那就不可能达成交易。“不投降”并不是“寸步不让”，这里指的是能不让就不让。我坚决反对单方面做出让步的行为。

谈判是一种交换，而不是一味让步。

当你把谈判看作一种交易过程时，你才会意识到，如果没有得到任何回报，决不妥协是多么重要。也就是说，在谈判中，如果你向对方迈近一步，对方也得相应地向你前进一步。

所以，谈判就是双方你来我往、互相让步吗？也不完全是。“你来我往式的让步”作为一个宽泛的谈判概念，在你不会为了得到自己不太需要的东西，而接受超出自己能力范围的条件时，是可以被接受的。没有“规则”要求你和对方必须做出“同等的”让步，这在谈判中是非常忌讳的，你也不必因为对方的让步而给予回报。

最重要的交易原则是：

天底下没有任何东西，是不用付出代价就能得到的。

据我所知，这个原则没有例外，它是进行有效谈判的基础。对方可能不遵循这个原则，这是他的事，与你的谈判行为无关。这可能被认为是“不公平的”。对方降低了要求，不代表你也得像对方那样做出让步。

我不赞成谈判中所谓的“公平”理论，也不愿意把谈判者视作交易过程的核心。我们进行谈判的原因在于我们对某些事物的价值看法不同，要是看法一致就没有必要谈判了。不同的谈判筹码是让我们坐下来谈判的原因。如果钱是通用货币，那么唯一的差别就是双方得到的金额不同，这就是“零和”的概念。因此，金钱分配就是一种零和博弈。但谈判除此之外，通常还涉及许多其他方面，如遗产、利益、现金流、宝藏、从银行抢劫来的赃款等等。这就是剧作家会把潜在受益方之间的纷争渲染得非常激烈，而且总是热衷于描写强盗之间内斗的原因。

谈判时，合同里涉及许多条款，谈判双方通常对各个条款的重视程度是不同的。例如，一栋待售的大楼虽已有既定价格，但却涉及不同的付款方式和付款时限，诸如此类的关注点还有很多。你可能对总价更感兴趣，而我可能更在意什么时候才能付清全款。如果我们对每笔交易的重视程度不同，那么就没必要为价格或时间期限设置相同的标准。当你把买卖这栋大楼的所有其他因素考虑在内时（比如风险、安全性、定金、货币、使用条件、所有权、按揭利息、建筑许可、禁令、租户所有权、道路、公用设施、灾害、环境美化等），追求“对等”便毫无意义了。确实，“公平交易并非抢劫”，但这并不是说公平交易在某种程度上是对等的交换。而事实上，世上没有完全对等的交易。

比如你花50便士去小商店购买糖果，你与小商店之间便不存在交易是否公平的问题。你买的糖果也许不值50便士，但，如果你认为这二者可以画上等号，为什么不干脆直接吃掉50便士呢？当你用钱交换了对方的糖果时，这便是一笔公平的交易，你会买就说明这是公平的。在购买的那一刻，相比于50便士，你更需要糖果——在交换之前，你只有钱但没有糖果。对店主来说，他需要的是钱，而不是糖果，因为他的仓库里堆满了糖果。出于支付成本和赚取利润的合理动机，店主更愿意卖光仓库里的糖果，把现金装进口袋。因此，交易可以是公平的，但不一定是对等的。

夏天，在炎热的希腊海滩上，一个男孩在沙滩上走来走去，端着托盘卖冰镇饮料，一杯可乐售价5欧元。在3000多米外的售货亭里，他的姐姐每杯可乐只卖3欧元。这公平吗？那些买男孩可乐的人肯定认为这笔交易是公平的。因为他们本来得沿着海滩走到售货亭花3欧元买一杯可乐，但现在他们不用跑那么远了，相比之下这笔交易就是公平的。但这样是对等的吗？当然不是，5欧元显然比3欧元多嘛。

你以1000万英镑的价格出售这栋大楼，并希望在交房时买方可以全款付清；而对方希望可以延长付尾款的期限。经过协商，你们确定一部分房款可以延迟支付；你接受延长付款期限，而对方愿意加点钱购买。通过这种方式，你们彼此展现出对同一问题的不同重视点。

那么如何避免谈判陷入僵局呢？出现僵局之后，如何推进谈判呢？这时，对谈判者最有用的两个字便可以发挥作用了。

谈判时，即使你忘记了其他所有内容，也请始终在谈判提案前加上“如果”一词：

- 如果你降价 20%，我可以订购 100 件。
- 如果你能对集装箱内的货物承担责任，我们可以将其运送至中国。
- 如果你放弃二次检验，并在产品出厂时进行现场验收，我们就承诺按期交货。
- 如果你支付快递费，我们会加急配送你的货物。
- 如果你用现金支付，我会在下班后给你买威士忌。

加上“如果”一词，可以保证你的提议的完整性。对方不能想当然地将你的行为视为单方面让步，因为你已把提议限制在特定条件内。正如人们经常使用的“one...the other”（“一个……另一个”），就是将人或物限制在具体范围内。

每次提案时，要养成使用“如果”的习惯，如此一来，其他人会从你的话中接收到以下信息：

- “如果”一词会告诉对方你的报价；
- 你的报价会告诉对方，满足你的条件后他会得到什么。

进行谈判时要常使用“如果”一词，你也可以把这个技巧教给其他谈判者。这是你可以为谈判界提供的公共服务。越多的优秀谈判者提出基于交换的带有条件的提议，我们就越能从他们的谈判协议中受益。

自测详解

14

1. 你是一个包价旅游的从业者，正和一家希腊群岛连锁酒店商讨下一季的房间预订事宜。对方的人均要价比你们目前的报价高出 90 欧元，并提出要“对半分成”。你会选择下列哪种做法呢？

a）建议分成方案为 55：45，你们拿 55%。

错！虽然 55：45 比他们的报价和选项 c 更好，但你太心急了，你本可以有更好的选择。

b）表明你方不接受对半分成。

正确！对方提出对半分成的提议，就说明他们 90 欧元的报价里至少虚增了 45 欧元。如果接受对方的提议，做出让步，那么你的每位客户都要多负担 45 欧元，假以时日，1 万名客户就是 45 万欧元。现在你还觉得这种让步合理吗？你可以简单地告诉他们，虽然他们可以负担得起，但你不能这么做！

c）同意对方的提议。

错误！如果你同意对方的提议，那你就是在向他们的分成方案妥协，下次他们就会得寸进尺，给你虚报的差价越来越大。

d）分成方案 75：25，你们拿 75% 才行。

这个分成比例对你方有利，同意这个方案比选项 c 更好，并且比选项 a 更具挑战性。为什么不同意选项 b，然后好好琢磨一下你的报价和他们的分成方案之间的那 45 欧元的差价是怎么回事?

2. 你认为谈判的目的是：

a）达成公平和对等的交易。

错！谈判应该是公平的，但它不需要“对等”——双方对谈判内容的重视程度不同，且通常无法用数字进行衡量。

b）达成妥协。

错！我们通过谈判来维护利益，而不是做出妥协；我们可以在可谈判的问题上互相交换，给自己带来收益，自身利益才是我们应在谈判中追求的东西。

c）达成共识，尽可能满足双方的利益。

正确！谈判双方都在为各自利益进行谈判。做出的共同决定必须是你们双方都能接受的，并且比其他可行的方案更好。

15

切断负面影响

如何应付难缠的对手

自测

15

1. 你是一家大型银行的财务经理，想要和一个主要客户的财务总监谈一笔生意。这个总监一上来就指责你的服务费用太高。随着谈判的进行，他越发无礼，扬言要找其他银行合作，甚至质疑你的专业水平，并不时打断你的发言。这时你会：

   a）用同样恶劣的语气回应他。

   b）继续心平气和地与之谈判。

   c）转身走人。

   d）无视他的恶劣行为，继续推进谈判，直至其同意支付你方要求的服务费。

2. 你的老板专横无理，行为粗暴，经常恶语相加。对这种人你会：

   a）私下告诉他，他的行为令你感到不适。

   b）无视他的行为，继续做自己的工作。

对大多数谈判者来说，遇到难缠的对手会让谈判变得困难重重。他们只会要求你让步，自己却固执己见，不肯让步，而且谈判的态度也很恶劣。他们似乎认为“强硬”就是谈判的通行证。他们认为谈判就是你方给予，他方索取。他们也从不理会公平交易的概念，只会用其蛮横的行为逼迫你向他们的要求妥协。

我经常被问到应如何应付那些难缠的谈判者，似乎每个人都有过这样的谈判经历。但是，从没有人问过我，如何避免自己变成这种人，大概是因为没有人认为自己是这种人吧！

大多数谈判者都非常困惑，碰到刺头的时候，到底是该以彼之道，还施彼身，还是对其不予理会呢？其实，这两个选项看似互相矛盾，实际效果是一样的。

通常情况下，用“以彼之道，还施彼身”的办法对付那些刺头，反而只会助长他们的恶行。我认识一位顶级的谈判高手，面对这种人，她通常会模仿对方的做法，做出同样的回应，只不过回击的力度比对方稍微温和些。因为她是这一领域的专家，我毫不怀疑她的方法能奏效，但我担心的是，大多数人没有像她一样丰富的谈判经验（和天生的自信心），很难效仿她的做法，在与不熟悉的人谈判时，这种方法并不适用。如果普通谈判者不能效仿这种做法，那这种方法对于大多数人来说是没有用的。“以彼之道，还施彼身”的方法势必会造成谈判双方的对抗，增加谈判的风险。难缠的人总是希望在谈判中取胜，所以使用这种方法后，他们会变得越来越蛮不讲理。己方进行强烈的反击，对方加大回击的力度！你来我往，这场较量不断升级，直到谈判的一方主动投降放弃。

棘手的工作需要稳定的情绪

我认识一位国家级报社的编辑（我们曾就读于同一所大学），她手下管着几个还在“试用期”的新人。她跟我说，她平时和这些小记者打交道，发现他们的压力非常大。因为忙碌的副编辑经常大声斥责他们，有些更资深的同事还会对他们进行“人身攻击”。

看着那些小记者边流泪边诉苦，我的朋友认为，如果他们对这种平常的压力都如此敏感，那他们肯定干不了记者这一行。因为对国家级报社来说，在临近截稿时间时，这种情况一点也不稀奇，大家都忙得焦头烂额，哪有时间去安慰那些玻璃心的人。

作为记者，他们要守在政客的家门口，把那些不敢见人的政客和他的家人“堵在门口”，用放大镜对他们的行为吹毛求疵；或者，在悲剧发生不到 15 分钟的时间，就得赶到遇难的孩子家里，向悲痛的父母索要孩子的照片；抑或面对一个因创伤后应激障碍导致精神崩溃的病人，提出些“残忍”的问题；诸如此类的工作场景还有很多。

要想无视这些困难，光靠新年立个“决心”是远远不够的，一旦遇到压力就很容易把决心抛到脑后了。我的编辑朋友说，一个人如果想在新闻界有所建树，就必须不断磨炼自己。我想，其他行业恐怕也差不了多少。

对恶劣行为不予理睬也不是个好办法。试想，如果对方大声嚷嚷，你小声回应；如果对方的态度粗暴，你依旧以礼相待；如果对方打断你的发言，而你保持缄默，让他继续说下去；如果对方进行恶意威胁，你选择无视；如果对方进行无端指责，而你却虚心地表示认同……你一直用善意的行为，试图化解对方的恶意。但是，在难缠的对手看来，这样的行为是你软弱的表现，你的内心一定不够强大。他们觉得，进一步向你施压，你就会妥协让步。因此，他们不但不会见好就收，反而会得寸进尺。

无论你将这两个办法分开单独用，还是结合起来用，或者交替使用，难缠的对手都不为之所动。那该怎么办呢？到底是以彼之道，还施彼身，还是不予理睬呢？建议两个都不选！你不必非得从这两个办法中做选择。它们都不是正确的选项。

退一步想，难缠的谈判者为什么会这么做呢？我不是要对这些谈判者进行深入的心理分析，比如研究他们的精神状态、家庭出身（贫寒或优越）、创伤后应激障碍的恢复情况、单相思或任何可以解释他们行为的最新心理学术语。其实，应付这些难缠的谈判者并没那么难。

他们之所以会如此行事，是因为在他们看来，蛮横的行为能给他们带来好处。谈判时遇到这种对手，我们不论是以彼之道，还施彼身，还是不予理睬，都会被对方牵着鼻子走。有人曾分析过出现这种情况的原因，那就是示弱的一方觉得“好好过日子就对了，干吗要在小事上逞英雄？”因为在他们看来，有些事情根本不值得拼个你死我活。换句话说，难缠一方的行为会影响谈判结果。

鉴于此，以下就是我们应付那些刺头的秘诀：他们想影响我们的想法和反应，而我们则要切断他们的行为对谈判结果的影响。无论对方如何行事，表现出友好还是刁难，我们都要做到：不让对方影响我方期望的谈判结果。反复提醒自己牢记这一要点，直到你能将其贯穿始终，并在谈判中不断坚定自己的信念。

在适当的时机，可以告诉对方，他们的行为并不能影响谈判结果。但是，切记不要说他们的行为是“难缠”的，这样只会让对方不依不饶地跟你争论不休。你也没必要一开始就去说服对方。毕竟，在其他谈判中，他们的行为的确影响到了谈判结果（确实奏效了）。他们之所以如此行事，原因正在于此。

只有你才能决定，要不要让他们的行为影响谈判结果。而你最好的决定是坚决不允许这种情况发生。同时，也不要抱怨对方的所作所为，因为他们怎么做是他们的事，与你无关。你唯一的任务就是确保他们的行为不会影响谈判结果。

我知道，这与自信心训练中所讲的内容相悖。自信心训练中提到，如果有人冒犯了你或举止不得体，你应该如实地告知对方：他们的行为让你感到不舒服，并希望对方停止这样的行为。当你和对方是同事，彼此遵守相同的纪律原则，那这种方法或许还能起作用；但是，在与其他公司的人谈判时，不论是你还是你们公司的人事专员，都没有权利干涉对方的行为。

这些建议都是为了迎合现代化的企业管理，帮助企业提高影响力，招募更多的人事专员来解决企业内部的棘手问题。但用人事专员那一套来与客户打交道是一件有风险的事。比起干涉谈判者的行为，我们更需要对谈判人员进行训练，让其变得更加坚定、自信，从容地与别人打交道。

如果供应商或顾客的谈判代表躲在公司人事专员身后，享受他们的“保姆式”服务，或者满脑子都是幸福和谐大家庭之类的鸡汤，那客户就没有和他们谈判的必要了。如果谈判时，他们没有通过自己的“不当”行为得到他们想要的让步，那么他们最终也会有所改变，而你是能让他们做出改变的关键。如何做到这一点呢？你需要坚持以下两个能左右谈判结果的准则：

- 弄清楚事情的是非曲直。
- 践行“交易”原则。

除此之外，其他一切对谈判而言都是无关紧要的！

这两条准则是我经过了各种大大小小的谈判，与不同类型的谈判者打交道后总结而成的。请牢记，大部分人都觉得，难缠的永远是别人，而不是自己！

有些谈判者认为，只有“难缠”才能让自己如愿以偿，然后就得寸进尺。此外，还有一种人认为，因为你（或你们公司）曾让他们吃过亏，所以他们才会这样行事。是的，你可能觉得自己像个大圣人，但并不是所有人都这样认为。

当你走进客户办公室时，如果他没有像往常一样热情欢迎你，反而沉默不语，冷眼相待，那你方可能做了什么让对方非常不满的事情。这时，你需要认真倾听，并判断事情的是非曲直，在对方恼怒的表述中找出原因所在（是不是你方确有不当行为）。以前有人告诉我，有经验的谈判者拒绝接受任何诱惑，也拒绝认同对方的任何优点，因为这样一来可能会动摇自身立场！但这种想法也有危险，因为你可能没有了解全部事实，可能在为一些站不住脚的事情辩护。

哈米什年轻时曾是一家酒店的经理，后来成为这家酒店的总监，最近退休了。多年前，他向我讲述了自己的一段经历，是关于怎么应付愤怒且难缠的客人的。每当客人在前台“大发雷霆”时，他都会请客人移步到自己的办公室，既不理会对方的插话，也不做任何反馈，先一口气说完下面三点：

“首先，对于给您造成的麻烦，我深表歉意。其次，我会认真听取您的意见。最后，我一定会妥善处理。现在，请您告诉我发生了什么事情？”

不管他是否清楚问题出在哪儿，不管是否是酒店的过失，还是客人只是因为一点小事发脾气，他总是先拿出这套说辞。每次他只要这么做了，客人几乎都会冷静下来，问题也会迎刃而解。

要根据事情的是非曲直做决定，那就必须进行讨论，考虑对方的意见。如果你认为是自己错了，就要坦率承认！

如果你方的会计发了一封唐突的例行信件去追款，对方很不开心，反过来投诉。那么请先客气地道歉，然后再询问对方的付款是否出了问题。随后，记得安排某一天和会计谈谈，也许那封追款信可能是会计支使会计助理或新来的会计写的。做个记录，记下那些例行发送的追款信对不同信誉的客户会产生怎样的影响。

有时，可能正是因为投诉者的问题才导致你们的错误。在合适的时候你应该告诉对方，你查证的结果到底是怎么回事儿。如果你不确定事实究竟如何，请向他们保证，查清楚后会给他们一个交代，并且表明，一定会说到做到。

谈判，在于寻找解决方案，其中包括听取多方意见，以及让各方满意的解决方案是怎样的。说话很不客气，紧抓着对方的错误不放、无视对方的关注点，甚至不听劝解，都不利于谈判的进行；而见风使舵当墙头草，或是装可怜博取同情更是行不通的。

整个问题完全由是非曲直来决定的情况很少见，就比如发生在酒店的例子，或是你方惹恼客户后的反应。这就是为什么第二个原则是“交易”，这条绝对不是要你因对方的不满而心怀内疚，从而在对方的要求下做出妥协。“交易”是谈判的核心，事已至此，那就不要理会对方的恶语相向。难缠的谈判者到底想做些什么才应该是你的关注点，而不是对方的行为举止：

“你想要贷款 6000 万英镑来购置资产，这没问题。我们从事贷款业务，就是为可靠客户提供服务的。如果要立即获得贷款，利息非常高，会在贷款本金的基础上利滚利。我们会根据你的抵押物来安排贷款，而审查抵押物时，我们会以贷款价值的 2% 来收取审查费。”

不管对方如何行事，想要换取什么，你都要坚持自己的主张，直到他给出令人信服的提议。当然，你也可以提议在可交易的条件之间进行交换，比如：降低利率，增加安全性保障；调整利率，将整个抵押物转为提现基础；诸如此类。

有些人觉得难以接受的是，在谈判过程中，不能把自己的谈话标准强加给对方。如果是在同一组织内或共同认可的法律体系内进行谈判，那你有“权利”要求对方不能辱骂和威胁他人，要在各方相互尊重的情况下进行谈判。但是，谈判者并不总是有权左右别人的行为，或期望他们遵守适当的原则来谈判。如果你的谈判技巧能应对最棘手的情况（当然更能应对无压力的场景），你就会发现无论你所处的环境如何，你都能游刃有余，得心应手地去应对。

最近，我听了一位英国高级军官的演讲，他讲述了在南斯拉夫解体后的那段紧张时期里，他在波斯尼亚的一些经历。他处理过一个典型的突发事件：当地“军阀”手下的一个非正规武装团伙挟持了 60 名妇女和她们的孩子。这些人质是逃往另一个敌对“军阀”控制的“敌方”村庄的难民，在逃难途中被劫持。这位军官当时找了几辆公共汽车，与有限的几个士兵武装护卫着车队，但被非法武装分子拦下。这些士兵让对方不敢造次，使平民妇女和儿童免于被伤害。但“谈判”的情况并不理想。非法武装分子衣着破烂，没有军服，其中一些人还喝得烂醉。他们都带有武器装备，挥舞着刀枪。而这名军官和他的手下，加上一名女翻译，都穿着显眼的军服，他们关心的是赶快解救这些妇女和儿童，让他们能继续前往安全地带。

顾不上要求这些邋遢的武装分子闭上嘴、别饮酒，或放下他们的武器，英国军官和同伴们就劫持人质的合法性和对方所要求的人质赎金交换了意见。这是极端条件下的谈判，大多数谈判者都没有见识过，也无从想象。对方非常无礼，也不遵守谈判的一般规矩。非法武装分子显然担心，如果他们释放了人质，他们会不会遭到埋伏在村子附近树林里的另一撮武装人员的袭击。

最终交易达成：如果非法武装分子释放人质并让他们安全通过，那么这位军官将派巡逻队进入森林，确保在森林中藏身的那一撮武装人员远离村庄，他的部队将在村子里过夜，防止那些武装人员再次发动进攻。最后，这件事情得以和平解决。但那几个月里，很多其他村庄发生了数不清的流血事件和恶性循环的报复性枪击事件。

由此得出的教训清楚明了：当暴躁的脾气、不恰当的行为和没来由的愤怒使谈判场面失控时，双方就很难保持冷静并解决分歧。因此，你要记住的谈判原则就是：对方的行为和举止与我方无关，我方唯一的目标是专注于手头的任务，不被其他任何事情吸引或干扰。幸运的是，我们面临的任务不会像那位英国军官在波斯尼亚遇到的情况那样严重。如果你谈判的时候，唯一的难题是遇到了一个脾气暴躁的老人，那你应该感到高兴，因为你不必与精神错乱的人打交道，因为要是精神病人的话，可能真的会伤害到你。

自测详解

15

1. **你是一家大型银行的财务经理，想要和一个主要客户的财务总监谈一笔生意。这个总监一上来就指责你的服务费用太高。随着谈判的进行，他越发无礼，扬言要找其他银行合作，甚至质疑你的专业水平，并不时打断你的发言。这时你会：**

   a）用同样恶劣的语言回应他。

   错！这样只会激怒对方。不要试图干预对方的行为，继续专注于自身的谈判任务。

   b）继续心平气和地与之谈判。

   这样做可能使情况雪上加霜，因为对方自认为看穿了你的想法，但你不“应战”，他可能就会认为你在戏弄他，于是向你施加更大的压力。再说一遍，不要试图干预对方的行为，继续专注于自身的谈判任务。

c）转身走人。

错！这样做除了能让你暂时感觉好些之外，于事无补。那么你还怎么重新回到谈判桌上？即便回去了，谈判结果又会如何改变？

d）无视他的恶劣行为，继续推进谈判，直至其同意支付你方要求的服务费。

正确！这是目前为止你的最佳应对方法。

2. 你的老板专横无理，行为粗暴，经常恶语相加。对这种人你会：

a）私下告诉他，他的行为令你感到不适。

错！也许正是你的问题才让他如此行事。不要总认为错在别人，可能你也有责任。别再抱怨他的所作所为了。在职业生涯的某个阶段，你肯定会遇到一个不讨喜的老板。毋庸置疑，你手下的员工也可能对你多年来的管理方式不太满意。

b）无视他的行为，继续做自己的工作。

正确！谈判者必须与形形色色的人打交道，可能有人对你很不友好，有人对你热情相待。你要拿出专业的态度对待所有人，把精力集中在工作上，无论对方如何待你，你都要尊重他们。

16

连神仙也无能为力的情况

如何应付对手的有意无视

自测

16

1. 罗杰拒绝了露西的提议，因为他觉得她的提议基本上就是异想天开且漏洞百出。而露西自己却不这么认为，她琢磨着该如何回应。她应该：

   a）他的反对意见中合理的部分就按他说的修改。

   b）拒绝接受他说得不对的意见。

   c）询问他有什么提议。

2. 玛丽说："听着，弗雷德！我来是为了跟你谈谈我们员工的带薪病假政策，但是自称患病的人不能算在内。这个问题不需要谈判，我们不会考虑，因为这会有破窗效应。"弗雷德认为他不能只是因为玛丽说某件事没有商量的余地就不再提了。弗雷德这样想对不对呢?

   a）对。

   b）错。

我遇到过很多聪明人，也和他们中的许多人打过交道，其中不乏富人（或者说他们生活优渥）。我还遇到过一些人，他们虽然表现得好像没什么钱，但实际上非常富有。我认识一个千万富翁，平时去商店购物时也会为了省下几便士，从报纸上剪优惠券。

聪明的巨人在这个星球上大步前进，而我们仅仅是挣扎着让自己能感觉好些，我们能做的不过是别挡人家的路，免得让人家意外地（甚至故意地）踩到我们。做谈判咨询时，最糟糕的情况莫过于客户谈判的问题太明显了，简直就像是面对10米高的霓虹灯闪烁的舞台，听着“哈利路亚”响彻全场一样。

为什么他们看不到答案？试想，我们每个人是不是都做过因为没有注意到简单的事实而忽略了显而易见的解决方案的傻事？这么说吧，既要摆出一副严肃的面孔，又不能直言不讳地指出问题，实在是很让人为难！

不久前，某私募股权合伙人跟我简单地说了一下他们遇到的问题。你看，我交往的可不是那帮街头混混。混混们一般都付不起房租，还老是做着一夜暴富的白日梦。事实上，我的客户都是些热门行业的领跑者。

某日，我去客户气派的办公大楼办事儿，路上碰到一个走街串巷的水果贩子，他的车上堆满了“五样水果一份”的水果拼盘，可供城市打工仔一天的水果需求。这个自称鲍勃的水果贩子可能以为我是税务稽查员。他卖给我一个漂亮的梨子。我当时去得有点早，于是就坐在附近的长凳上，一边吃梨，一边心里比较着鲍勃的水果生意和我要去拜访的那位客户的生意。他的手推车摊位的租金远比不上客户工作的那座大楼沿街门面房的租金。

在我要去见的那些大佬眼里，200 万英镑不过是毛毛雨。他们个个都是城市精英、行业翘楚，年终奖是让人咋舌的数目。这些人到底是著名的人物还是臭名昭著的人物，你的薪酬水平和价值观会决定你怎么看他们。

我这么说并不是为了显摆我有多聪明（老天不允许）。毕竟，我在谈判中也犯过很多错误——我只是想告诉大家我的前车之鉴，好让你们避开我踩过的坑。

无论智商有多高，都会容易犯些简单的错误。简而言之，如果最优秀、最聪明的人（包括那些高薪的精英）会犯错，而你能学会避免犯错，那么当你与所谓的聪明人——尤其是那些在紧要关头自乱阵脚的人——打交道时，就能表现得更好些。

那天，我走进全屋用橡木板装潢的顶层会议室，坐在全真皮的老板椅上，面前是一张硕大无比的精细打磨过的桃花心木桌。

要制作出如此奢华的桌子，恐怕得把整个热带雨林的树木寻遍，才能找到合适的材料。应有尽有的甜点饮料放在精美的小推车上招待客人。看到这场面，我明白了什么叫精益求精。

公司高级合伙人主持会议，负责法务的合伙人以及另一位不知是谁的先生偶尔也会插几句话了解情况。

这家公司面临的主要问题是一项业务出了岔子。让各位合伙人震惊的是，他们在葡萄牙收购的一家公司的账户中发现了数百万欧元的财务漏洞。但是此前，他们聘请的专业顾问所出的报告显示“一切正常”。然而，即便单从数字上看，他们的顾问们所做的工作仍有很多不足之处。

简而言之，他们希望这些顾问能弄清楚钱都到哪儿去了，以弥补这个财务漏洞。我之前给这些顾问做过咨询工作，所以碰巧认识他们。对于这个案件的是非曲直，我不做评论——显然，他们的律师对此习以为常。

他们与这些犯下大错的顾问的谈判简直是漏洞百出，但我并没有指出来，因为这些顾问平时可不是不说实话的人，他们可是精英中的佼佼者——天之骄子（不过，我妈妈总是告诫我，不要“聪明反被聪明误”）。尽管他们如此精明，却也犯了如此低级的错误，而且造成了严重的后果。

他们谈判的要点是：公司向顾问提出，要求他们补上这个财务漏洞，但他们并未做出任何回应。很显然，不管这些私募股权合伙人提出什么解决方案，顾问方的谈判代表都置之不理，有时还会含糊其词地拒绝，这让这家公司很为难。他们该如何打破僵局呢？在我没参与这件事情之前，他们对此事的处理简直是一塌糊涂。每当他们提一个提议，都会被对方忽略或不明不白地拒绝，然后他们就会退而求其次，提出另一个提议，一般就是做出对对方有利的让步。这简直让人不可思议！

我们要清楚地意识到，这恐怕不是误解或策略有误。这种错误我们都会时不时地犯，但他们不只是提出了一个、两个或三个单方面的建议，在一年多的时间里，他们在各种会议上一个接一个地提出了超过 7 个单方面建议。这绝对是一个战略性失误。

这家公司的高级合伙人花了好几个小时详细地给我讲了这件事的原委，然后直接问我，接下来该怎么办，我有什么建议。我直言不讳地说："在我看来，现在这种情况下，耐住性子保持一段时间的沉默或许对扭转你们在谈判中的不利地位能起到些作用。"

他的肢体语言说明了一切。他的眉毛微挑，下巴收紧，坐直了身体，回头看看我，好像是在怀疑我的业务能力，又好像是在无声地说："就这？"

但我毫不怀疑我的建议会起作用。要不是他一再犯同样的错误，他的谈判也不会这么失败。我当时想对他说："你还没有收到对方的反馈，就修改你的提议，实在是下下策！"但我没这么说，反倒跟他说："我不建议你在收到对方的其他备选方案或者反馈意见之前，改动你的第一个方案。"

这是为什么呢？因为谈判者在一开始，就需要知道对方的立场。如果双方都不表明立场，那么彼此之间对对方的立场都心里没底。这种情况下，就应该敌不动，我不动，看对方接下来会怎么做。

与对方商议之后，对方还是三缄其口，那你就别无选择了，只能死磕到底，坚持让对方填补财务漏洞。你先礼后兵，实在不行就只好诉诸法律。但这样一来，事情的发展可就不由你掌控了，得看司法裁决结果，尤其是在外国，事情就更加不可控。还有就是，如果有律师一上来就对你说“这个案子简单！”，那你可要小心了。对方的律师也会跟对方说同样的话。你已经为此花了太多的律师费，如果再请律师，还会花更多的钱。一旦事情闹上法庭，就全看律师了。你已经提出了你的首次提议（全额补偿），那就看他们怎么回复吧。若是对方一味沉默，或者他们“找借口离开”，你难免会坐不住，其他人可能会煽动你，建议你重提一个“更好的提议”来吸引对方。这时候要注意了！谁向你提出这个馊主意，就该取消他的年终奖！如果你在“全额补偿”上做出让步，给对方一个台阶下，那他们可能还会继续静观其变，还想着你接下来能再让一步。

当然，至少从理论上来看，你要是让了一步，对方有可能答应承担自己的责任，同意你的要求，争论到此为止，大家各回各家。而实际上，更有可能的是，他们不愿意这样做。毕竟，他们必须从自己口袋里中拿出数百万欧元才能填满这个窟窿。他们可能也知道，“对谈判者而言，最糟糕的就是接受对方的首次报价”，并且他们确实也是按这条建议做的。

所以，当你站在高处，准备往下出溜，还有些犹豫不决时，为了不妥协，你能做些什么呢？你要做的不是试图通过修改你最初的提议来唤醒对方的良心，进而做出善意的回应。你一旦开始让步，就会一而再，再而三地让步。为什么？因为如果你不断采取行动，而对方老是不表明自己的立场，他们是不可能给予你什么反馈的！你提了一个又一个提议，而他们一直按兵不动，实际上你就是在告诉他们，你对解决这个问题持有什么样的态度。你这时仿佛在告诉对方："你们不吭声，我就来想办法。"

相反，他们可能觉得自己没必要做出什么回应，也可能会把自己应负的责任推得干干净净。他们会声明已经认真审查了内容，说明自己没有什么责任。如果在没有要求他们检查的材料上出了问题，或者在合理范围内不需要检查的材料上出了问题，到底该由谁来承担责任就说不清了！

无论出于何种原因，如果你一而再，再而三地让步，想通过"善意的让步"推进谈判，那么你就会离你想要的赔偿越来越远。你得到的赔偿将不是几百万欧元，而是区区几十万欧元。而他们则不用去解决问题，也不提出任何建议，除了袖手旁观什么也不做。

这两位私募股权合伙人表示，某次商务出差到欧洲某处，碰巧联系到了对方的高级合伙人，于是就一起共进了午餐。这样的会谈没有一点紧迫感，更不用说愤怒或不公平的感觉了。

这种情况，一开始就需要举行一次正式的高层会议来交换提议，当然现在也应如此。同时，应该允许单方面向法庭提交诉状，进入诉讼流程（侦查、举行初步听证会和确定听证会日期等）。

这就使被告一方不得不花钱准备案件和预审（听取证人对事件的陈述）。随着费用逐渐增多，他们会发现庭外和解的好处（首席法官会让双方尝试庭外和解，然后才考虑要不要阅读双方提供的那一大堆文件）。

如果私募股权合伙人在试图用单方提案快速解决问题之前，已经完成了基础工作，那么上述大部分努力就都没有必要了。沿街卖水果的商贩鲍勃，他不像私募股权合伙人一样受过高等教育，但他知道对于同一个问题，每次谈判都至少有两种解决方案——你的方案和对方的方案。你知道自己的方案，那你知道对方的方案吗？如果你不知道，一旦你提出了自己的方案，你就应该在了解对方的方案之后再采取下一步的行动。了解对方的方案能够确定你和对方首次报价之间的差价。

如果对方不愿意为上面提到的那个“大窟窿”负任何责任，那么他们会拒绝你的提议（他们会采取初始立场），那么你就是让步，让他们少付一点来促使其承担责任，他们也不会愿意。你需要做的是引起他们的注意。走法律诉讼的渠道是解决问题的一种方法，同时你和他们之间还要保持定期的高层接触。如果他们提出了一个“相对公平”的解决方案，你就继续谈判。你要谨慎地与他们交换提议，不要单方面采取行动。鲍勃跟我说，他哥哥是农民，掏钱买小猪崽的时候一定会小心挑选，才不会随便乱买。你也应该这样做，在不知道对方提议的细节时，你不应该修改你的提议。

谈判涉及四个信息。你知道其中两个信息——你的首次报价和预估成交价。你还必须搞清楚第三个信息——对方的首次报价。你永远不可能知道对方的预估成交价（即使他们告诉你了，你也不能相信）。但如果你不知道对方的首次报价，你最终只是和自己谈判。不知道对方的提议就像在拍卖会上失聪了一样——你一直在跟自己竞价！

后来，当我离开客户的办公大楼经过鲍勃的摊位时，他早就回家了。我觉得，鲍勃虽然连自己名字都拼写得磕磕绊绊，但是以他在街头卖水果所得的经验，让他来参与这个谈判，表现也会比那些精英要好。

自测详解

16

1. 罗杰拒绝了露西的提议，因为他觉得她的提议基本上就是异想天开且漏洞百出。而露西自己却不这么认为，她琢磨着该如何回应。她应该：

a）他的反对意见中合理的部分就按他说的修改。

错！这看起来似乎是合理的，但这样做能推进谈判吗？对方要是对你的提议全盘否定或部分有异议，就有责任提出解决问题的办法。如果你急切地表现出愿意接受具体的“合理的”反对意见，就会让对方以为你也十分愿意接受那些“不合理的”反对意见。这些反对意见里有合理的也有不合理的，然而对提意见的人来说，所有的反对意见都是合理的。

b）拒绝接受他说得不对的意见。

错！仅仅拒绝他不合理的反对意见很可能会引起争吵，并且你还是没法弄清楚他会提出什么样的补救措施。

c）询问他有什么提议。

正确！你应该问一下他，因为你需要了解什么条件下他才愿意跟你商议解决方案。在他提出解决方案之前，不要再提其他方案，也不要修改你已经提出的方案。你需要把你们双方提出的两种解决方案放在桌面上讨论，经过谈判达成大家都认可的解决方案。

2. 弗雷德认为他不能只是因为玛丽说某件事没有商量余地就不再提了。弗雷德这样想对不对呢？

a）对。

正确！别人有别人的原则，你没法跟人家谈这个，但你可以就如何应用这些原则和对方谈一谈。你可以先搁置敏感问题，去解决其他问题，然后基于你在其他方面取得的进展，再回到“不可谈判”的问题上。如果对方单方面决定什么可以协商，那么不可协商的清单就会变得更长。

b）错。

错误！要是让对方决定哪些问题没有商量的余地，那么你很快就会发现，在谈判中你能影响到的议题会越来越少。

17

权力在谁手里

如何利用谈判杠杆

自测

17

1. 你正在找工作，看到当地一家运输公司人事部发布的招聘卡车司机的广告，写着星期五下午 2 点面试。你在下午 1 点 55 分到达那里，发现办公室门外已排起长队，你也加入其中。此时，你认为自己能得到这份工作的可能性：

   a）希望渺茫。

   b）没什么影响。

   c）希望更大。

2. 你身处加纳共和国的首都阿克拉，准备乘坐大巴车前往库马西。找到一辆后，票务员告诉你人一坐满就会发车。你注意到大巴车上只剩一个空位了，于是决定乘坐这辆车。那么，大巴车什么时候发车?

   a）马上。

   b）要等会儿。

一千多年前，维京海盗经常驾驶帆船，驶出美丽的挪威峡湾，前往欧洲的沿海聚居区。如今，同样在峡湾地区，那群维京海盗的后代仅仅用电子邮件，就能够高效地经营他们的全球航运业务。

拉尔斯是挪威西南部城市卑尔根一家航运公司的副总裁，每年做几十笔生意，比如买卖船只，就欧洲和远东地区的新船合同谈判，处理维修合同（这是最难谈的业务之一），商谈燃料费、运费和租船费、船员工资以及代理费，等等。拉尔斯非常忙碌，在这行干了 40 年，但仍然保持着对这份事业的热爱。

在谈判这件事上，拉尔斯可一点也不含糊。事实上，在处理公司业务方面，他非常专注，而且非常敬业。一些谈判经理偶尔会发电子邮件来讨论他们的谈判问题，其中有些经理是从小职员干起，一步步走来，才学会了谈判，也有学过一些技巧和方法的大学毕业生，还有仍在钻研谈判的“退休”大师。拉尔斯偶尔路过开放式办公区时，要是碰巧听到大家在讨论谈判的事情，他都会驻足分享一下自己的谈判心得：

在任何交易中，都要弄清楚谁是买方，谁是卖方。

拉尔斯认为，搞清楚这个问题就知道了谈判中谁有权力拍板、说话算数。在他看来，权力是一种资产，没有权力会给谈判带来障碍，权力在他的谈判经历中一向是能使很多问题迎刃而解的方法。因此，拉尔斯认为，他手下的经理们在谈判前应该被赋予权力，以便在谈判时能够游刃有余。

权力是由什么构成的？

在我们没有权力的情况下，如何获得权力？从哪里获得？

首先，你要是认为权力无关紧要，那可就错了。权力很重要。很奇怪，人们常常会轻视权力，还会认为谈判中有些做法能让彼此免受对方权力的制约。这是完全错误的想法。谈判只是以另一种方式表达了权力平衡！

可以理解的是，拉尔斯更喜欢唇枪舌剑，而不是兵戎相见。这并非意味着要在谈判中削弱对方的权力。唇枪舌剑不是为了别的，只是谈判中实现权力制衡的一种方式。

来自新南威尔士州纽卡斯尔的煤炭

澳大利亚煤炭资源丰富。而在日本，煤炭供应全部依赖进口。那么，在这场谈判中，哪一方处于最有利的位置呢？没错，是日本！

怎么会这样？日方是如何做到占据有利地位的呢？答案就是，澳大利亚的谈判代表被请到了日本谈判。澳方代表一旦抵达日本，那么客随主便，就只能跟着日方的节奏来谈判了，而且澳方代表还会时不时地看到其他国家的煤炭供应商也在与日方谈判。这无不在提醒他们竞争对手的存在。日本人并不急于谈判，因为他们是东道主，每天晚上都可以回家。而澳大利亚人就比较着急了，因为他们是在出差，每晚只能住在旅馆，回不了家。

澳大利亚人当然喜欢在澳大利亚待着，这点很容易理解。因此，一段时间之后，澳大利亚的谈判代表就希望能赶紧回家，那里有泳池、海滩，还能和家人一起烧烤。

澳大利亚的煤炭公司有日本需要的煤炭，他们本可以通过这一点来和日方讨价还价，但是在谈判中他们却没能发挥自己的议价优势。

拉尔斯在这件事上绝对是正确的：

我们对权力的感知就是谈判过程的精髓所在。

我们正是通过对自己权力或者他人权力的感知，来决定怎么谈判。这就让我们了解了谈判中最重要的权力特征，即权力是完全主观的，就像风一样，感觉得到，但是看不见，也摸不到。

简而言之，权力存在于人心。谨记，谈判是双方头脑的较量！因此，双方的想法会在很大程度上影响谈判结果。

你可能会问：“怎么会这样？”当然，我必须承认“权力一定也有客观的一面”。比如，全球邮轮运力过剩是客观事实。毋庸置疑，这对邮轮船主和租船公司之间的权力关系影响很大。但是，我坚信，谈判者的主观感受比客观情况更重要。在谈判中，重要的是谈判者认为什么是真的，而不是由一个独立的评估小组去告诉他们什么是真的。只要谈判者耐得住性子，对那些所谓的客观证据审查得足够仔细，他们也能得出相关结论。

谈判者本能上都能理解主观信念的重要性，这就是他们为什么会花那么多时间试图让我们认可他们所感知的比我们自己感知的更可信。

海湾停泊着一队无人租用的货船。你要是以为，一旦有人要来租船，船主只能被动接受对方的报价，毫无还手之力，那就错了。为了说服客户租船，船主会滔滔不绝地介绍，只为告诉对方他这些待租的船比别人的高级得多。

再比如，假设你的业务需要招募比较多的软件开发人员，你打算出多少钱来雇用他们呢？你会说：“这取决于人才市场上有多少程序员在求职。”求职者的数量达到多少才能够使人才市场的主动权掌握在雇主手里呢？这个问题可不像是在问一根绳子有多长。这是个很难回答的问题。而且，和我们谈判的不是市场，而是形形色色的人。

你不能想当然地认为，与你谈判的人，都和自己想的一样，觉得自己对“市场”了如指掌。并且，你也不能保证自己对市场的了解是准确无误的。即使大多数人对市场的判断都是这样，也无法准确反映市场的实际状况。只要随便问问一个在市场上投资亏了钱的人，你就能得出这一结论。

事实上，在股市中致富的方法就是拥有比其他股民更精准的判断力。当人们认为股票会上涨，而你觉得股票会下跌，就会卖空套现；当人们认为股票会下跌，你觉得会大涨，你就会买进股票，等待获利。但在你以为自己了解股市，其实根本就不了解的情况下，你无论是卖空还是买入，都可能会造成损失。

如果你按照市场的意见随波逐流，就可能在应该卖出的时候买进，在应该买进的时候卖出，错失时机。如果你多数情况下都判断正确，只要投资足够多，退休时就有可能拥有一笔财富；反之，如果多数情况下判断失误，就只会落得个贫穷落魄的下场。经济学家认为，市场决定价格和数量，他们是从宏观上理解整个市场机制的运行。但在谈判中，因为你身在其中，是市场结构的一部分，所以没法纵观全局，运筹帷幄。

假设你是一名正在待业的软件开发人员。有一家公司的计算机部门有一个职位空缺了，于是你打算去应聘。去人事部门面试时，发现休息室里挤满了求职者。那么，你认为这个情况下，自己在入职谈判中有没有优势？

因为竞争对手很多，你下意识地会对自己获得这份工作失去了信心。可是，你真的有很多竞争对手吗？问题在于：你怎么知道这些排队应聘的和你要应聘的是同一个岗位呢？你又怎么知道自己不是这家公司本周面试的唯一一位软件专家呢？

也许你会因为周围人带来的竞争压力而底气不足，但另一方面，他们可能根本就不是来和你竞争的。那些在人事部排队等待面试的人有可能是准备面试前台接待员的。但如果你以为他们是程序员，并且认为自己在应聘者中并不具备优势，那么你很可能最终以低薪入了职。你看到的这情况，也很有可能是这家公司从人市上（Rent-a-crowd①）请了很多托儿，就是为了增大你的压力，从而同意把底薪压低到 2.5 万英镑。（还记得在自测中提到的那辆开向库马西的大巴车吗？他们就是请来托儿把位置坐满，只留一个空位，忽悠观望的乘客，促使尽快买票上车。但其实大概率是，这辆车还要等很久，直到真的“客满”才发车）。

如果对方坚持从不同角度来评估现状，我们就会陷入一种典型的谈判困境：我们不能确定对方的鲜明立场是否如实反映了我们之间真正的权力关系，抑或这只是一种说服我们改变看法的战术。

事实上，所有的谈判行动、策略和战术都试图以这样或那样的方式来构建你对权力关系的看法。只要他们能巧妙地将你对权力关系的主观看法构建成有利于他们的观点，市场的客观情况对谈判结果的影响就会变得微不足道。

---

① 英国俚语，专门受雇用的、有组织的人群。——译者注

换句话说，如果你认为他们说得对，那就不用多说了，这种情况下他们不仅拥有权力，还得到了你的信任！因此，拉尔斯认为了解买卖双方的观点非常重要，尽管我尊重他的看法，但却不完全赞同。他的想法直接暗示了一个结论，那就是买家会比卖家占据更有利的位置。我认为，只要我们能正确利用权力，那么我们是买家还是卖家并不重要，一切都取决于谈判双方如何看待彼此之间的关系。如果你能影响对方的看法，那么你就能取得有利于自己的谈判结果。

哪些因素会影响我们对权力关系的看法呢？我们与对方见面之前就会有一些先入为主的认识，这些认识会制约我们，往往会对我们的谈判方式、态度、举止、信心以及最终达成的交易产生极大影响。

几乎所有的卖家都会受到买家权力和竞争程度的双重困扰。销售人员说起买家干的那些令人难以置信、背信弃义的事，以及“卑鄙低俗的竞争伎俩”，简直是没完没了。简而言之，销售员假定对方占有优势，在心理上暗示自己处于劣势。

然而，买家却持不同观点。例如，我认识一位大型计算机公司的采购员，他每个季度为公司的装配厂购买价值数百万英镑的组件，这位老兄坚信卖家更有权力。

这位采购员是如何得出这个结论的呢？他以前对自己公司的产品了如指掌（他曾经参与过生产），但如今技术发展飞快，以至于他感到自己在这方面有短板，因为他已经有些年头没有做过计算机工程了。他大量购买成千上万种不同的零部件，并依靠卖家在产品技术问题上给他指导。

这归根结底是认知问题。作为卖家，如果你相信买家有权力，那你可能是被买家的想法忽悠了。你为什么会认为买家在谈判中比你更有权力？你是不是仅仅因为他说有竞争，就相信竞争确实存在？或者更糟的是，你还没有见到对方并且弄清楚他想要什么，就认为自己要面临一场激烈的竞争。

想一想所谓的竞争到底是什么。在商业活动中，人们通常不只与一家公司打交道。与某家公司的交易经历可能让人满意，也可能让人非常失望。并非所有给你销售类似产品或服务的公司都是竞争对手。买方以前可能和你的竞争对手做过生意，觉得他们有需求。在这种情况下，你比自己想象的更有权力。只有当每个公司都能提供买方想要的东西时，竞争才会激烈。但是，很难找到一些公司是以完全相同的条件来竞争的。（一般来说这种情况非常罕见，事出反常必有妖，一旦发生，非常值得怀疑！）

买家可能会受到各种各样的限制，他们常常要按照别人规定的政策行事，但那些政策并不总是会考虑他们决策的经济性。买家还经常受专家的牵制，而专家们却很少考虑他们与供应商之间的问题。买家也许接到指令，让他们不要把所有的业务都交给一家公司，防止过度依赖某一家。这样的话，你的机会就来了。买家也许还接到要批量购买的指令，这下你就有机会拿下大订单了。除非你给予买家权力，否则他们并没有什么权力。

现在是谁在笑？

在拉斯维加斯的一家夜总会里，一位喜剧演员刚刚结束了自己的首秀。这时，老板激动地来到后台，说："从你一开始表演，我就被逗乐了，整整笑了 20 分钟。"他告诉这位喜剧演员："你的表演是我今年看过的最好的表演。观众们都笑个不停。你太棒了！"

喜剧演员表示，老板喜欢他的表演让他很开心。

老板又说："我要表达一下我的感激之情。说吧，你有什么要求，我会满足你的。"这位喜剧演员很会审时度势，立刻回答："嗯……我首先想把演出费用提高到 1000 美元一场。"老板笑着同意了，至少在回到办公室之前脸上是挂着笑的。

老板如果没有那么热情地跑去告诉这位喜剧演员他的表演有多棒，那大概率可以要求他连续表演一个月，每晚表演 3 场，而且每场只用支付 500 美元就够了。但是，他跑去赞美了喜剧演员的表演，他与这位演员之间权力的平衡发生了变化。

启示：不要随意赞美你的供应商，除非你愿意花更多的钱买同样的服务。

那么，卖家有这个权力吗？不一定，这取决于他们选择相信什么。如果买家让卖家相信竞争真的很激烈，那么，这必然会削弱卖家的权力。因此，给大家一个建议：学会识别买家的花招。

以下招数会削弱你对权力的认知：

- 买家给你展示竞争对手的商品目录，上面还贴着一些便利贴。
- 买家桌上放了一堆文件，露出文件抬头（但没有他们的评语），然后买家会说："你得比别人做得更好才行。"这句话听着很老套，却极有杀伤力。

买家之所以使用这些招数，是因为这些招数的确能起作用。不过，卖家也可以反击这些伎俩。

如果有人质疑你的价格，那么你至少要问对方"为什么"，以此来守住价格。对方的回应越是含糊其词，洋洋洒洒，那么他就越有可能是虚张声势。如果你在价格上底气不足，那么一旦有人讲价，你的第一反应可能是怎么才能在不露怯的同时降点价。你要是这么做，买家就更没有理由觉得你的报价是合理的。买家总会讲讲价。这是人之常情！许多卖家一看到对方讲价就让步，这就难怪买家会质疑他们的报价了。

对于那些占据优势或自认为占据优势的卖家，买家并非毫无招架之力。买家可以采取一些策略，比如告诉卖家自己不需要他们的产品了，说有很多供应商急于和自己做生意，说他们还有大量库存，说自己也可能会引进这类产品生产线，等等。只要说得有道理，就会削弱卖家在谈判中的权力。

买家可以暗示卖家在价格问题上从长计议，秉持薄利多销的原则。或者暗示卖家这样谈判带来的长期后果是"我们日后一定会以其人之道，还治其人之身”。买家这么做就可以让卖家悠着点儿。但是如果苛刻地想将对方一棍子打死，对企业的长期利益并无好处。

卖家知道高价（和高利润）会招致竞争，而市场中的一个重要法则是：如果你想卖得更多，那就必须降低价格，或者在市场营销上投入更多，或者两个措施并举。买家可以以此向卖家施加压力。你可以告诉对方，想跟你做这个生意的人很多，以此提升自己在谈判中的地位。当然，如果你告诉他没人和他竞争，那么，你将永远无法提升自己的权力。

不要跟别人说你的仓库已经积压满了产品，也不要告诉别人他下订单能让你们的工厂短时间内继续运营。如果对方感到了竞争压力，即使没有人直接施压，他必然会削弱他的权力，增强你的权力。因此，作为买家，你要让对方明白，自己很了解其他竞争者的产品，知道他们的特点和优势，并且还保持着频繁的联系。

你永远不要解释为什么自己不和卖家的竞争对手做生意，而愿意和他们做生意。最重要的是，要忍住，不要去想着打击那些让你失望的人，因为这只会增强卖家的权力。同样，不要告诉对方你有多喜欢他的产品，这可能会导致对方提高价格，或者坚决不再降价！

即使你和卖家的交易过程非常愉快，你也不应该让对方认为这场交易十拿九稳，要表现出自己也不排除和其他竞争者进行交易的可能性，还要给出一些可信的理由，比如：

- 价格（别人给出的价格更优惠）
- 交货（别人给的是到岸价，而你给的是离岸价）
- 数量（别人给的折扣更大）
- 爱国（老板只想买国货）
- 新功能（别人的机器也能装水泥）
- 保证供应（别人能保证三年的供货）
- 信用条款（别人提供 90 天免息）

这些说辞会减少卖方对你的权力压制，至少会让对方不再老想着改变你们之间的关系。

那么，谁拥有权力呢？如果对方相信你有，那么你就有权力。如果对方相信你拥有权力，你就能从对方那里获取对你有利的条款。反之，如果你相信对方有权力，那人家就有。可以肯定的是，你对权力平衡的看法会让你付出一些代价。

如果你无法承受交易失败的后果，那么你的权力就会被削弱。反之，对方也是一样，如果生意做不成对方承受不起，那么你就有了权力。

但是，谁拥有权力是没法用公式算出来的。感知到对方所承受的压力，把这个压力与自己所承受的压力相比，会让你对权力平衡的理解发生一些改变。如果你被自己的假设带偏了，那就相当于把权力拱手相让。这就可能会让你在最终的交易价格上吃亏，而你原本其实不需要付出这个代价。无论是买方还是卖方，都是如此。

自测详解

17

1. 你正在找工作，看到当地一家运输公司人事部发布的招聘卡车司机的广告，写着星期五下午 2 点面试。你在下午 1 点 55 分到达那里，发现办公室门外已排起长队，你也加入其中。此时，你认为自己能得到这份工作的可能性：

a）希望渺茫。错！你怎么确定他们都是等待就业的卡车司机呢？如果你认为竞争压力太大，那一定是你自信心不足。问问周围的人他们在找什么工作，也许他们找的是另一份工作，和你应聘的岗位不同。

b）没什么影响。

正确！不要受公司想让你看到的情况的影响。不妨四下打听打听，查验一下你的印象。

c）希望更大。

错！很显然，竞争会激励你，使你对自己的能力充满信心，但这对你来说，也可能是自负而已。

2. 你身处加纳共和国的首都阿克拉，准备乘坐大巴车前往库马西。找到一辆后，票务员告诉你人一坐满就会发车。你注意到大巴车上只剩一个空位了，于是决定乘坐这辆车。那么，大巴车什么时候发车？

a）马上。

你并不清楚什么时候发车。不管在哪儿，都不要相信卖家说的任何话，包括此地。大巴车什么时候发车取决于你是不是最后一位乘客，票务员没有骗你，客满确实就会发车，但是现在坐在车上的人可能是托儿，他们不去库马西，所以你可能是车上的第一位真正的乘客。车上的这些人就是为了迷惑你，让你误认为即将发车，引诱你买票上车。这种情况将一直持续到“最后一位乘客”上车，取代最后一位假乘客。

b）要等会儿。

正确！一旦上了车，就拿不回车费了。也许你可能会识破这场骗局，但又必须接受，耐心等待，否则你的车费就白付了（票务员是不会退回车费的）。这件事，她说了算。

18

没有委托人，那就虚构一个

如何掌握谈判主导权

自测

18

1. 你想买一条二手小船，向卖家询问价格。卖家告诉你，她男朋友说至少要卖 3400 英镑。你看出对方不愿在价格上让步。你会：

   a）把你的电话号码留给她，告诉她要是改变主意了可以联系你。

   b）讨价还价后同意按她的报价成交。

   c）要求和她的男朋友面谈。

2. 你看到一则鲑鱼捕捞园出售的广告，上面明确写着“只和买家本人商谈”。但在和对方谈判时，你发现自己是在与卖家的代理人接洽。你会：

   a）坚持与卖家本人面谈。

   b）询问代理人是否可以全权处理。

   c）一边观望，一边继续谈判。

有些报纸为了吸引潜在客户打广告，刊登出售闲置物品的信息，会打出类似这样的告示：20 人欲求购古董五斗橱而不得。

这则告示的要点是：有人以 3000 英镑的价格出售古董五斗橱，广告一经刊登，就吸引了 21 位有意向的买家，最后，只有一人如愿以偿地买到了，其余的 20 人都失望而归！这其中的意思不言而喻：任何一位看到这个告示的人，如果有闲置的五斗橱，并且愿意以 3000 英镑的价格卖出，都可以花钱刊登类似的广告来招揽那 20 位没买到五斗橱的买家。

无论以哪种方式发布售卖信息，你都会面临价格协商的问题。让潜在客户看到你的售卖信息是促成交易的很重要的一步，但也不过是第一步而已。在出售家居用品时，一般不会在广告中标上具体的要价，以免使客户产生“价格可议”的想法。因此，这并不是说买卖双方不需要开价了，这个问题就不存在了。还有一种情况是，广告上注明了价格，但潜在买家可能会选择直接无视，掉头来还是要和卖家讨价还价，并以“如果不降价就不买”的理由来要挟卖家做出让步。

在进行这种非正式的交易时，买家经常会随口问一句：“你想卖多少钱？”这可能会让缺乏经验的卖家不知所措，他可能事先没有想过这个问题。

对这个问题，卖家通常会反问：“你愿意出多少钱？”更有可能的是，双方在议价过程中都避免和对方做眼神接触，只是不停地打量那件要出售的家具，仿佛想从这件家具上找出一个合适的价格，好让他们有个心理预期。

之所以出现这种情况，是因为买卖双方都不熟悉二手家具用品市场的行情。只有专业的商人才会每天经手这种交易，因此，即使他们直视着你，也敢底气十足地要价。

人们之所以不熟悉二手交易市场，是因为他们不懂行情，不了解像二手车、桌子、花盆、手推车、五斗橱等二手物品一般能卖到什么价位。当卖家想卖但不知道该要什么价，或者买家想买但不知道该出什么价时，双方都想让对方先出价。

从本质上讲，讨价还价就是：

卖家想知道买家最高能出多少钱，并且不暴露自己能接受的价格底线。

所有谈判都是在试探对方的底价，同时隐藏自己的心理价格。

采用“委托人”策略可以有效地解决这个问题。在二手交易的过程中，一些有天赋的业余交易者偶然发现了这个方法，同时，此法也有助于一些专门从事二手交易的人赚取更多的利润。谈判者试图运用这个策略建立一个谈判平台，并且宣称他们的委托人虽不在场，但规定了一些谈判中必须遵守的条款。言下之意是，这些交易条款是强制性的，不容随意更改。

卖家谈判时可能会说：“我哥跟我说了，卖价不能低于 615 英镑。”对此，买家也可以以这样的方式反驳：“我老公说，价格高于 555 英镑就不能买。”显然在这种情况下，如果能达成交易，双方中至少得有一人忘了自己是受别人委托来交易的。

在使用“委托人”策略时，你应该注意一定不要过于死板，毕竟这是一场旨在达成交易的谈判。否则惹恼了买家，他可能会说：“既然你说了不算，那我不想和你谈，我要见你的委托人。”只有处于以下情况时，你才可以这样斡旋：（1）你处于非常有利的谈判地位，对方需要达成这笔交易；（2）即使谈崩了，你也不在乎，因为你不必非得和他交易。

但是，如果对方向你询价时，你还不确定应该出什么价，并且自己的立场也不够坚定，那可以先说自己是受别人委托来的。买卖二手家电时，通常没有必要雇一个代理（尽管我偶尔为朋友代办过一两回交易），比如二手洗衣机的买卖。你可以采用委托人授权的方式进行谈判，前提是这样的方式有助于达成一个好的谈判结果。在一次谈判中，我被对方噎得说不出话来，他冲我喊道：“我要是以这个价格卖给你，我岳母会怎么想呢？”

当然，经理们也经常声称是受老板委托来做销售的：“如果我再降价，老板会抓狂的。”或者，还有另一套说辞：“同意这些条款是违反公司政策的。”

众所周知，卖房子或者卖大件家具都需要征得配偶的同意。因此，在谈判中将配偶作为委托人，就名正言顺地把你变成了代理人！

在对方回应之前，直视对方的眼睛，虚构的委托人可以增加你要价的底气。如果对方正处于压力之下，那么他一定不想和你对视。

委托人的策略适用于：

- 支持你对货物质量的要求（让你能够吹毛求疵，锱铢必较）。
- 要求交易中必须附带某些零配件，例如导线和备件等（如果不送这些东西，你就不买了，或者要求打折作为补偿）。
- 要求证明商品能够正常使用。（这样一来，由于证明过程不仅浪费时间，而且非常麻烦，出毛病了还得先花钱修理好，因此那些有小毛病的货物可能会打折出售）。

无论你所说的委托人是否真的存在，在这个理由的保护下，你都可以大胆地提很多要求。

当然，反过来说，卖方也可以用“他哥哥”的意见打掩护，即必须用现金支付（他哥哥说了，用现金可以打折，用支票的话得加钱），如果你需要配件，也得另外加钱（他哥哥说过，通常情况下都是这样交易的）。

说我们是受人委托的，就更容易（因为不那么尴尬）将这个由头用在谈判中，并且如果交易条件不合适，也更容易从谈判中脱身。

在这方面，不要低估一些非专业买家，他们不想买的时候，也会有说辞。我就听过有人跟我说："我不好意思说他的车不好，所以跟他说我得考虑考虑，然后就名正言顺地走了。"专业人士也同样不好意思直接"拒绝"，他们常常说："请别联系我们，如果有需要，我们会打给你的。"

有了一个虚构的委托人，我们在交易中就好像变成了代理人。事实上，我们才是真正的委托人。在谈判中，我们把价格问题抛给虚构的委托人，自己就可以保持中立。如果最后交易没成，买家也不会怪我们。当然，在二手家电市场上，我们自己就能做主，对方其实也心知肚明。但如果事先声明，我们只是来帮老公或老婆交易的，往往也是个可以接受的理由，所以：

如果你没有委托人，那就虚构一个吧！

这样的话，当我们谈判时觉得有点为难了，就可以搬出挡箭牌。如果对方砍价太厉害，我们有理由不降价。如果谈判不顺利，也不会那么尴尬。毕竟，"你要说服的不是我，而是我的妻子"。

委托人（不管真实存在与否）使谈判者免于承担个人责任，在你提出一些要求时，对方也不会对你有太多敌意。

谈判时，工会领导人很擅长使用"委托人"的说辞，他们总是代表未出席的委托人发言（律师也是一样，他们总是说一切都得回去和委托人协商）。例如，工会官员经常事先声明："这不是我个人能决定的，决定权掌握在工会会员手中”，或者“我的客户只接受全额退款”，等等。

使用“委托人”策略，还可以限制谈判者做出让步的次数和程度。买卖房屋、汽车等比较值钱的东西时，这种方法还能让你先了解价格，提前试探一下卖家能做出多大让步。

你可以独自去看看房子，了解一下卖家的想法，然后借口要与另一半商量商量，便趁机离开。这样一来，你可能会了解到卖家的预期价格，以及房子附带的物品（如家具、地毯、厨房设备等）。如果你觉得这所房子适合购买，那你下次就可以带着你的另一半一起来看看，还能借此机会评估一下附带物品的价值。最后，找一个房地产经纪人，告诉他你和卖家谈好的条件，就可以进入第三轮谈判了。

买房时，盲目地在房子外边“叽叽喳喳”地讨论是买不成房子的。千万别在房地产经纪人的忽悠下匆忙下单，这是个极其愚蠢的行为，因为经纪人只关心能从这笔交易中捞多少钱，而不会为你省钱。一般来说，急于达成交易，就会花冤枉钱。

“委托人”策略不仅适用于买房，一些大型交易也可以运用这个策略的升级版进行谈判。通常情况下，只有在委托人准许的情况下，专业代理人才会与你达成交易协议。

在大型商业广告业务的磋商中，通常会要求“仅限与委托人”进行谈判，目的是节省时间和金钱。然而，安排一位代理人确实可以提高委托人的谈判地位。身为委托人，你不用直接参与交易，因此，不论代理人与对方的谈判结果如何，你都可以选择接受或拒绝。在谈判过程中，你感受不到压力，也不用做出妥协，还可以拒绝你不满意的谈判结果。换言之，你可以在不伤害双方感情的情况下，通过代理人拒绝交易条件，从而达成更好的交易。

给自己找个代理人

在某些情况下，你最好找一个代理人，尤其是在风险很高、市场情况未知的情况下。首先要解决的问题就是找一个好的代理人，可这比你想象的要难得多。确实，每个人都可以找到代理人，但是真正能为客户提供帮助的却寥寥无几。

你需要的是为你服务的代理人，而不是指望着你给他们帮忙的代理人。如果你打电话过去没人接，在合理的时间内，也没人给你回复（不要想着他们坐在办公室里就能把你的电影剧本卖出去），不告诉你工作的进展情况，也看不出他在忙些什么，你提出了合理的问题，他却和你争论不休，对自己的代理工作也是持一种保守态度；并且，比起谈判对手，他宁愿和你讨价还价，对于这样的人，你应该尽早和他解除委托关系。

好的代理人总是供不应求。我知道伦敦有这么一位代理人，她一次只接五个客户。你要是想找她帮忙，就必须等到她有名额空缺的时候才行。

通常情况下，委托人离谈判现场越远，就越方便说“不”。这就是为什么你要表达拒绝之意时，建议通过电话或写信的方式，如此一来便可以避免面对面接触，也不会影响你一贯保持的强硬态度。

对方不清楚你赋予代理人的权力范围，因此无法确定做出怎样的让步才能确保交易成功。这样对方就可能不得不做出有利于你方的较大让步。对方与你方代理人谈判时，他无法掌握代理人会向你汇报什么，甚至不确定你是否知悉全部谈判内容。不过我强烈建议你要在风险高而且不熟悉行情的时候委托代理人进行谈判。大家都知道，代理人会尽力以较高价格成交，以便获取更多佣金，而如果对方委托人知道你原先的报价，说不定会同意直接与你成交。同样，你也无从知晓真实的交易情况。

因此，有些人想越过代理人，直接和有决定权的委托人面谈。因为委托人亲自参与谈判时，谈判会有更大的回旋余地。

然而，职业代理人也经常对他们的委托人满腹牢骚。例如，在房地产交易时，代理人可能会被委托人搅得思绪凌乱，委托人瞎指挥，要求他们接受对方的最后报价，但对方的出价本可以更高。事实上，代理人最讨厌收到的指示就是：“最重要的是能卖出去，然后再尽可能争取一个好价。”反之，这种抱怨也是一些委托人怀疑代理人的原因：“我认为，代理人总是想让对方出更高的价格，只是为了自己获得更高的佣金，他们并不在乎生意能不能做成。”

代理人不能创造出交易奇迹，至少在常规情况下不能。如果没有委托人的帮助，他们也不能继续完成工作。我判断代理人价值的规则很简单：只要他给的建议能促成一笔收益远远超出我预期的交易，我就知道他值。如果他不能，那我就知道我对这项业务的了解和他相差无几，不如不要代理人，还能省下15%的佣金。

在你作为代理人进行谈判时，对方可能会试图联系你的委托人，从而削弱你的谈判地位。当然，这种做法是不道德的，但对方就是不捣乱，也有不止一种方法改变你的委托人的想法。

例如，他们可以向商业媒体透露“小道消息”，称你只是在“无关痛痒”的小问题上斤斤计较，反而妨碍交易谈判的顺利进行。如果你的委托人看到这些新闻报道（这些新闻一定会引起他们的注意），他们可能会被误导，选择相信这些报道。特别是当他们已经开始不信任你，认为你就是想多拿佣金的时候，就更容易上对方的当。

如此一来，委托人会要求你早日达成交易。这大概就是一些谈判者喜欢采用半公开式谈判的原因，希望能够消除委托人（有时是匿名的委托人）对其代理人产生的信任危机。有些谈判者要求的“仅限与委托人谈判”，除了能节省时间，避免过分热心（或贪得无厌）的代理人利用条款来制造无谓的谈判僵局外，还可以增加各方的议价优势。

假设要出售的是一家大公司，卖方最终将与一位有决定权的客户面谈。这个客户虽然有钱，但几乎没有处理这种巨额交易的经验。与小白买家相比，经验丰富的卖家有更多优势。还有可能，广告商自己就是业主的代理人，他们要求“仅与买主商谈”，正是为了把没有专业经验的未来企业家炸出来。跑来谈判的新入行买家，手里持有刚继承的遗产和大量的闲置资金，许多酒店给他们开出的转让条件都不太友好。

我们再来说说，从哪些方面可以判断代理人的好坏。在房地产交易中，持证的公证人在一定程度上可以保障交易顺利进行，而在其他商业领域，也不乏诚实勤勉的代理人，奔忙于委托人之间（但也要注意混迹其间的“小人”，他会蛰伏在角落，伺机使坏）。

要是作为委托人你无法出面交易，或者交易数额小请不起代理人，对你来说最好的办法是虚构一个委托人。

自测详解

18

1. 你想买一条二手小船，向卖家询问价格。卖家告诉你，她男朋友说至少要卖 3400 英镑。你看出对方不愿在价格上让步。你会：

a）把你的电话号码留给她，告诉她要是改变主意了可以联系你。

留下你的电话号码是可行的，但可能不是最好的办法。或许，你可以在尝试 c 选项之后，再将号码留给她。

b）讨价还价后同意按她的报价成交。

错！除非你就看上她的小船了，非买不可，那你只能按她的报价成交了（如此行事，你就太急于求成、目光短浅了）。

c）要求和她的男朋友面谈。

正确！如果她虚构了男朋友这个人物，她可能会找些站不住脚的理由来搪塞你。不管她怎么说，看看你能不能说服她降价。如果她真的有男朋友，那就争取和她男朋友见一面，但如果他暂时没空，就请留下你的报价和电话号码。

2. 你看到一则鲑鱼捕捞园出售的广告，上面明确表示“只和买家本人商谈”。但在和对方谈判时，你发现自己是在与卖家的代理人接洽。你会：

a）坚持与卖家本人面谈。

正确！任何委托人都会坚持与对方当事人直接商谈，如果你要求“只和卖家本人谈判”，可是你发现自己上当了，和你谈判的还是个代理人。无疑，代理人会因此有些尴尬，并可能放软他的“强硬”态度。

b）询问代理人是否可以全权处理。

错！代理人往往会夸大他们的权力，并以此抬高成交价格。虽然这是你必须要问的，但这个选项不如选项 a 那样强硬有效。

c）一边观望，一边继续谈判。

这样试探风险较大，不如自己摸索了解关于捕鱼许可权、使用限制等方面的更多信息。但请记住，不要跟代理人说你的成交条件，因为代理人总是会将这些条件反馈给委托人，如果委托人不点头，就无法达成交易，况且，代理人更愿意让你出高价。

19

这对我有什么好处？

如何吸引强势对手的注意

自测

19

1. 你与一位供应商约好按月结算，但你们公司发现，这批货物的物流出现了一些问题，就此双方发生了争执。你会：

   a）暂停支付所有货款。

   b）仅暂停支付有争议的货款。

   c）就有争议的货款提出一个折中方案。

2. 你管理着一家小型机械厂，你的一位客户拖欠了三笔货款。你发现对方的会计部门在互相扯皮，而下周还有一批货要交付。你会：

   a）告诉对方会计部门，如果不付清货款，这批货就扣留不发。

   b）继续追要前三次拖欠的货款。

   c）告诉对方使用部门，你们将暂停发货，直到欠款付清。

许多完美的谈判计划从来无法落实，因为准备谈判的人会花时间确定要从对方那里争取些什么以及为什么要争取，但是却没有花足够的时间做好谈判的基本准备工作。

即你必须引起对方的注意。

如果他们都不愿意和你坐下来谈一谈，也不在乎双方关系进展如何，甚至不明白为什么要花时间和你谈，你就只能干瞪着眼睛被晾在一边了。

看下面这个例子。一家新开的零售连锁店在与一家品牌批发供应商谈判时遇到了麻烦，他们向我咨询。这家零售连锁店为了扩大经营借了款，这就意味着他们在努力摆脱困境、实现盈利的同时，必须承担高额的债务利息。

我与该公司董事会成员开了个会，了解了事情的来龙去脉，问题主要是，经过他们测算，如果在55家连锁店中，某品牌的商品每件降价一便士，就可以既满足客户的需求，又可以提高销量来实现全面盈利。就一些销量较低的产品，如果品牌批发商能够给他们类似的折扣，银行就可以放心，因为他们微薄的利润率就能够支付他们的债务利息了。

我很好奇，他们为什么选择“一件一便士”作为谈判目标。董事长回答说，他们把所需的利润增长额除以品牌产品的销售额，得到的结果大约是一件一便士。然后我问了一个明显的问题：“如果只是从他们的销售收入里拿大约 10 万英镑来给你们保底，批发商干吗要同意这样的提议呢？”

简而言之，我猜测批发商想知道：“我能从中得到什么好处。”

董事长的回答虽然与我所问的问题完全不相关，但很有意思。他说他们最近收购了一个乡村小型连锁店，批发商（上文提到的批发商）与连锁店之前的老板有一个协议，这位老板的 6 个连锁店里卖的品牌商品的进价比该公司给其他零售店的进价每件便宜一便士。很明显，批发商一直没有给其他连锁店同样的折扣。后来，15 个月后再签供货合同时，这位董事长被告知，他们公司旗下的这 6 家商店不能再享受这个折扣了，重新按与其他连锁店一样的合同条款来执行。

但这个答案并没有回答我的问题。我从中只了解到董事长的谈判目的是什么，但他并没有告诉我，为什么批发商必须在给所有的连锁店供货时每件让利一便士。我理解的是，他目前的谈判要求和批发商需求没什么关系，而只要批发商看不到自己为什么需要这样做，就不会有动机回应零售商的提议。

现在要做的是想办法引起批发商的注意。一厢情愿地想让每件商品便宜一便士是做不到的，因为这只是零售连锁店老板想要的结果而已。什么都不做对批发商最有利，但会让零售连锁店老板抓狂。靠着试探想熄火是不可能的。

我建议考虑对方的需求，这就好像没有任何原因就让对方转一笔钱给你，对你当然是有利的，但对人家没有任何好处。不可否认的是零售连锁店一开始就做错了，所以这一建议可能没有用。设想一下，当对方问“我有什么好处”时，你的回答可能是“没什么好处”（甚至小声嘟哝着“但是对我有很多好处”），而他想听到的回答是“你当然也会得到很多好处”。

首先，要将“一件一便士”的折扣放在全年销售的总额下讨论。假设一件一便士让出了 10 万英镑左右的销售额，目标可以定得再低一点儿。相比于把一件一便士降为一件 0.5 便士，把总额分成 1000 英镑或 100 英镑小份的方案，可以把目标分成两个 5 万英镑，这样看上去更可行。接下来，基于事实，按照这个折扣方案做个案例分析。这就直接把折扣方案与最近因为扩张而融资产生的（临时）债务利息要求关联起来了。这比你只想要自己获利更多而无条件地损害对方的利润，看上去要好一点儿。不然的话，批发商一句“我之所以能走到今天，是因为我不会不假思索地把赚来的钱拱手让人”就把你打发了。

不要让人觉得自己愤愤不平，是因为这次收购遭遇了折扣欺诈，所以要为自己争取折扣优惠。看上去好像是零售连锁店抓住了对方欺骗自己的把柄。相反，要动之以情，告诉对方，作为商业合作伙伴，你想要维持业务运转，需要对方的帮助。

坦白地说，要是还在谈判早期，我就不会提发现自己收购的连锁店遭遇“被安排”的事儿。因为这太咄咄逼人了，让批发商太难看。他们肯定要辩解，即便最后同意将折扣给到所有连锁店，也肯定会心存芥蒂。这种情况经常发生，比如一名员工对自己的薪水不满意，就去找了一份薪水更高的工作，于是提交辞呈，结果老板却立即给他加薪，想说服他留下。据我所知，大多数情况下，员工会觉得这是在侮辱他，会愤愤不平，然后怒气冲冲地离开公司。

想要获得更优惠的折扣政策，最好的方法是说出你的想法，即双方是合作伙伴关系，所以想要请批发商帮忙，并乐意随时准备好配合解决批发商遇到的问题，比如尽早按时付款，把批发商代理的品牌商品放在显眼的位置，签长期供货合同，在当地开展促销活动，共享销售点数据，公开债务利息趋势，等等。这样的举措才会引起对方的注意。

当然，这也不是万全之策。存在的主要风险是，即使采取了更具建设性的合作方式，你也无法减轻债务利息。批发商仍然可以拒绝零售商。但是，几乎可以肯定的是，这么做要比之前的做法好一点儿。按照他们之前的方式去做，肯定得不到折扣优惠，而且批发商肯定会问：“这对我有什么好处？”你肯定无言以对，这样一来，就更没可能和批发商谈妥了。

有一个坊间流传的发生在中国的谈判案例，讲述了中国谈判代表是怎样有意或无意地引起来访代表注意的。这个策略也称为“晾一会儿”策略，即东道主故意令来访的谈判代表等很长时间。

一些人认为这是中国人为了突显东道主的地位，而故意采取的战术策略，另一些人则认为中国谈判代表通常公务繁忙，可能碰巧只是忙于参加其他会议（可能是例会）。

如果你自费住酒店，被“晾”在那儿虽然有点贵，也没什么不舒服——因为在上海、广州和北京的市中心，有许多豪华的西式酒店。但是如果你住在东道主给你安排的酒店，或者订到了远离市中心的酒店，那么酒店的设施可能就没那么好了。

“晾一会儿”策略包括，开了一系列会议之后，对方让你回酒店等通知，但具体没说是什么时候再议。在这些场合，“传话的”面带最友好的微笑，他们极其擅长礼貌地传达一些没有什么实质内容的信息。起初虽然很烦，但还能坚持几天；但持续两三周后，来访者就会像承受古代的滴水酷刑一样，濒临崩溃的边缘。

据说，有一个高级团队被“晾了一会儿”后，实在等不下去了，便收拾行李，准备去机场离开。一旦离开的消息由“陪同人员”告诉了你的合作伙伴，就会有很多人赶到机场挽留你，不让你走。在候机大厅里，你方肯定是情绪激动，和对方辩说此事，对方会说服你先回酒店，答应第二天马上会面，他们一边道歉一边向你表达诚意。

这是怎么回事？若谈判代表是政府或国家机构的官员，可能是因为机构内部已经讨论了，谈判代表接到了新的指令；也可能是因为对方团队的关键成员或他们背后的领导因公出差或外出访问了。虽然通常会安排来访的客人参观一下名胜古迹（比如长城之类），但这些活动顶多也就是一两天。

还有一个可能的后果。因为等待的时间很长，来访的谈判代表很可能会讨论一下谈判状况，并回顾一下他们坚持的点、行动的前景和要求的重要性。

不管怎么回顾，出席谈判的人都在考虑谈判需要多长时间，一旦谈判重新开始（什么时候开始），他们中的一些人就会开始重新考虑坚持的点和“底线”的重要性。在回顾这些问题时，他们倾向于寻求一种比较温和的方式来“加快”谈判。

简而言之，这些中国官员不仅引起了对方的注意，当没有进展（不开会）时，他们这样做有利于向来访的谈判者施加压力，促使他们考虑做出让步。如果来访的谈判代表此时仍然坚持原先的立场，那他们就比较被动了。

如果对方把你晾了很长时间，你应该怎么做？你最好不要傻乎乎地一直等，这会让你既沮丧又烦躁，还会让人觉得你没有面子。去中国，为什么不把日程安排得“紧凑”一点？建议不要把日程安排得很宽松。和东道主的陪同人员提前说好，告知对方你要在四天后去上海（如果你在上海就说要去北京；如果你在广东就说要去香港）；偶尔外出，回来后告诉他们，你还约了其他官员和谈判方，还有一些其他的商务要谈，让对方“晾一会儿”的策略失算。如果他们坚持要在你有别的安排的那天见你，没问题，只需将你已经约好的事情推后几天，但要让他们知道事情还在，只是重新约了个时间。

这样一来，当他们“晾了你一会儿”（不管他们的初衷是什么）时，你就不会一气之下“冲到机场”，觉得自己受到了羞辱。

你计划好的其他安排也会如你预料的那样引起合作方的注意。当他们想和你好好谈判时，你就不会再被“晾在一边儿”了。

还要记住，去国外出差，一般都会想着顺便领略一下异域风情。也许中国合作伙伴认为来访的客人会喜欢在中国逛逛！中国可逛的地方太多了，除了有历史悠久的传统旅游景点，在充满烟火气的街道上散步也是一种文化熏陶，也是真正的放松，至少我是这样认为的。

“引起对方的注意”还有更有效的方法，其中不乏一些比较简单粗暴的方法。曾经有过这样一件逸事。当一群身份不明的人在贝鲁特（黎巴嫩的首都）绑架了一名俄罗斯外交官时，俄罗斯人动用了他们广泛的人脉，弄清楚了绑架团伙头目的姓名。有了名字，他们就立刻展开调查并锁定了他的一位家人，然后绑架了这个人。据当时的报道，俄罗斯人把被绑架者的私人物品装到鞋盒里送到了他家，以此引起了绑匪的注意。于是，该团伙很快释放了这位俄罗斯外交官。此后再也没有其他俄罗斯外交官被绑架过。

谈判中，有很多方法可以引起对方的注意，虽然都不是什么上上策，但比起急于要求和对方见面讨论你的问题，这些方法更“有效”。吸引对方的注意力，目的不是强迫对方满足你的要求。所以想要引人注意，不应该把重点放在逼迫对方上，这样搞不好会弄巧成拙，因为没有人愿意或喜欢被人摆布。尤其是，对方坐在那里悠然自得的时候，却愿意对你施以援手，处理对你来说很重要，对他们来说没那么重要的事情，这是不太可能的。

等了半天，等到的却是突然袭击——美版故事

在美国公司，一方如果认为自己没有压力，就会向对方施压。我的一个同事正在与一家美国大公司商谈一项复杂的售后服务协议，协议主要是关于在英国维修和检修对方公司的发动机。协议谈好之后，会安排双方高层领导在亚利桑那州会面，正式签署合同。这桩生意的复杂之处在于需要签订一份许可协议来允许一方使用第三方的知识产权。很明显，这需要与来自美国另一个州的另一个团队进行单独的谈判。可是，与第三方关于有偿使用其知识产权的谈判却一拖再拖。

这时，在亚利桑那州的谈判已经结束，就等着拥有知识产权的第三方团队过来授权许可，就能达成最终协议了。最后，当第三方团队到达时，他们却狮子大开口，要一笔巨额的授权许可费。这样一来，这笔生意的整个现金流和利润都亮起了红灯。由于谈判双方已经被晾了一段时间，拥有知识产权的第三方团队突然来这么一招，想用这样的把戏吓倒对方，动摇其立场。到访的英国谈判代表不同意这个提议，默默地收拾行李回家了。其实在这种情况下，不签署任何协议无疑是首选。这使得整个项目都中断了。没有授权许可协议，维修和检修发动机的协议就实现不了。

由于谈判没能达成结果，这引起了负责英国检修的美国公司管理层的注意，他们着手调查为何授权合同出了问题，影响到了之前已经谈妥的主要合同。

拥有知识产权的第三方团队以为，不参与主要谈判，等到主要谈判谈得差不多了，再提出高额许可费用，就能给英国谈判代表施压，迫使他们同意。他们这样做真是大错特错了。他们没想到，在亚利桑那州，两家公司的谈判代表已经把主要业务谈好了，这就给他们也施加了巨大压力，迫使他们不能收取不切实际的授权许可费，搞砸这个对美方公司有好处的合同。

几周后，英国人再次被邀请到亚利桑那州，但这次的授权许可费用就低多了，而且摊到每台发动机的成本里，把对现金流的影响降到了最低。经过进一步的谈判，双方签订了合同。

在谈判中，要小心“突然袭击”的伎俩，一旦遇到公然恐吓，要准备好随时离开。

在一摞正常的票据中发现一个有异样的没有支付的票据，就会让人注意到这个账户。如果数额巨大，就会引发调查——先是礼貌地提醒，然后是连续简短的警告，直至“最终”警告。把有问题的地方标红，直到所有需要注意的地方都标成显眼的红色，让你们的人注意到这些应付账户。

不建议你忽视这些能引起注意的方式方法。我假定你已经对有争议的项目明确表示了自己的意见，并且很清楚自己为什么对此有意见。这样一来，问题可能会很快解决，很有可能会有一个让你满意的结果；但是在此之前，你也许会卡在付款上。这并不是说你能随意延期付款。根据英国法律，你有权在有争议的项目还在讨论时延期付款，但是对于没有争议的项目，你必须在收到发票后立即付款。

有很多延期付款的同时又不违法的办法。你只需在你所处的特定情境下找到办法就好。因为公司通常会在某一周或某个月的固定日期开票，所以用“我们已经错过了统一开票日”做借口就很常见。“邮件丢失”的说法有时也行，尤其是在邮政工人罢工的时候。总有办法可以避免直接付款。

与此同时，对方未收到货款，他们想回款的迫切心情和你想要解决有争议的项目的心情是一样的。一旦引起对方的注意，接下来你就应该尽力去和那些说了算的人来讨论有争议的项目，包括那些你常常打交道的人。

不要只是和会计部门讨论，因为他们解决不了技术问题。问题也许是某人授权出厂了一批有缺陷的产品，或者是派了一个不专业的人去安装。引起这个问题的人，也会有一定的权限，比如有权免去相关费用，或者退换，或者派其他人来重装，等等。

会计人员在乎的是你的欠款。他们对是否存在有争议的项目一无所知，或许也毫不关心。他们每天早上一上班，说得最多的一句话就是“发票必须支付”。他们可不在乎漫不经心地处理你的事情会不会让他们失去与你合作的机会；即使你是他们最重要的客户，也很难纠正他们供你“白吃白喝”的看法；而且还会觉得你不怀好意，不值得被信任。所以，不要向会计反馈问题，要想尽办法利用会计来发挥内部影响力，把你的投诉反馈给相关部门。会计到时候至少会联系一次相关部门，看是否解决了问题

（如果可以，就会立即支付全款）。

投诉时，最好能让高层领导知道，因为越多的人知道你的问题，就会吸引越多的注意，就越有利于解决问题。还要定期与会计部门沟通，当然，也要与有关部门沟通。长时间对这样的问题不闻不问是不可取的，因为这样做的结果通常就是他们在发票上盖上“欠款”的章，然后交给他们的债务收缴人（这些人对你的事情的是与非更不感兴趣——公司雇他们就是这个原因）。

当角色反过来，你想要回拖延的欠款（并且已经客观地掂量过他们的情况）。如果你长期给他们供货，你就能比较快地让他们注意到你的问题。如果他们不定期付款——你当然不想他们久拖不付——可以选择停止供货。

我认识的一家意大利餐馆的老板，名叫维托。每当有足球比赛的时候，他的餐厅负责给当地足球俱乐部的 200 人提供全套午餐。俱乐部老板华莱士，名下经营多种产业，腰缠万贯，但是他却老是拖欠餐馆的午餐费。即使吃饭的人都提前付了餐费，他也会拖欠。当时已经拖欠了餐馆 7 场比赛的午餐费了。

当华莱士拖欠到 1.5 万多英镑时，也丝毫没有要结清的意思。所以在某个比赛日，维托要求在供应午餐前付清欠款。为了引起华莱士的注意，他告诉司机先不要把那天的午餐按时送进俱乐部的厨房。

俱乐部老板本来要和八位客人共进晚餐，当得知这一消息后，他立马离席，去了厨房，和固执的（激动的）维托交涉。维托告诉他：“不付欠款，就不要吃我的午餐！”华莱士面对迫在眉睫的尴尬境地和空荡荡的厨房（维托的员工从他面前离开，看着是要回去的架势，实际上在停车场等着），赶紧把他的员工支开，把他身上当时带的钱都给了维托，这些皱皱巴巴的现金大约只有欠款的一半。

维托当即把他的员工叫了回来，后面跟着两辆运餐车。厨房终于可以开始正常开放了，30 分钟后就能供应午餐了。然而俱乐部老板华莱士——在讨价还价方面从不手软——这会儿上来要求打折！维托为了稳住场面，给 200 名用餐者提供了意大利白葡萄酒并附赠布丁，大家几分钟之内就吃完，然后看比赛去了。经此一事，维托在赛季结束后再也没有与这家俱乐部续约。

发生这类事件可能与买方处于衰败早期有关。但是外界很难看出来这是孤立事件还是企业遇到了问题。我曾经参加过一次会议，当时有一位与会者在中场休息时突然离开。因为有人告诉他，当地的建筑商芬恩切奇陷入了财务困境，当天下午，他原计划给芬恩切奇的工地运送三车木材。他立刻给办公室打了个电话，拦下了这批货。幸亏及时发现这个情况，芬恩切奇的公司下午 4 点半就倒闭了。

不幸遇到这种情况，最好把钱包捂住，别动！千万不能继续向一个即将破产的建筑工地供货，否则，在吝啬的清算人眼皮子底下，你的货会再卖回给你，然后再拿这个钱来赔给你。

自测详解

19

1. 你与一位供应商约好按月结算，但你们公司发现，这批货物的物流出现了一些问题，就此双方发生了争执。你会：

a）暂停支付所有货款。

正确！在纠纷中，吸引另一方的注意是很有必要的，而拖延付款就会让对方重视起来。当然，我知道法律要求不能拖欠无争议项目的费用，所以我不建议你直接拒绝付款，而是“延期”支付。

跟你说不能拖欠的律师自己就是重度拖延症患者。据说在苏格兰，爱丁堡的律师是整个苏格兰办事效率最低的，格拉斯哥的律师可能是个例外，虽然我也不确定这事儿是真是假。拖延的目的是引起对方的注意，这样就可以协商接下来该怎么补救。

b）仅暂停支付有争议的货款。

错！这会削弱你讨价还价的底气，也会让人注意不到你的问题。当你尝试了 a 但还没有开始谈判时，下一步可能就会出现这个问题。

c）就有争议的货款提出一个折中方案。

这种做法不是你的首选方案！如果你对解决此事并没有表现出坚定的态度，对方可能会无视你，再给你发一封恐吓信了事。你的目标是通过谈判解决问题，而不是向现状屈服。

2. 你管理着一家小型机械厂，你的一位客户拖欠了三笔货款。你发现对方的会计部门在互相扯皮，而下周还有一批货要交付。你会：

a）告诉对方会计部门，如果不付清货款，这批货就扣留不发。

错误！你施压的对象不应该是会计部门。他们只关心钱款，根本不在乎其他部门是否收到了货。你向他们施压没用，反而有可能节外生枝。

b）继续追要前三次拖欠的货款。

错！会计见惯了讨债方的投诉。你这么不痛不痒地抱怨只会惹会计不开心，然后有了拖延货款的借口。

c）告诉对方使用部门，你们将暂停发货，直到欠款付清。

正确！要对损失最大的人施加压力，因为不能按时付款，就会妨碍他们正常的工程进度，他们就会替你向公司内部施压讨要欠款。

20

盲目信任还是合理质疑

如何区分真相与假象

自测

20

1. “不要暴露自己的真情实感，以免被谈判对手利用。”对于此观点，你的看法是：

   a）同意。

   b）不同意。

2. “如果谈判对方暗地里让我占便宜，那是他们的事儿。”对于此观点，你的看法是：

   a）同意。

   b）不同意。

小心！要警惕柴郡猫咧着嘴嬉笑的模样，警惕看似坚定有力的握手、真诚的眼神、关心的神情，因为这些都有可能是假象。对手可能早就下定决心拿走最大的“蛋糕”，让你连应得的那份都拿不到。

我们该怎么和这类人打交道呢？首先，从本质上讲，以牺牲他人利益为代价的不道德行为十分常见，你应该认识到这一点。你会惊讶地发现，原来有这么多所谓“道德高尚”的人在某种情况下都会萌生出不道德的想法，甚至付诸行动。除此之外，还有好多一有机会就干缺德事的人。因此在与他人相处时，你最好时刻保持警惕。但不要过分谨慎，你没必要对所有人甚至是街上擦肩而过的路人都保持戒备和恐惧的心理，因为并非所有人都想伤害你。

我们来看看哪些情况会诱使“正直”的人做出违背内心准则的事情。有一次，我正为一家银行的高级经理举办研讨会，这些人都是银行的老员工。多年来，银行督察员会定期审查他们在银行业务方面的表现。他们能够一直在银行工作，表明他们在职业道德上肯定是没有问题的。那天早上研讨的主题是如何对付不道德的，尤其是一些狡猾的谈判者（在苏格兰，人们把这些人称为"圆滑"的人）。

在中场休息的间隙，我的办公室那边打来电话，告诉我，公司中标了一个特别研讨会，客户问："如果想在谈判研讨会现场录像，需要额外支付多少钱？"我告诉我们公司的业务员，合同中是含有相关标准条款的，即在我方认为合适的情况下，现场录像不再额外收费。那天上午晚些时候，我们及时向客户反馈了这条消息。

等我回到银行这边的研讨会后，我觉得这个问题很有意思，可以问问银行经理们怎么办。因此，当讨论涉及包含现场录像在内的服务条款时，我问他们："当客户咨询关于现场录像收费的问题时，你应该如何回答？"我在学员中间走动，听他们怎么回答。这时一位经理说要收 100 英镑，还有一个人说收 250 英镑左右，大家七嘴八舌地开价（其中最高的费用居然到了 9000 英镑）。没有一个人提到，在一揽子价格的标书中，现场录像是免费的。有一个经理完全没抓住我们早上研讨会的重点，反而就收多少钱的问题向我提问。这门课讲的可是谈判道德啊！这个结果，大概只能用环境的压力来解释了。因为正是所处的环境使大多数通常很正直的人做出了不道德的行为。

多年来，我们用一系列简单的道德问题（夹杂在其他一些与谈判有关的普遍问题里）测试了数千名从事谈判工作的人，让他们选择是否同意在本章开头的自测中问题的说法。为了便于交谈，我将使用以下说法来描述自测 20 中的两个道德测试（如果你还没有完成测试，请先去完成再继续阅读！）：

“我应该练习使用肢体语言以隐藏主观情感。”

算上前面的两个道德问题，这三种说法都是用来测试你对不正当行为的态度。这里没有其他条件，只有基本陈述。认可其中任何一个说法并不能说明你是一个彻头彻尾的邪恶之人。你可能并不觉得自己是个恶人，我的建议也许会冒犯到你，但我保证我绝没有指责你的人格的意思。

你的态度不是在头脑中凭空想象形成的，而是来自你的经历。在成长过程中，你一定听过很多广为人知、意义明确的思想。这些思想并不是来自你的亲身经历，却成了你秉持的信念。通常这些信念来自长辈的教诲，或者从家庭、宗教、哲学或政治图书中得来。但是，你的态度是你在无意识中逐渐形成的。从别人那里获取的经验形成了你的态度。相比于信念的影响，你的态度对你的行为的指导作用更加明显。有时你的态度与信念是一致的，但更多时候，受制于你对所处环境的理解，你对如何行事会表现出不同的态度。例如，你会信任一个自己很了解的人，这个人在过去已经表明他是值得信任的。

但是在一个不熟悉的环境中，面对一个完全陌生的人，会怎么样呢？比如，你独自一人在不熟悉的城镇里，有一个陌生人主动提出带你去往你要去的地方，你会做何感想？如果一个熟人给你带路，你会毫不犹豫跟着他走，但是，如果换作一个陌生人呢？那你肯定会问自己：这样是否安全？如果无法准确预测出安全性，那你极有可能失去钱财，甚至会丢掉性命。

要是你同意上述说法，并且通过练习运用肢体语言来隐藏你的情感，那你很有可能是想到了之前你的情感暴露后，被对手利用，从而使自己受到伤害的事情。同样地，那些测试什么态度会“暴露你的真实感受”的题目就是帮助你了解自己的。如果你遇到老到并利用过你的“对手”（注意“对手”这个词的深刻含义，你可以根据这个词在自己印象中的意思来理解），你在表达个人情感时至少要非常小心，不要表现出你的真情实感。然而，如果你的经历与我说的相反，你没有被人利用过，那你极有可能不会同意这种说法。

这些题目测试你对谈判另一方的态度，让你有机会“悄悄利用对方”。对这些题目的回答会因经历的不同而不同。如果你的经历让你认为这种行为在工作中是常态，那么当你占别人便宜的时候，你可能会认为这是“他们的问题”，而不是你的问题。

因为这家银行的股价一直下跌，甚至到了被竞争对手收购的地步了。出于看护银行资金的需要，这些正直的银行经理被派来参加研讨会（他们不会把银行资金和个人存款混为一谈），学习如何从企业客户身上榨取额外的收入。他们对可能发生的事情的态度，自己作为员工所处的弱势地位，对某些假设情况应如何适当回应的理解——这些因素都碰巧与一家竞争对手相关——驱动他们在“同意”与“不同意”之间做出选择。

要求高得令人难以置信

我正飞往旧金山，准备与来自硅谷的风险投资方谈判。他们打算收购一家净利润为 400 万美元的服务业企业。一路上，我密切关注着对方的动态。

他们认为，要是自己能接手公司的管理层，公司未来的销售额一定会暴涨，并且还说创始人团队主要成员将担任三个副总裁的职位（这种情况下，这几个职位纯粹是象征性的，没有实权）。

他们要直接任命一些关键职位，比如首席执行官、首席营销官和财务主管，这些人的薪水由新公司支付。新公司的总部也将从英国迁至加州。而这些新任命的管理人员将拥有公司的实际决策权，包括用小字印在合同里的“解雇副总裁的权力”。副总裁在新的安排过程中没什么发言权。他们在回答我的询问时透露，这几个副总裁要去美国开董事会，8.5 万美元的年薪（每年的薪资费用为 25 万美元）意味着他们的未来是没有保障的。风险投资人关注的是快速盈利，收回他们的投资。

他们提出的投资总额是 1400 万美元，条件是投资人参与公司事务，他们持大多数股份而且要用他们的管理团队，并把这笔钱与预期的盈利能力相关联（可能提高，也可能降低）。作为首次报价，它推动了谈判的进行，但很快事实就明朗了，投资不会提高很多，甚至没有变动也是有可能的。

除了价格不可接受之外，风投提出的管理架构对目前英国的创始人团队来说也是有风险的。新任命的首席执行官、首席营销官和财务主管的薪酬是由新公司发放，他们将会在加州管理一切，而在英国的创始人团队对于这些人员的薪资合理性也无权干预。作为大股东，风险投资方只要觉得对他们有利，可以把他们持有的股份卖给第三方。

我建议我的客户拒绝对方的提议。他们在英国的业务仍有钱赚。我不知道风险投资方是怎么回事儿，也许他们曾漫不经心地和其他人谈成了一些生意，以至于飘了。

这些人和你遇到的或者正打交道的人没什么两样。就像你一样，他们在面对其他人时，会根据自己的个人经历采取不同的态度，而你却对此不够了解或者根本就是一无所知。性格坚定且狡诈的人会如何回答本章开头的题目呢？毫无疑问，他们大概率会同意测试题中所陈述的观点，除非这个人是想进一步获得你的信任，以实施一个狡诈的计划，放长线钓大鱼，并最终置你于陷阱之中。记住，每一个骗局都源自受害者自身的贪婪，他们要么是抵制不住诱惑，做一些明显违法的事情，要么就是做天上掉馅饼的美梦。

绝望会驱使人们去做一些本该拒绝的交易，在那个时候，他们一心只想着把事情做成。假设你是一名电子工程师，发明了一项革命性的技术，能将手机上的高清图像信号压缩。有人跟你说，这个技术确实处于领先水平，你信了，但苦于没有资金进行商业开发。你想自己开发应用这项技术，不想把它卖给电信公司，因为电信公司会剥夺你这项发明带来的商业价值，不给你分利润。

你接触的所有银行和风险投资基金，他们要么拒绝你，要么就是想要拿走你70%~90%的股权。最终，绝望之中，你找到了一家风险投资基金，给你开出的条件稍微好一点，只要55%的股权。由于一些大型研发公司在此项技术上并没有落后你很多，所以你觉得需要尽快让这项技术产业化。

对谈判者来说，这就危险了。你无法洞悉对方内心的真实想法，你不知道他在和你建立合作关系后要做什么，同时你也无法保证他不利用你。

但你可以通过签署协议来保障自己的权益。因为合伙人之所以能干出这些不道德的事，根源还是在于签的合作协议没有不许人家那么干。你要是只关注他们能投多少钱，这笔钱能不能解决你的资金问题，匆忙读完合同条款就签字，那你就是自己往火坑里跳。你应该仔细检查合同，看看如果出现什么状况，合同中的哪些地方可能会让你陷入困境。如果不确定，那就去打听打听，假设各种可能发生的情况（前文具体讨论过这个主题，详情见第7章）。

比如，为什么你的新合伙人必须掌握大部分股权？这可能是因为他们需要“安全感”。他们可能会说，除了盈利之外，他们对其他事情不感兴趣，并且在回本和获利后，他们就不想继续做大股东了。如果这样，你可以稍稍安心。不过，你还要看看，这一点是否以书面形式写进了合同，如果没有，那为什么不写进去呢？

然而，他们也可能会干涉市场营销以及产品未来的开发事宜，比如通过授权的方式瓜分利润，随之而来的风险是这项技术有可能会泄露给竞争对手。或者他们为了短期收益，可以强行做决定，把合资公司的技术和专利卖给行业巨头，使你失去原本有希望在该行业占有一席之地的机会。更糟糕的是，风险投资人可能会厌倦这项技术，将其出售给第三方，根本不考虑你的利益，而你可能和第三方相处得并不融洽，人家有可能把你排除在核心业务以外，让你边缘化。

总之，你要掌握对公司的控制权，或者建立一种机制，保证在时机合适的时候，能从风险投资人手中收回公司的控制权。面对风投基金想要稀释股权的情况，可以这么做：签订一份让你有优先选择权的协议，比如当风投基金想要稀释全部或部分股权时，你有优先购买权（你肯定不希望在毫不知情的情况下多一个合伙人）。与此同时，根据协议，你也许能用利润分红以分期方式优先从风投那里回购股票，这样就可以逐渐减少他人的持股比例，增加你的持股比例，使你成为大股东。

盲目信任是有风险的，排除风险时要小心谨慎。要始终围绕以下主题提问："在这笔交易中，何人在何时何地获得了多少利益？"要仔细阅读合同条款，看看有没有可能会让你陷入困境的地方，要是有，就要集中注意力，想办法排除风险。

那些想和你谈生意，或看上你的财产的人都能说会道。他们软磨硬泡，被拒绝多次也不气馁，他们能多次获得成功，这也是原因之一。我见过一些风险投资人，在问答环节的几分钟内就放弃了一个推介，然后起身走人，连寒暄一下都没有。遇到不可能成功的项目，他们一点儿也不会客气；即使在最不利的情况下，他们也不羞于宣传。这需要强大的心理素质才能做到。

每天练习独处一会儿，再去要求别人修订条款，或者让卖家打个折扣，这样你才会明白怎样才能说服别人，或者不被别人说服。这种时候，你就能感觉到自己的压力。我曾经听到过别人对我的报价十分不满。也曾经见过很多人错失了好时机，因为他们本可以要求更好的交易条件，得到更好的结果。然而，他们却在必须提要求并且可以提要求的时候错失了良机。

在零售企业，商场布局、设计、员工与你接触的方式，其他客户的存在，商品的展示，卖家的花式台词，打印的价格标签，期望顾客以他们推荐的方式购买商品，等等，这些都只有一个目的：胁迫你按照标价付款。它们之所以有效，是因为大多数人都会这么做。

那些不按零售价格和包装上的价格购物的人，在第一次试图砍价时，会面临很大的压力。但因为他们坚持不懈地砍价，尤其是成功一次之后，他们养成了砍价的习惯，哪怕情况非常不利，也会习惯性地砍价。

经济学的第一条定律（核心要义）是，世上没有免费的午餐，因为总得有人在某处为其买单。但经济学里却没有一条定律规定，必须由你买单。因此，当你入不敷出时，必须做出选择，必须更理性地花钱，或者想办法赚钱来花。赚钱可比省钱更难。无论是为了得到眼前的收入还是未来的收入，受制于人的代价都十分大。一旦决策错误，就得花数月甚至数年时间来为自己犯下的错误还债。

一定要记住这一点，在彻底想清楚“我为什么要这样做”这个问题之前，永远不要轻易购买、投资或觊觎任何东西。冲动是魔鬼，尤其是看到“无法拒绝的便宜货”，或者是面对看起来“不会亏损的投资”时，更要谨慎。购物的冲动源于自身的欲望，有时这种欲望如此强大，绑架着你完成了交易，而东西一旦买到手，你就会发现这根本不是自己想要的。众所周知，遇到麻烦时，那个怂恿我们产生购物冲动的人一定会悄悄地溜走（交易中总会有一个人比别人占的便宜大），只会留下无辜的人来为其冲动买单。

我曾经见过一位董事会主席问大家，谁支持这次收购，得知支持的人是谁的时候，他立马叫停了收购，表示这件事到此为止。如果冲动的势头看起来不可阻挡，而你想让它慢下来或停下来，那我就建议你换掉团队中最支持收购的那个人，转而任命一个“局外人”。毕竟让这个“局外人”和原有团队成员一样产生这种收购冲动总得花点时间吧，更何况他们还不一定会影响到这个“局外人”呢。

一定要确保你的收购或投资是为了满足实际需要（比如，家里需要一个新的橱柜放杯子，或者产品要在市场上占有一席之地）。实际需求比任何冲动以及情绪都重要。下面这些说法都属于冲动或者情绪化表达："那个法式梳妆台看起来棒极了"，或者，"在我们的年度报告中提到的在洛杉矶市场投放的产品一定很不错"，等等。试想下面这两句话会产生什么效果："光是买个放杯子的橱柜就要花 3000 英镑？"；以及，"花 3000 英镑就买一个法国古董梳妆台？"我想，如果你的决定属于边际决策，那么重新设计提案就意味着你不会买了。情绪每时每刻都在变化，而事实是永恒不变的。

市场营销里有一派人主张这个简单的原则，即"卖牛排靠的不是牛肉，而是煎牛排时发出的嗞嗞响声"（出自营销大师埃尔默·惠勒的销售名言）。因为嗞嗞声会激发你的想象，让你联想到牛排的样子和味道，刺激你的味蕾。自 20 世纪 30 年代埃尔默·惠勒提出"嗞嗞声销售法"后，这个方法在销售中展现出了惊人的魔力。现在仍然适用于大多数的大宗商品交易。在昂贵的主题营销和广告推广的支持下，围绕这一主张衍生出了一系列的销售方法。不那么厚道的谈判者在推销商品时，总会通过"嗞嗞声销售法"来获得成功。他们知道，大多数卖家因此赚得盆满钵满，人们因为"嗞嗞声"而忙着下单是因为自己看到、感觉到、闻到、想象到、触摸到以及听到了这个商品，从而激发了购买欲，其实买家并没有了解产品的真实情况。这就像对马上要上钩的鱼来说，不上钩的最好办法就是闭上嘴，撤到安全的地方，不要听到卖家的"嗞嗞声"。

自测详解

20

1. “不要暴露自己的真情实感，以免被谈判对手利用。”对于此观点，你的看法是：

a）同意。

同意这句话表明你不信任谈判对手，你怀疑对方可能会利用你。你有这样的态度可能是因为你碰到过类似的情况，对方利用了你的真实情感。你的这个态度是防御性的。但是，谨慎地向陌生人表达感情和对每个人都持怀疑态度是有区别的。在谈判中，要灵活变通。

b）不同意。

不同意表明你对谈判另一方并没有采取谨慎或怀疑的态度。对方确实可能利用了你，但这并不是说你从一开始就觉得他们会占你便宜。这很可能是因为你在谈判中还没有过被利用的经历，而且你认为没有必要过分谨慎地隐藏真情实感。但事实可能会让你明白这一点，使你的态度发生转变。

2. “如果谈判对方暗地里让我占便宜，那是他们的事儿。”对于此观点，你的看法是：

a）同意。

显然，因为这牵涉到你可能有机会做的事，而不是别人对你做的事，所以这个问题比第一个问题又进了一步。这句话是关于你对占便宜这事儿（不具体指某件事）持有什么样的态度。谈判另一方也许做了些什么（比如，透露了他们本来的想法），也许什么都没做（比如，没有要求你方做出让步以符合他们的要求）。你的答案中有关伦理道德的表述会让我感觉不舒服。对这个说法表示“同意”在一定程度上显得有点无情，这可能是因为你缺乏相关经验，也可能相反，是因为你有太多被人利用的经历，使得你在回答这个问题时带着防御性。

b）不同意。

选择不同意，可能是由于你个人的道德立场决定了你做不出这样的事情。然而，你的道德立场并不会让你不管在什么情况下都拒绝在谈判中占别人便宜，在特定情况下，你也许会放弃你的道德立场，因为我们的行为总会受环境影响。但问题是你会对该做什么、不该做什么有自己的判断，你会选择一定的道德立场。要知道，道德立场并不是软弱的表现，在所有谈判中，我的立场都是“以诚相待，真诚谈判”。

21

耶利哥城墙的倒塌

如何停止让步

自测

21

1. 你在南非推销公司生产的各类工业用泵。在约翰内斯堡，有人说你的水泵“太贵了”；在德班，有人说你的报价“不太合理”；而在开普敦，又有人认为“经销商赚不到什么钱”。你会：

   a）给公司总部发邮件，指出营销部门的价格体系有问题。

   b）不予理会，继续推销。

   c）向公司申请自己在价格方面的自由裁量权。

   d）在现有价格的基础上打折，以获取交易订单。

2. 你正在就某电站项目的重型泵供应问题进行谈判，承包商告知你，你的报价比同类型的德国公司高出 15%，并且比翻新水泵的报价高 35%。你会：

   a）向对方说明你们的泵类产品具有世界一流品质，并在业内享有盛名。

   b）告诉对方，只要能签订单，价格好商量。

   c）提醒对方，你方会对售出的产品进行定期养护，并提供 24 小时紧急维修服务。

胆小懦弱的谈判者在面对讨价还价的情况时，宁可同意在价格上做出让步，也不愿让谈判陷入僵局。他们的谈判意志力不够坚定，容易动摇。众所周知，在谈判中，价格是双方谈判的焦点，并且价格是可以分割的，在英国一般用英镑或便士作为货币单位。许多买家认为，哪怕价格只降了一点点，也是很划算的（这种想法非常正确）。

在大卖场里，一瓶酒降价 1 便士，就能让顾客少花 1 便士，或者直接增加卖场利润。一位谈判者表示，在谈判中哪怕每瓶酒“只降”1 便士，公司一年如果能卖 5 万箱酒，那么公司的现金流便会减少 60 万便士，也就是 6000 英镑。这个数字于他而言是很大一部分工资了（每箱便宜 1 便士，相当于他每月少赚 500 英镑）。他如果答应给 6 位客户每瓶酒都便宜 1 便士，那么公司损失的钱可以雇用两个像他这样的员工。相反，如果他能说服 6 位客户，每瓶酒都多加 1 便士，那公司不但能赚回雇用他所花的钱，而且当年剩余时间赚到的都是纯利润。

一个中东的“中间人”收取3%的佣金（有些人收9%），一个3000万英镑标的额的工程就能赚90万英镑。你要是能让他哪怕“只”降0.5个百分点，收2.5%的佣金的话，公司就可以省15万英镑。

和对方讨价还价一番，就可以让公司省15万英镑，这样值得吗？当然值得。如果“中间人”想在3%佣金的基础上再多0.5%，这值得他讨价还价吗？当然也值得！如果你同意支付3.5%的佣金，他作为“中间人”，所得佣金将高达百万英镑。

几便士、半个百分点、几生丁（法国的货币单位）往往都起着大作用。这就是为什么对方一定会想方设法讨价还价，因为他们如果不争取价格优势，就是工作不到位。同样，如果你没有做好应对准备，那你的工作也没做到位。这样一来，雇用你们中的任何一方当谈判代表都是白白浪费钱。

当然，如果你是买方，那一定要学会砍价。千万不要接受对方的首次报价，还价时可以借机考量对方是不是真的想要成交。如果对方是个“软柿子”，那你就可以如愿以偿了，反之，你也没什么损失。但是，要是你自己糊里糊涂的，弄不清是高还是低，该怎么办呢？

能让你当下就下定决心的办法是，不要以与对方相同的条款来考虑价格（甚至有时也不要用相同的货币单位进行考量）。对方会要求你大幅降低单价，或者把他每天的费用抬高很多。对方当然不会告诉你，这样的变动会使你方付出的整体费用和全年服务费高了不少。为什么呢？因为你只看到了单价的小幅度变动，就会忘了考虑整体成本。

对方从单瓶价格的角度来说服你，让你忘记交易对象是堆满仓库的产品，那些酒从地上摞到了天花板。当你用仓库里 50 万瓶酒去计算这减少的 1 便士时，你就会意识到 1 便士有多么重要。所以，当对方说“每瓶便宜 1 便士”时，你就当面用计算器算给他看，如果按其要求来调整价格，你会损失多少钱。但是，看到了损失不见得能避免损失。对方用这种“单价”策略的目的是让你更容易接受降价，但这不是他的唯一目的，他真正的目的是让自己分得一块更大的蛋糕。

举个例子，让我们来看看赫尔穆特·韦伯第一次去国外谈判的故事吧。他代表一家技术精湛、享有盛誉的德国公司前往南非，与当地的经销商洽谈新的供货和服务协议。他此行除了拜访一直合作的老客户，也肩负着开辟新的销售渠道的任务。赫尔穆特是学工程出身的，所以他非常了解水泵方面的知识。但是，他对谈判几乎一无所知，更别提讨价还价了。总的说来，南非人并不是非常难缠的商业对手。经销商虽不了解水泵方面的知识，但他们知道如何在自己的地盘上做水泵生意。因此，这是一场典型的实力不对称的谈判。

你可能想知道，一看赫尔穆特就不能胜任这么重要的任务，那他的公司为什么会派他去呢？这也正是我所疑惑的，我就此问过这家公司的董事长。他告诉我，赫尔穆特是他的儿子，他的妻子执意让儿子去执行这项任务，并想以此证明儿子的能力。赫尔穆特通过写电子邮件的方式来汇报工作，他父亲的桌上也堆满了打印出来的邮件，通过邮件可以了解到南非方面的工作进展。如果按顺序阅读，普通人也能看出工作进展情况，但他父亲可不像一般德国人那样热情又有耐心，他没工夫去了解他儿子的谈判行为属于哪种模式。

赫尔穆特是个砍价菜鸟，但他自己并不这么认为。他觉得南非的营商环境很糟糕，但他工作得非常努力。如果别人问他谈判得怎么样了，他会用一个词来总结："竞争激烈"。他去约翰内斯堡不到两天，就觉得南非是世界上价格竞争最激烈的国家。

没有人说韦伯公司的水泵质量不好（虽然也没有人对其大力称赞），但很多人都跟他说，韦伯的水泵出厂价"太高"，导致经销商赚不到什么钱。他在给汉堡总部的邮件中表示，他必须将出厂价下调 5 个百分点，才能保住本地最大经销商目前的订单量。

德班市的情况更糟，当地最大的工程配件批发商说："韦伯水泵的价格太高了，即使不赚钱，也卖不出去。"赫尔穆特又给汉堡发邮件说："我们的价格似乎太高了，有点不切实际。我给经销商让利 10 个百分点，才打通了一条销售渠道。"

有个新经销商问他，为什么韦伯水泵今年的定价比去年高，他回答不上来，因为他不记得给对方供过货。回去后他查了一下，但据他查的结果，他家水泵已经一年多没涨过价了。不过，他同意给那位经销商打八五折。他给总部发了封邮件，说他又找到了一家新的经销商，并附上了一份订单，每种型号都要一款（经销商想先卖着试试看）。还有一位经销商告诉赫尔穆特，他打算尝试销售韦伯家的水泵，但他说：“其他家水泵厂给我的报价比你的低，而且现在你们的货也卖得不好，所以我暂时不订货了。”这样一说，赫尔穆特又给他打了八折。

利润和损失之间的差别

一个历史悠久的家族企业向大型超市供应非食用产品，之前六个月利润一直走低，公司创始人感到非常困惑。虽然市场竞争激烈，但比起上次经济衰退时的情况，销量也还可以，那问题出在哪儿呢?

经过调查，他找到了问题所在：公司的销售人员为了招揽生意，不惜给客户价格优惠。虽然他们给每个客户的折扣并不多（一般一个客户仅买一件），但积少成多，整体损失就非常严重了。事实上，每年让利给客户的价格优惠就能让公司损失85万英镑。此外，由于这家公司是根据员工的销售业绩给予员工提成的，所以，公司的损失又翻了一番。

老板把一线销售人员召集回来，花了5分钟给他们上了一课，主题是“怎样才能避免公司倒闭，保住饭碗”。他向这些员工讲述了公司发展的历程，并表示：“你每次给客户打九折，就意味着你对公司利润的贡献减半。”他把公司的利润得失算得很清楚，并提醒他们，公司可能会辞退那些一直损害公司利润的员工。他说：“你们把价值100英镑的产品卖给本地店铺，这并不等于公司可以获利 100 英镑，因为生产和销售的过程都需要花钱，还得支付你们的工资。”

他继续说道：“公司会计（也是他儿子）称这些钱是销售成本。100 英镑中，销售成本就有 60 英镑，公司收入只有 40 英镑。但是，可千万不要误以为公司能有 40 英镑的纯利润，公司还得支付仓库、办公室、管理人员的费用（其中大部分人的收入比你们的少得多）。40 英镑中，又得扣除 30 英镑来支付这些费用。”他又提到另一个儿子（公司的行政经理），说：“行政经理也说了，不管产品销量多还是少，市场状况好还是坏，这些费用都是必须要支付的。”

他顿了顿，在白板上写下一行数字：100−60−30=10 英镑。接着，他在 10 英镑下面画了一条线，写上了“利润”二字。

他肯定地对员工们说：“你们也看到了，我们的利润只有 10 个百分点。”这时，有些人肯定会开始盘算，下一次的业绩考核，他们能从中争取到多少奖励。老板接着说：“然而，如果客户坚持要你给他们折扣，你给他们打了八五折，那么公司会因此损失多少钱呢？”

他没有等员工回答，又在白板上写下一串数字：100×0.85−60−30=−5 英镑。他在 −5 英镑上画了一个红圈，并在旁边写下“亏损”二字。

“女士们，先生们，你们中一部分人偶尔这么做，还有一部分人一直都在这么做，公司每年为此要损失 85 万英镑。这笔钱本可以用来扩大业务、翻新仓库和引进新品牌。”说到这里，为了引起员工对自身利益的关切，他有意停顿了一下，加重语气说：“这笔钱还可以用于给你们加薪呢！”

无论去哪家店，赫尔穆特都能从不同的表述中听出相同的意思，那就是价格太贵了！于是他给汉堡发邮件说，他“不得不”给经销商们打折。运气好的话能打到八五折，运气差的话，就得打七折了。当他回到约翰内斯堡时，他觉得如果他坚持以公司“不合理的”海外定价策略来谈判，韦伯水泵将永远无法在南非站稳脚跟。

当东伦敦的一位经销商指责赫尔穆特“妄图垄断南非水泵市场”时，他有苦难言。在给总部汇报的邮件中他解释了其中的原因，因为那位经销商说“韦伯的要价太高了，我买不起你们的新款水泵了”，所以他做了让步，给那位经销商打了七折。开普敦的经销商也指责赫尔穆特“撇脂定价”（他自己都不知道这是什么意思，还得询问总部），他对此感到很无奈，于是又给这位经销商打了八五折。在布隆方丹，一个臭名昭著的经销商指责他“唯利是图，厚颜无耻”，这回他倒是听明白了，但他既内疚又委屈。回应道：“既然你是我的客户，我肯定会给优惠的。”于是，他又照例给人家打了折。

久而久之，当他一听到别人说韦伯水泵的价格太高，就会心里发怵，以至于只要一开始谈判，他就先表示价格好商量。每当经销商抱怨价格太高时，他就会做出让步，任人宰割。毫无疑问，他觉得只有低价才能保障公司产品在南非市场上占有一席之地。

他给父亲写邮件报告说，公司的营销人员在定价上错得一塌糊涂，现在市场竞争非常激烈甚至残酷，他只有给供应商价格优惠或做出其他方面的让步，供应商才会继续订购公司产品。他在邮件里描述的情况耸人听闻，说是日本、法国和英国的厂家都在那里瓜分市场，并且都以这种折扣策略进行倾销。他们联系经销商，以低于韦伯成本的价格出售水泵，只是为了把韦伯的水泵挤出市场。并且，西萨默塞特的一位经销商曾“偷偷”告诉他，一家日本公司的代表接到指示，“他们产品的要价一定要低于韦伯水泵的”。

“老实本分的商人怎么能争得过这样的流氓呢？”赫尔穆特把这件事写进了邮件，发给父亲，并要求总部能给予他同样的价格自由，这样他就可以让自家水泵占领市场。”他说，“如果日本人堕落到使用下三烂手段，我们必须让他们见识见识，谁才能把价格压得最低！”

他的父亲当读到这封奇葩邮件时，觉得十分无奈。老先生双手扶额，花了一个小时才让心情得以平复，其间没有见任何人。然后他打电话给他的妻子，告诉她：“你真是生了一个‘好儿子’！”随后让秘书给赫尔穆特打电话，让他立即返回汉堡。

赫尔穆特回来后，休整了几天才回去上班。他的父亲利用这段时间仔细想了想，要拿儿子怎么办。赫尔穆特听从父亲的安排，向营销经理弗里茨述职。弗里茨给了他一沓纸和一支笔，让他写下自己在南非的详细经历。他的报告内容详尽，把和每个客户打交道的细节一一描述。弗里茨仔细阅读后，在页边空白处批了不少评语，也提出了一些问题，要求他详述每个经销商针对水泵报价跟他说了些什么（“请准确写出他们的原话”）。

他对这个看似毫无意义的任务不胜其烦，过了很久，还是坚持写完了，又被叫到弗里茨的办公室。他有点不安，觉得自己可能会被严厉考问，还担心会被取笑。但弗里茨并没有这么做，他开诚布公地说：“虽然你在南非做了傻事，但吃一堑长一智，这辈子你都不能再做那样的傻事了。人非圣贤，孰能无过（尽管这个错误的严重程度非同一般，但他也只能这样安慰自己），而且大家都能从中得到教训，避免下次犯同样的错误。”

弗里茨问他：“你觉得韦伯水泵在南非市场的最大问题是什么？”

赫尔穆特回答，“显然是我们的定价太高了。”

“好吧，我们姑且认为你的看法是对的，那我再问你，你又是从哪里知道定价太高的呢？”

“因为经销商都不愿意以这个价格买水泵。”

弗里茨又问：“关于我们的报价，他们每个人的说法都一样？还是也有不一样的情况？”

“全都是一样的！”

“有意思”，弗里茨沉思道，“那你怎么解释，在你的报告中，每个客户提出的我们价格高的原因不尽相同呢？”

“我不明白你的意思。”赫尔穆特一头雾水。

“好吧，我指给你看。”弗里茨找出角落里的文件，翻开最上面一页有图表的，一条一条读："韦伯水泵的出厂价格太高，经销商所得利润太少了。这比我去年买的同款水泵还贵。竞争工厂给我的报价更便宜，你的报价超出我买水泵的预算了。"当弗里茨念完后，问赫尔穆特这些是不是他报告里的原话。

赫尔穆特喃喃地说："可能是这么写的。"他点了点头，虽然他不记得具体写了什么。

"这些话说的是一个意思吗？"弗里茨问。

"是的！意思都是说我们的报价太高了！"赫尔穆特说道。

"赫尔穆特，这就是症结所在。他们所说的不完全相同。不过都是同一首歌中的不同歌词，而这首歌的主题是：让你降价。对方就像耶利哥之役中的约书亚一样，只是轻轻一击，你就溃不成军投降了，乖乖地降价。"赫尔穆特觉得有点不公平，但什么也没说，继续听弗里茨的指点。

"价格是对方向你施压，迫使你让步的工具。你选择了降价，事实上，你的低价并不能阻止经销商与别人做生意，也不能保证你一定能和别人做成生意。大家都看得出来，你三番五次地降价，也没做成什么生意。"

"你这是什么意思？"赫尔穆特问，"我谈成的所有生意都的确降了价。但和其他人相比，我降得还不算多！"

弗里茨听后深深叹了一口气，但他还是继续耐心教导说："先不管经销商所说的市场状况是否属实，试问，你降低价格对他们有什么好处？"

"唉，我想如果我给他降价，他就能继续按市场行情卖出去，就有机会赚到更多的钱。但在南非并不是这样，那里竞争太激烈了。”

“你怎么知道那里竞争激烈呢？”弗里茨问。

“当然了，我能看出来，”赫尔穆特这会儿有点不开心了，“经销商最了解市场行情。”

“好吧，我们来谈谈经销商的水泵预算。你怎么知道他的预算是有限的？”

“这个我记得很清楚。有一位经销商告诉我，他一年的销售额只有 5% 来自销售水泵。他还带我看了他的库房，在整个仓库中，只有三个水泵货架，还都是日本产的。”赫尔穆特得意地回答。他好像听到弗里茨在咕哝什么“哈伯德妈妈谈判法”。

“那些日本产品就是竞争对手给过折扣的？”

“是的，几乎每个人都对我这么说。”赫尔穆特回答。“我相信你，”弗里茨回答，“但你有没有想过，他们对每个人会不会都是同一套说辞？如果他们告诉你，竞争对手的报价比你的高，你会想抬价还是降价？”

“抬价呀，”赫尔穆特立马回答，随即恍然大悟，喃喃地说，“我明白你的意思了。”

“是的，我希望你明白。现在来想想那些不愿按我们的报价来购买水泵的客户。我们工厂每年能卖出多少台水泵？ 1000 台！这还不算卖出去的零配件。那这些都是谁买的呢？定价是我们的销售障碍吗？”弗里茨说道。

“不是，但这不能证明我们在南非能按这个价格销售出去。”

赫尔穆特说。

“也许可以，也许不可以，但我认为南非市场与世界上其他地区的市场没有什么不同，你觉得呢？毕竟，考虑到汇率因素，我认为我们的水泵目前在美国市场上售价相当高了，美国可是我们的第二大市场。我们也在日本销售水泵，他们的工厂可就在跟前，那可不是千里迢迢的南非啊！”

“确实，我的折扣给得有些离谱。下次我会学聪明点的。”赫尔穆特说。

“折扣只是问题的一部分，赫尔穆特！”弗里茨说，“你做出的让步真的很多，除了报价打折，还有延期付款、售后退货、免费存货以及到岸交付（CIF），就剩没给促销预算了。比起你给的这些让步，降价的后果都不值一提。你知道这些加起来的成本损失是多少吗？别，你不用猜了。我来告诉你。到目前为止，等于公司将产品几乎免费送给整个非洲最富有的国家，但我们的产品卖给非洲大陆的其他国家，都能赚到钱，就连在乍得的翻新业务都能赚到钱。与其这样，不如把水泵扔进莱茵河，还能省了到南非的运费！”

两人沉默了一分钟。最后，赫尔穆特垂头丧气地问：“我现在该怎么办？”

“接受挑战，承担这份工作，怎么样？”弗里茨低声说道。

可怜的赫尔穆特！这确实是一次惨痛的打击。公司花了好几年时间才缓过劲，解决掉他在南非惹的麻烦。在他误认为价格是达成交易的障碍时，他这样一路降价的方式以及其他的让步可真是贻害无穷。

因此，成功的谈判者应具备两项技能，一项是能够应对讨价还价，另一项是擅长跟别人讨价还价。

自测详解

21

1. 你在南非推销公司生产的各类工业用泵。在约翰内斯堡，有人说你的水泵“太贵了”；在德班，有人说你的报价“不太合理”；而在开普敦，又有人认为“经销商赚不到什么钱”。你会：

a）给公司总部发邮件，指出市场营销部门的价格体系有问题。

错！每个销售员在谈判一开始都认为，市场营销部门设置的价格有问题，他们在碰了一鼻子灰的时候偶尔也会这样想，但其实是销售员理解有误。无论如何，市场营销部门不会因为新人的一封邮件就改变价格政策。

b）不予理会，继续推销。

正确！你所听到的是买家到处散布的消息，我相信你很快就会意识到这一点。

c）向公司申请自己在价格方面的自由裁量权。

要求在报价利润空间上给予自由裁量权，意味着你正在承受谈判压力，并且一再让步，最终可能造成巨大损失（甚至会被解雇）。

d）在现有价格的基础上打折，以获取交易订单。

错！以打折换订单，只会让你的原始报价不攻自破。

2. 你正在就某电站项目的重型泵供应问题进行谈判，承包商告知你，你的报价比同类型的德国公司高出 15%，并且比翻新水泵的报价高 35%。你会：

a）向对方说明你们的泵类产品具有世界一流品质，并在业内享有盛名。

错！卖家夸自家产品的说法都大同小异。如果你的泵真的是世界顶尖，那他们早就知道了（质量好的产品一定是深入人心的）；如果你是在夸夸其谈，或者说法有争议，就只会惹恼对方。光有好产品是不够的，他们可能与排名第二或第三的制造商相谈甚欢，并不想多花钱买你的产品。

b）告诉对方，只要能签订单，价格好商量。

错！如果你谈成订单了，告诉对方价格好商量，那就是在告诉他，下订单时，你还会在报价的基础上给他打折。这是将原报价毁于一旦的第一步。

c）提醒对方，你方会对售出的产品进行定期养护，并提供 24 小时紧急维修服务。

正确！这是在向他们推销自家优势（通常需要举例说明）。强调你生产的泵与竞争对手的相比有什么明显优势，比吹嘘自己的名声更有吸引力。

22

单价不变，打包价可以变！

如何巧妙地卖出好价钱

自测

22

1. 你是一位深海石油勘探方面的专家，新加坡的一位顾问工程师找到你，邀你加入他的团队，一起完成一项为期两年的工作。但是在给你的邀请信中提出：薪水会比你在斯塔万格的那家公司少一些。你会：

a）让他们加薪。

b）报一个理想的薪酬。

c）报一个较高的薪酬，建议在这个薪酬和对方的报价之间达成妥协。

2. 一位客户对你的报价非常不满，但又没有说明怎么办才好。你会：

a）拒绝降价。

b）询问对方的想法。

c）询问他拒绝你报价的理由。

d）给出新的报价。

1801年，纳尔逊勋爵率领小舰队驶进哥本哈根海港时，看到了丹麦岛上的堡垒、武装船只，以及很多保卫海港入口的船只。船员们看到这样的局面，都害怕得心怦怦直跳。纳尔逊在描述丹麦所做的战事准备时，特别指出："他们这阵仗只会吓唬少不更事的小孩子罢了！"

同样，谈判对手很少像看上去的那样老谋深算，只有在那些"初出茅庐的谈判者"眼里，他们才会是一副战无不胜的样子。那些认为自己面临的竞争很可怕的人，应该牢记纳尔逊的论断，也许更应该效仿他的勇气。当然，也不是说有了纳尔逊式的勇气就一定能成功。

哥本哈根一战，纳尔逊几乎一败涂地，使得此次战役成为英国伤亡最为惨重的海战之一。所以，你必须做好自己擅长的事情，但如果你仅仅因为对手强大就投降了，那就难怪人家会大获全胜了。

我在这儿要讨论一个关键的谈判技巧——如何应对老练又可怕的谈判对象提出的议价要求。谈判者清楚人们为什么总是讨价还价，那是因为这是很自然的行为。赫尔穆特·韦伯对此的反应（详见第21章）像耶利哥城墙一样不堪一击。与之谈判的人看着他在压力下逐渐崩溃，然后很自然地不仅在价格上施压，还在其他方面挤压他，包括信贷条款、运输和保险、备用零件、退货、培训等。

如果你做出让步，就等于打开大门让别人长驱直入，对你合同里的所有条款都发起质疑（甚至包括一些你认为没有商量余地的地方）。一旦价格这堵墙倒下了，几乎所有的都跟着倒了。因此，要尽可能地守住你的价格，这非常重要。

那你怎么做呢？只是一遍又一遍地说“不行”吗？拒绝达成协议？还是只告诉对方价格没有商量的余地？都不是！固定价格的意思就是固定打包价，而之所以没有固定价格，是因为没有所谓的固定打包价。

对不同的人，任何可以协商的东西都有不同的属性。拿椅子举例：

- 我觉得椅子是让人舒适地坐着的家具。
- 有的人把椅子看作装饰品。
- 第三个人把它当作古董。
- 第四个人认为它是舞台道具。
- 第五个人觉得它是投资对象。
- 第六个人认为它可以当柴火烧。
- 第七个人认为它是一件没用的东西。

• 第八个人要把它当作结婚礼物送给一对新人。

• 第九个人认为买它是浪费钱。

• 第十个人认为它可以提升自己的形象。

诸如此类。

人们对于同一个事物的看法不尽相同，有多少人就有多少种看法。因为每个人对事物的感知都是会变化的，所以对任何人来说，事物的属性可能会随着时间而增多，今天时尚的家具明天可能就会变成垃圾。一把黑色的椅子可能不适合当作结婚礼物，但作为舞台道具也许刚好合适。如果你想卖给某人一把白色的椅子，刚开始她可能不是很喜欢，但你给出价格之后，她可能会改变想法，椅子的用途也会随之改变。

人们购买的不是商品，而是商品为他们提供的服务，这些服务可能是有形的，也可能是无形的，可能是个人偏好，也可能是社会潮流。有时，我们会选择一个虽然不完美，但可以满足我们需求的商品，但有时我们会坚持要求商品提供的服务必须满足个性化需求。

找到客户的需求，是所有成功销售和采购的基础。如果你的产品符合大众需求，你就能赚到钱；如果你买到的商品能够满足你对服务的需求，你就不会后悔花了钱。原则上，当所有事情都敲定好后，特定物品的价格就是对方准备支付的价格，你会将该物品提供的服务与对方想要的价格相匹配。如果对方讨价还价，那可能是因为他们认为该物品提供的服务不值得花那么多钱。相反，如果对方认为他们从物品中获得的服务对自己很有价值，他们甚至愿意为其付更多的钱，甚至高于你的开价。

另一方面，他们跟你议价也许还有其他原因：

- 他可能只是试探你在价格方面有多坚定。
- 他可能就是小气——有些人就是不愿意花钱。
- 他很可能怀疑你在骗他。
- 他可能买不起（也许是真的没钱）。
- 他就是喜欢讨价还价（人是好人）。
- 他可能想利用你对价格的让步来对付你的竞争对手。
- 他可能以价格为理由放弃交易。

你事先不可能知道谈判者出于什么原因讨价还价。当听到对方还价，你要做的第一件事是问“为什么”。在谈判中的其他关键时刻也要这么做。

你不要天真地相信对方的回答。但是对方的答案能让你开始应对这个议价行为，总比猜来猜去要好得多。因为他说你的价格太高（或太低），这必然给顺利成交带来了障碍。仅仅因为别人质疑你给出的价格，并不意味着你必须要降价或提价才能成交。

在讨价还价的过程中，降价是不明智的做法。要考虑谈判者讨价还价是出于什么原因，不假思索地降价并不是最好的选择。这也是赫尔穆特在南非犯的主要错误。如果对方想用讨价还价来试探你交易的决心，那你不能一开始就做出让步。一旦你开始让步了，对方就会一直砍价，直到确定触碰到你的底线。而且即便如此，他也极有可能不愿意成交，所以你应该坚定自己最初的想法。

如果有人认为你是在欺骗他，那你一直降价的话，就会证实他的怀疑。负担不起这笔交易的人，可能会寻求其他的交易，这需要你去发现（稍后再谈）。有些人喜欢讨价还价，这并不是一个大问题，而且在某种意义上，和这种人打交道最容易了。

当你怀疑对方在利用你与竞争对手进行“降价拍卖”，你降价反而弄巧成拙了，因为这正是对方希望你做的事。同样的道理也适用于那些为了结束交易而讨价还价的人。无论你怎么降价，除非是到了降无可降的程度，否则是留不住那些不想和你达成交易的人的。但这更有可能给他们落下口实。他们会说：“你既然能把船的价格降低 20%，那显然你从一开始就是在骗我。”

那么我们如何应对讨价还价呢？

很少有交易是完全由价格决定的。任何交易都有很多变量。哪里有变量，哪里就有谈判的可能。因此，议价只不过是谈判中众多可交换变量中的一个而已。

你已经明白一旦在价格上做出让步，对方就会开始要求让你在其他变量上也做出让步。所以，用其他可交换的事物来维持价格就对了。如果对方想改变价格，那你就有理由更改打包价格里的其他变量。事实上，要习惯这种做法，当你同意改变一种可交换的变量时，同样可以要求对方为你做出的改变进行补偿。我们用一句话总结一下这个策略：

对这个打包价来说是一个价格，另外的价格就是另外的打包价了。

赫尔穆特·韦伯后来在自己的职业生涯里验证了这一策略。

南非谈判惨败之后，赫尔穆特决定辞职，重新开始。他没有哪里跌倒哪里爬，而是选择了完全不同的道路，重新开始。赫尔穆特重获成功的契机源自德国人对巧克力的热爱。德国人和比利时人、奥地利人、瑞士人一样喜欢吃巧克力。巧克力对德国人来说就像奶酪对法国人一样重要。在德国，巧克力有数百种类型，许多只在本土生产和销售。

巧克力是用可可制成的，可可产自加纳、尼日利亚、多哥、科特迪瓦和喀麦隆。可可豆以每袋约 130 磅（相当于 58 千克）的包装运往欧洲。在欧洲，可可豆经过加工卖给巧克力制造商，他们根据自己的配方添加不同的配料（主要配料是牛奶和糖，也有坚果、葡萄干、奶油和果酱）。

有些巧克力经过加工，变成超市里的促销产品，还有一些在当地的巧克力专卖店出售。

这些品牌巧克力的包装和营销是非常多元化的业务，其中不乏少数大公司从事这项业务，也有众多小公司在做。赫尔穆特从事的就是可可经纪人这一行，最初干这行的目的是得到父亲的认可，但后来是因为自己热爱。他就是这样发现打包销售这个办法的，这里的“打包”不是指巧克力的包装，而是谈判中双方达成协议的方法。

在市场经济中，价格即信息，价格是产品在供求关系中的有效指标。但是人们买巧克力时并不只考虑价格，就像人类并不只靠面包来生活一样。每月购买成吨可可豆的可可加工商并不是只关心价格。如果他们只关心价格，最后很可能生产出劣质产品，而如果他们有了质量不稳，甚至是劣质的恶名，销量就会直线下降。因此可可豆的质量以及质量的稳定性，都是他们谈判交易的一个重要组成部分。

从技术层面上讲，质量是一个变量，对不同的巧克力而言，原料质量的变化对其质量稳定性的影响并不相同。赫尔穆特作为一名买家，他必须学会在价格和每道工序规定的最差质量间达到相对平衡。例如，烹饪巧克力相比糖果巧克力需要的可可豆的质量更高。倒在经典法式梨甜点上的巧克力也需要质量一流的可可豆。

一些加工厂对质量的把控非常严格，你不需要抽检许多样品，废品的风险也很低；但另一些工厂加工巧克力像是在卖彩票，质量良莠不齐，生产过程中也会造成大量的浪费。

质量变量还会涉及其他几个相关变量：检验标准、拒收政策、拒收批次的信用、拒收批次的换货、检验质量后付款等等。

在协商价格时，这些变量都要考虑。如果加工厂提高价格，赫尔穆特就应该把公司所面临的风险，以及在交货和付款前后需要采取的适当补偿措施都考虑在内，然后他会提出调整打包价的方案。如果由于某种特殊原因，供应商同意延迟付款，并且提高检验标准，那赫尔穆特也会同意提高每吨可可豆的价格，有时会恰恰相反，那么他就会降低价格。当然，他提价或降价的原因不会是加工厂告诉他竞争多么激烈，或者他的价格多么不合理。

这并不是说赫尔穆特对竞争不感兴趣。相反，他的首要目标就是了解自己所在的行业，以及该行业的运作方式。他了解真正的竞争，了解竞争是如何进行的。他对竞争做了研究，因此他从来没有被加工商或制造商编造的故事欺骗。他已经记不清有多少次买家“私下”告诉他，荷兰、丹麦或瑞士的一些公司怎样怎样（他甚至听说过日本供应商），这些人每次跟他说的国家都不一样，因为“这些公司和供应商得到指示，无论赫尔穆特的公司给出什么价格，都要想办法拿下”。

赫尔穆特会特别留意加工厂，也是想要确认它们是否能保证为巧克力制造商持续供应。如果一个加工厂的货源全部来自某个西非国家，那么赫尔穆特会格外注意。万一这个国家的政局不稳定，如果有发生军事政变的预兆，或正处于战事连连的状态下，不论是供货还是加工，他都会非常谨慎地考虑要不要签订合同。对于那些有多种货源渠道的加工厂，他也必须考虑到不同国家或产地的可可豆的兼容性问题。

可可豆的不同兼容性从采购价格就能看出来，从赫尔穆特支付每吨可可豆的费用，还有他为进原料（可可豆）而申请的信贷条件，以及制造商从他那里批发可可豆的价钱都能看出来。制造商像艺术品交易商一样，他们肯定会通过细节弄清楚赫尔穆特供应给他们的可可豆原产于哪里。

但是有时，西非的某个国家或地区时局动荡，或者遭受了严重的自然灾害，他和供应商的付款条件也会随之调整。如果供应不稳定，就会缩短付款期限。如果供货稳定，那么付款期延长一点也没什么，或者不改变付款期，而改变每吨的单价。赫尔穆特一般还会和某些特定的供应商签订长期合作合同。这种情况下，赫尔穆特就必须考虑，是以较高的价格锁定，还是冒着被排除在外的风险报个低价。每一次谈判，都需要考虑各种不同的交易条件，而赫尔穆特的独门秘籍就是从现有的交易条件中打包出最好的交易。

与赫尔穆特合作的供应商公司，其供应量从数十吨到数千吨不等。那么这些货如果存储在加工厂由谁出仓储费？如果存储在赫尔穆特那里又由谁来承担风险？又或者存储在大型仓库，谁来支付仓储费？如果用集装箱装运，用谁的集装箱？赫尔穆特方的谈判者还要商议好，可可豆加工后放在他们厂时，谁来负责管理，以及如果急需可可豆，供应商当下能拿出多少货。这些问题只是赫尔穆特刚刚开始做这一行时，在与可可加工商的谈判过程中遇到的交易问题的冰山一角。

他购买加工好的可可豆是为了卖给巧克力制造商，每次买进可可豆的时候，他也在卖出。有时，他直接与零售店打交道，尽管都是些名不见经传的小店。（他自己也创立了一个规模较小的巧克力品牌，名叫“非洲狂欢”。）

卖可可豆时，也有同样的交易条件。巧克力制造商要求连续稳定的供应。他们在不同的生产周期对供应量的要求也不同，比如，在寒冷的 12 月，有很多庆祝活动，就需要更多的供货量，比盛夏要多。诸如此类的条件不少。

在整个合同中，需要协商的问题包括：谁负责剩余库存？在签订合同和交货期间，谁垫付货款？具体的发货时间？在货品劣质或者破损严重时，能给出多少赔偿？制造商的名牌产品进货价预算是多少？这对大型连锁超市的供货情况有什么影响？

在你的日常生活里，无论作为买家还是卖家，都会存在许多你最近没有考虑过或从未考虑的交易条件。也许是时候该想想怎么做了，因为在诸多的交易条件中，有些条件能帮助你拟定一个满意的价格。纸上谈兵的经理人通常考虑不到那些显而易见的交易条件，这无疑削弱了他们谈判中灵活变通的能力。所以，要常常思考有些什么样的交易条件，这对谈判成功十分必要。

在一家跨国公司的研讨会上，各个国家的销售团队各执所见，列出了许多交易条件，但都互相矛盾。一部分人认为某些交易条件是底线，是“不可谈判的”，而另一部分海外同事则认为这些是“可谈判”的。在某些问题上，加拿大人觉得一切都好商量，但是刻板的英国人却觉得没的商量。英国人最终会明白，这么多年来他们在美国和墨西哥没谈拢的生意，为什么都转头跑到加拿大分公司那里去了。

你的生意中有哪些交易条件是可谈判的?

列出一张清单，包括你的生意里所有可以谈判的交易条件。然后再列出你能谈判，但当下被某些条件限制，尚无法谈判的事情。

这个清单应该会很长。如果你列不出来，那你就会失去一些可以通过谈判而达成交易的好机会。如果你真的觉得没什么不能谈的交易条件，那试着反其道行之，写下你生意中所有不能商量的事情，比如事关你底线的问题。

问问自己这些为什么没的商量？是什么限制你谈这些的？有什么不可抗力在限制你？是有关习惯、传统、习俗的问题，还是道德上的问题？当你反问自己这些问题时，细细想来，许多之前没的商量的条件，也许就可以坐下来谈一谈了。

英国最大的人寿保险协会里有一位老板说过："你需要时不时地自我反省。这样能从中获取很多新想法。在一家大公司中，我很想知道，为什么有那么多刻板又不容置疑的限制存在，想要打破这些限制很不容易。"

你所在的团队里，又有多少无法谈判的条件呢？

在谈判中，一旦我们不再把价格视为唯一的问题，合作双方反而能达成对彼此都有利的交易。那我们应该怎么做呢？

首先，我们应把注意力集中在交易的整体上，而不是专注于单价的高低。其实很多交易中都有一些能反映关键问题的交易条件。赫尔穆特·韦伯在南非谈判时遇到过，但是他那个时候没有看到。如果你在谈判中仔细留意，便能发现一些交易条件。以费用为例，主要包括以下问题：

- 如何支付？
- 以哪种货币支付？
- 付款限期是 30 天、90 天还是 120 天？
- 提前付款有折扣吗？
- 预付还是货到付款？

- 分期付款的间隔期是多久？
- 是否可以使用带有撤销功能的转账方式？
- 经第三方（中间人）付款可行吗？
- 发货即付还是验收后付款？（谁来监督？）
- 谁承担运费和保险费用？
- 如果以集装箱装运，谁来赔偿货损？
- 谁来支付仓储费用？
- 双倍的使用寿命值三倍的价格吗？
- 如果稍微降低规格，我们能省多少钱？
- 合同期限一般是多长？如果只是基础价格，那合同有效期又是多久？
- 如果我们只和对方交易，该向对方收取多少广告和促销费？
- 具体都包括哪些费用？
- 谁来承担地方税以及杂项开支？
- 谁承担退换货费用？承担的一方是否可信？

如果你以这种方式来应对讨价还价，那么对方也会有样学样，若他们执意砍价，你只要改变打包价就好。如果谈判者不满意你的报价，那就另给一个打包价。也许你提出的新条件比之前的那个更能满足他的需求。通过一次又一次改变交易条件，你就有可能越来越接近对方的需求。

赫尔穆特·韦伯必须学习的谈判方法现在非常清楚了，那就是：

单价不变，变一下打包价。

自测详解

22

1. **你是一位深海石油勘探方面的专家，新加坡的一位顾问工程师找到你，邀你加入他的团队，一起完成一项为期两年的工作。但是在给你的邀请信中提到：薪水会比你在斯塔万格的那家公司少一些，你会：**

   a）让他们加薪。

   这个回答显得有点弱。我们不都想要更高的薪水吗？但这样做，是不是体现出了你的决心呢？还是表示你对这份工作不怎么满意？如果你想要这份工作，也想赚更多的钱，那就跟他们直说你选择斯塔万格的那份工作的真实原因，而你不会以同样的条件接受新加坡的工作。后续，你不够坚定的立场会让你很纠结。

   b）报一个理想的薪酬。

   正确！直接提出一个你能接受的薪酬，以表示自己态度认真，但也要保证提出的薪酬处于合理范围。注意“折中”策略。对你而言，你赌不起。底线就是，得要求对方保证，工作以后有涨薪的机会，而不是这个薪资之后都不变了。

   c）报一个较高的薪酬，建议在这个薪酬和对方的报价之间达成妥协。

   错！如此一来，你报出的高薪酬就没什么说服力了。你很快就会放弃自己的理想薪资，很容易能看出来你立场不够坚定。如果他们还是坚持想留下你，只会小幅提升薪资水平，也有可能不变。

2. 一位客户对你的报价非常不满，但又没有说明怎么办才好。你会：

a）拒绝降价。

错！立马回绝很有可能让你陷入僵局：要么他们现在让步，要么你让步，否则这生意就做不成了。这就结束得太快、太突然了。

b）询问对方的想法。

错！把定价的主动权让给对方，这说明你先妥协了，而且在对方给出这个具体的价格之前，你肯定无法行动。

c）询问他拒绝你报价的理由。

正确！你需要了解更多信息，是什么原因导致他拒绝你的报价，越详细越好。在此基础上，你可以有针对性地逐一解释说明你的报价是合理的。这样一来，对方可能也会主动把自己的心理价位敞开来说。

d）给出新的报价。

错！这简直是太鲁莽了。对方一说什么，你就退让。“老鹰”们绝不会这样做（此处应有鸭子的“嘎嘎”大笑声）。

23

抓住了你的软肋，还是虚张声势

如何应对威胁

自测

23

1. 某小型阀门供应商交付的一批产品质检不合格，现已投放在你方的车间进行校正加工。你会：

   a）要求对方在最终支付金额中扣除相关的加工费用，并警告对方下不为例。

   b）直接以扣除你方加工费用后的金额给对方支付。

   c）按原先商议的价格付款，但要求对方确保未来的供货质量。

   d）等待，直到他们对没有支付的账单有反应了再说。

2. 供应商要求全额付款。对方认为你方的加工费用过高，并表示这些质量不合格的产品应该直接退回，交由他们检查和更换。你会：

   a）拒绝付款，并坚持支付金额必须扣除你方合理的成本费用。

   b）告知对方，如果坚持要求全额付款，未来就断绝合作关系。

   c）按原先商议的价格付款，但要求对方确保未来的供货质量。

1943 年，年轻的沃尔夫冈 · 穆勒中尉在巴黎遇到了一件很尴尬的事情。有一天，他正和女友在圣日耳曼大道附近的一家小酒馆里吃饭，正在此时，他的上校走了进来，看上了他的女友。于是上校把沃尔夫冈叫过来，命令他出去散步，起初，沃尔夫冈并不同意。上校告诉他：“你必须照我说的做，不然就把你送去苏联前线。”

“天哪，”沃尔夫冈惊呼，“苏联前线？您叫我做什么我都愿意，千万别让我去前线！”

然后他就出去散了好久的步。

为什么沃尔夫冈会照做呢？因为他觉得，上校可能真的会把他送去苏联前线，他要是真的去了，可就性命难保了。（第二次世界大战期间，德国纳粹军队与苏联的战况激烈，伤亡也最惨重。）

如果你相信威胁你的人有能力把威胁付诸实践，并且真的有意为之，这必然会影响你接下来的应对行动。在谈判中，不管对方使用何种方式，只要动摇了你的初衷，那么，你就已经被“送去苏联前线”了。

接下来，我来谈谈对这个策略的看法。有位谈判类图书的作者驳斥了我关于“苏联前线策略”的说法。坦白地讲，相比于没人理会，我宁愿多一些对这个说法的批评。但这位作家的行为可不仅仅是发几句牢骚而已，他不仅重新定义了“苏联前线策略”的起源，而且还指出其中的理解错误。这位高傲的作者认为，我的说法在现实的谈判实践中并不适用，而经常用的却是他提出的蹩脚版本。

“苏联前线策略”的说法确确实实源于前文提到的沃尔夫冈·穆勒中尉的故事，而那位作家把这个说法的起源追溯到了1812年拿破仑入侵俄国的时期。这意味着什么呢？首先，在19世纪中期之前的战争中，不管是俄国还是其他国家，都还没有“前线”这个概念。但离谱的是，他所述的策略与谈判中的威胁策略毫无关系，只是和长长的补给线问题有那么一点关系。

所以，这下把这个问题说清楚了吧？“苏联前线策略”指的是一种非常普遍地应用于谈判的威胁策略，我对其的命名灵感大致来源于与希特勒战争相关的B级片里士兵的经历。我不知道这和拿破仑有什么关系！我更不知道长长的补给线和谈判有什么关系，我怀疑那位倒霉的批评家对此也一无所知。接下来，我们言归正传！

你还记得最近一次被威胁送去“苏联前线”是什么时候吗？你也许还记得因为环境所迫向威胁低头而感受到的愤懑。的确，你有选择权，但是是在不满意和更不满意两个选项里选。一个是“被送去苏联前线”，另一个也就比前者好一点点！

威胁在谈判中能起到什么作用呢？大量证据表明，威胁、制裁及反制裁在真实的谈判中都极其常见，这也是众所周知的谈判特征。在劳资关系、国际会议、商业争端和家庭纠纷等各类谈判中，谈判者经常使用此类策略。有的策略用于在谈判陷入僵局时向对方施压，有的则构成了谈判的一部分。威胁和制裁都可以作为谈判的替代手段，例如在劫持和绑架事件中，你越早与劫机者或绑匪建立谈判关系，就越有可能在不让步的前提下解决问题。

接下来以一家小型零部件公司的案例作为参考，分析威胁策略的具体运用。这家公司向巴西的一家大型工程公司供应货物，尽管最近三次的货物交付都准时无误，对方质检人员也签收了货物，但他们却一直没有收到货款。

最后，每当这家小公司讨要货款时，对方公司有关部门的经理就会互相推脱责任（包括会计部门在内）。小公司的经理们认为，对方公司的员工像是踢皮球一样，除了搪塞说“货款还在走流程没下来”外，再没给过任何解释。因对方长期拖欠货款，小公司的现金流出现了严重问题，最多只能再维持几周的正常运转。

下一批货物应该在两周内交付。于是，公司给对方使用这些零部件的部门负责人发了一封信，告知对方若不付清前几笔款项，下一批货物就不发了。

在计划发货的前一天，虽然没有给出任何解释或道歉，对方确实将所有未结的货款都打到账上了。就这样，这家小公司在谈判中成功地对这家大公司使用了“苏联前线”的威胁策略。

然而，威胁往往会导致双方针锋相对、相互伤害，从而破坏双方的良好关系，使糟糕的关系变得更糟，因为没有人喜欢受人胁迫。

事实上，一个受威胁的人很有可能产生怨恨情绪，使他们奋起反击，即使这一举动可能会给双方都带来巨大损失，也在所不惜。一旦陷入威胁和反威胁的恶性循环，就很难将局面转变为回报和再回报的良性循环。在遭到威胁时，与抱怨相比，人们更倾向于以牙还牙。

例如，一家北美的飞机公司从供应商那里收到了一批阀门，抽样检查后发现这批货物的质量不合格。将其逐件单独检查后，结果显示，该批次货物的不合格率高达24%。飞机公司只好将不合格的阀门在自己的工厂里重新加工，考虑到各项额外的人工和机器费用，飞机公司通知供应商必须降价，还就质量问题向对方发出警告。

供应商拒绝扣除相关费用，坚持全额收款。他们认为，问题产品应当退还，交由他们重新加工或更换，并且他们不接受飞机公司以加工费为由要求降价，认为对方的报价远高于他们在自己的工厂加工的成本。（这也让供应商意识到自己的工作与客户的工作之间的成本利润率，从而知道自己原先的报价过低。）飞机公司威胁道，除非供应商同意降价方案，并对未来的产品质量做出保证，否则合同将立即终止，他们“再也别想从飞机公司赚到一分钱”。

泳池边的朗姆酒交易

一家英国啤酒公司的副总裁在南美洲出差时，突然接到总部的电话，要求他改变行程，在回来的路上去一趟牙买加，会见当地一家朗姆酒出口商的管理层。但是，他没有牙买加的公务签证，而且他的日程很紧，也没有时间去办理。

于是，他以游客的身份抵达金斯顿的诺曼·曼利机场。他首先面临的问题是向移民局解释自己为何要来牙买加，因为从之前的行程和公文包里的信件来看，他显然刚刚结束出差。他向官员们表示，自己在牙买加度假几天，然后就会返回伦敦。这才被准许入境。

抵达预订的酒店之后，他给朗姆酒出口商打电话，商定双方的会面安排。不一会儿，一名移民局的官员在酒店约见了他，指控他在没有适当签证的情况下进入牙买加从事商业活动，并告诉他，警方已经在监视他了，一旦有任何交易行为，他就会被逮捕、处以重罚并被驱逐出境。

由于警察一直跟着，他整整两天只能以游客身份来回溜达。如此看来，这次出行只能无功而返了。然而，在离开之前，他还是成功地与朗姆酒出口商见了一面，并在警察的眼皮子底下完成这笔交易。

这家酒店有一个露天酒吧，一侧建在游泳池里，供游泳者在水中坐着休憩。当警察睡眼惺忪地看着他时，他正坐在泳池边的酒吧里，与酒保和一名年轻女子交谈。警察觉得，他与酒保寒暄，和进店的客人搭讪，只是为了消磨时间。事实上，他当时是在和朗姆酒公司的老板谈判，这位老板把自己打扮成了一个酒保，而他的秘书是那个在泳池里穿着比基尼的“客人”。

启示：只要主动想办法，任何想要阻止人们谈生意的官方说辞都不值一提。

拖延了几周后，航空公司收到了对方寄来的账单，分文未减，还要求 30 天内全额支付，否则将向法院提出诉讼。一周后，供应商收到付款支票，同样也收到一份终止合同的正式通知。双方从此断绝了生意往来。

飞机公司威胁供应商，供应商也会反过来进行威胁。飞机公司以结束商业合作相威胁，也的确是这么做的，而供应商扬言要将对方告上法庭，却没有付诸实践。但是，哪一方是真正的赢家呢？

人们做出“非理性”的行为，往往会违背没有利害关系的旁观者眼中的最大利益，而这与他们的智力因素没有任何关系。当天才们在为某样东西竞争时（例如，谁最先“发现”了它），他们同样会争得两败俱伤，因此，“疯狂”行为在我们普通人中早已司空见惯、不足为奇。当谈判中出现威胁时，陷入僵局的概率比没有威胁时要高。

这个教训就是：

不要在谈判中威胁对方。赤裸裸地威胁对方往往不会带来任何成果。

作为一名专业的谈判者，面对对方愚蠢的威胁，我总会抬起一边的眉毛，表示很无语。（如果谈判者是在不恰当的时候相威胁，那我两边的眉毛就都会因为这荒谬的行为抬起来了！）这是为什么呢？因为这种威胁是一种缺乏耐心的，甚至很业余的表现。对方会觉得需要提醒我注意我们双方之间的实力差距。威胁是打击人的手段，这和把注意力放在我的口音或者我的穿着上一样。

另一方面，当谈判陷入僵局，或对方采取搪塞战术时，可能只有采用威胁的策略才能让谈判顺利进行。在这种情况下，实施威胁的一方要考虑到威胁对整体关系产生的破坏，不能让这破坏大于任由事态发展带来的不确定性。这完全取决于具体情况。

在有些类型的谈判中，双方会经常使用威胁和反威胁手段。这种情形常见于国家间争端和劳资纠纷的谈判中。在这两种情况下，威胁和制裁（或付诸实践的威胁）很常见。

在商业谈判中，威胁也很常见，甚至比一般人能够察觉到的要多得多。因为威胁往往隐藏在微妙的暗示中，有时因为表述得很隐晦，以至于对方可能感知不到威胁的存在。总之，准备充分的谈判者知道自己在谈判中的弱点，并不需要对方通过严厉的威胁来告知。

凡是威胁，目的都是恐吓，而威胁恐吓的方式有以下两种：

• 你想让孩子们修剪草坪，于是就以一周不让他们看电视相威胁。这种威胁属于遵从型，它要求孩子们按你说的做，否则就要受到惩罚。

- 你的配偶希望你一直待在家里，于是当你想外出时，他就会警告你："等你回来，我也不可能在家。"这种威胁属于威慑型，它迫使你按对方说的做，否则，你可能得想尽一切办法来补救。

为了更清楚地说明各类威胁的区别，我们举个让人不愉快的事例，是关于劫持人质或政治绑架的。劫机者要求释放被捕的恐怖分子（或类似要求）是一种遵从型威胁，法律规定对劫机行为判处无期徒刑则是一种威慑型威胁。

我们应该如何应对威胁呢？对这个问题，很难总结出一个完美且适用各种情况的答案。威胁时，谈判者首先要考虑的问题是：这种威胁能震慑对方吗？

正如谈判涉及的其他方面一样，这取决于威胁的内容是什么。具体来说，它有两个相互关联但又截然不同的因素：

- 威胁的可信度。
- 威胁给对方造成的损害程度。

这两个因素涉及主观和客观两个方面。

如果这种威胁的可信度很高，还会产生极大的损害，我们就很可能会受制于对方的这种谈判战术。此时装腔作势是没有意义的，如果对方真的抓住了你的把柄，那么想要抵制他的要求纯粹是纸上谈兵。但如果对方真的十拿九稳，那他们为什么还要和你谈判？从表面上看，也许很难理解，但你如果仔细想想，就会发现自己在谈判中的地位并不像看起来的那么弱势。

如果你不幸被劫持或绑架，那么，唯一能让你摆脱困境的方法就是找到可以与之谈判的对象。劫机者手里有满满一飞机的人质，他需要从被威胁的那方得到物资。没有燃料他就无法起飞，除此之外，他还需要食物和水维持体力，也许还需要药品进行急救。被威胁的一方可以满足他的要求，为他提供需要的物资，同时，你也可以与其谈判斡旋，增进他对你的信任，而这样也能减少你的紧张感。此外，劫机者还需要具备良好的通信条件，否则便不能向外界施压，从而削弱了自身的威慑力。

经验表明，政府当局和劫机者之间的谈判时间越长，就越能减轻劫机者带来的压力，最终僵持不下，令劫机者在谈判中处于不利地位。随着谈判僵持的时间越来越长，劫机者的要求就会不断降低（到最后只求能够脱身即可）。但是，劫机者可以通过威胁人质来施压，也可以通过逃离事发地来避免谈判陷入僵局后承受的压力。前者可能导致劫机事件以人质遇害收场，而后者则会降低劫机者的原定目标。

谈判中拖延时间也增加了劫机者被特种部队解除武装的机会。随着时间的流逝，劫机者变得筋疲力尽，心力交瘁。而特种部队训练有素，精力充沛，可以随时对恐怖分子发起进攻。

而针对绑架的情况，我们所处的谈判环境则完全不同。在劫机事件中，你知道劫机者和人质就在停机坪上，全世界的电视都在转播他们的一举一动，但在绑架事件中，你甚至都不知道绑匪藏在哪儿。绑架者躲在隐秘的地方提出要求，这样就避免了双方有任何肢体或者视线上的接触，他们自备食物和水，一旦出现问题，随时可以转移。

但绑架者仍有个致命弱点，就是不管他们提出任何要求，总得和被胁迫的那一方取得联系。如果是谋他人的钱财，那么他们必须进行筹划，在不被逮到的前提下，拿到赎金。谈判中关于交付方式、货币面值、交付地点的协商以及如何防范政府介入都需要花费时间。

谈判时间越长，绑匪释放人质的可能性就越大。如果绑匪要的不是钱而是出于政治目的，那么情况就更糟糕了。比如绑匪要求释放他在监狱里的同伙、罢免政府官员、给穷人发放救济、在媒体上发表声明、停止救助少数种族或宣扬宗教教义的电视节目等等。

为了维护国家尊严，许多政府会直截了当地拒绝与绑匪进行有关政治诉求的谈判，因为这只会让极端组织加以效仿。但是在策略上，当局可能会假装与绑匪开启谈判，而实际上他们只是利用谈判收集绑匪信息以便实施抓捕。或者当局也会认真谈判，从而找出绑匪忽视的漏洞，另谋出路。

所以，一般来说，如果你在谈判中被威胁了，这并不意味着你真的束手无策。只要还有回旋余地，你就仍有选择的权利，只是会受到一定程度的限制罢了。如果你不愿意满足对方的要求，那么你要做的就是找到回旋的余地并不断增加转圜的空间。否则你就只能选择一个不那么糟糕的结果，仅仅比去“苏联前线”好一点点罢了。但请记住，南美的绑匪很少会和人联络，他们一旦拿了钱，就很可能把人质“卖”给另一伙绑匪，然后这个团伙又会带着相同的人质来进行勒索。

在谈判中，双方都有否决权，你不一定非得同意对方的要求，虽然这样会带来一些不良影响。比如：工人可能会罢工，也可能会试图通过暴力来达到目的；供应商可能会停止对你供货，也可能把你告上法庭；等等。在谈判中，要让对方知道，在谈判陷入僵局时，保持强硬态度的行为是合理的，但由此会带来一些后果。你要提醒他们选择恰当的方式，注意不要让对方感到被威胁，引火烧身。因此向对方明确持续僵局的后果时，不能让对方产生不满，要在适当的时候进行提示。

在商务活动中，你有权与任何人进行交易。谈判中采用这种略显“威胁”的方法十分常见，而且被广泛认为是合法的。我所说的合法是指这种方法不违背谈判准则。当你不认可对方的条件时，这类不愿交易的暗示能否被对方接受还有个“度”的问题。

买家（或卖家）说出“你必须做得更好”这种杀伤力十足的话时，就意味着如果你不想或者没有能力做到，你就签不到他的订单。如果这类表述针对的业务仅限于双方合作中不太显眼的一部分，那么作为一种谈判策略，也许是可以被对方接受的。如果你表达的意思是不仅这次合作不了，而且往后都没有生意往来了，那么情况就有所不同了，因为他会对你的策略产生不满，这种威胁就会变得不可接受，同时你还要承担对方在其立场上变得更加坚定的风险。

如果你威胁说，要让他和这个城市、这个地区、这个国家、这个大洲甚至是全世界的人做不成生意，而且对方觉得你真能做到这一点的话，你的这种威胁可就是纯粹的敲诈了；如果对方认为你只是在说大话，那么后面的谈判对方将不会再尊重你。

以较大损失为代价追求小目标而进行威胁，一般不太可能，因此在谈判中这种威胁的作用有限，还可能会涉嫌违法、引发公众的敌意甚至丧失公信力。如果一个男人在酒吧里说："把烟灰缸递给我，否则我就杀了你。"你不太可能把他当回事，甚至会觉得他醉了或者在发神经。大多数人不会计较，并把烟灰缸递给他，但很多人压根不理睬这种人。（在一些酒吧里，这种情况常常会闹出人命。）

因此，威胁的程度应该与所涉及的问题相匹配。更重要的是，相比于在顺利进行的谈判中早早使出威胁这招，将其作为谈判中最后的手段才更合理，也更容易被谈判对手接受。

大多数时候，我们向对方施加威胁，对方的利益会受到损害，如果对方进行了反击式威胁，我们的利益就会受到损害。也难怪大多数威胁不会立即让对方屈服，反而会引起对方的报复。应对威胁最有效的反击手段之一就是：表明己方并不在乎对方的威胁和可能造成的任何后果。那时，对方就得考虑你方是不是在虚张声势，除此之外还得权衡把威胁付诸实践后的代价。

然而，如果你作为对方需求的产品唯一的供应商（比如与医院谈判的制药公司），那么当做出这类威胁的时候就会给自己带来很大的道德压力，甚至是法律干预，禁止你利用这一优势趁火打劫。市场经济体通常有限制垄断的立法，但根据行业不同，这种反垄断立法的使用程度与力度也有所不同。例如，对劳动垄断的监管往往比针对企业垄断的要少一些。

威胁有扩大分歧的风险，假设主动威胁的一方不是在虚张声势，当意见无法达成一致时，他就会将威胁付诸行动。如果你对另一方有所依赖，那便很容易受到威胁，这会增加把你送往“苏联前线”的可能性。因此，无论是不是合时宜，降低对他人的依赖都可以提高你的抗威胁能力。

大型连锁商店找小供应商下订单时，如果它是小供应商的主要客户，那么就具有了谈判优势。它通常和小供应商签大笔订单（小供应商一开始可能会对此心存感激），或提供贷款让对方购买机器，等等。等产生依赖关系后，它便威胁小供应商，如果不降低进货价格，它就取消订单。同时，它还要求对方延长付款期限，并对货物质量提出更高要求。它甚至会干涉对方的一些经营决策，比如招聘标准、工会成员，甚至种族问题。双方一旦签署独家采购协议，它就把依靠自己的供应商牢牢拴住，不断压缩其生存空间，从而避免对方获取其他客源而摆脱依赖。

不必一直重复这种让小供应商“随时没有生意可做”的威胁论调，因为只要它审视一下市场行情（或缺乏订单），就心知肚明了。这种随时可能被“出局”的威胁无时无刻不在提醒着小供应商：偶尔“捣乱”一次，就可以让连锁商店威胁成真。许多大企业通过吞并规模较小的供应商来发展壮大，因为这些小企业要么需要现金来扩张，要么就是欠下了主要“客户”的钱需要偿还。

因为无力偿还债务，酒店和酒吧常被啤酒厂收购；服装制造商因为过于依赖客户，无力承受零售店强加给它们的价格带来的损失而被收购；石油公司接管了汽车修理厂；特许经营商还清债务后收购了摇摇欲坠的企业或房地产公司；这样的例子数不胜数。如果你能不那么依赖单一来源的业务，就能在与对方产生分歧时减少自己要承担的成本，就可以在谈判时省去很多麻烦。

所有的威胁都可以归结为某种“送你去苏联前线”的衍生版本，迫使你只能差中选差。如果你相信对方真的有能力伤害你，一旦你不屈从，对方就真的会兑现威胁，那你就真的没有退路了。

自测详解

23

1. 某小型阀门供应商交付的一批产品质检不合格，现已投放在你方的车间进行校正加工。你会：

a）要求对方在最终支付金额中扣除相关的加工费用，并警告对方下不为例。

正确！只要你拖延付款，并要求对方扣除相应的费用，并警告他们对未来的产品质量做出保证，那么主动权就掌控在你手中了。

b）直接以扣除你方加工费用后的金额给对方支付。

这样做也可以。如果你的加工费不多，那么对方对于你们要求降低支付总额这点可能不会做出反击，那这个方法就是可行的。但如果他们真的进行威胁反击，那此时你这种做法会降低己方施压的强度。

c）按原先商议的价格付款，但要求对方确保未来的供货质量。

这个做法不妥。这完全削弱了你在谈判中的话语权。他们可以无视你的“要求”，导致处理你方问题产品时一再拖延。

d）等待，直到他们对没有支付的账单有反应了再说。

错！这样等下去会让他们以为你不是在就质量问题进行交涉，而是想延迟付款。

2. 供应商要求全额付款。对方认为你方的加工费用过高，并表示这些质量不合格的产品应该直接退回，交由他们检查和更换。你会：

a）拒绝付款，并坚持支付金额必须扣除你方合理的成本费用。

正确！只要你不付款，并提供证据表明其质量问题以及加工费用的合理性，那么就能把对方拉到谈判桌上。

b）告知对方，如果坚持要求全额付款，未来就断绝合作关系。

错！如果他坚持要求全额付款，就用终止合作来威胁他。这个办法不仅不太可能成功，而且有彻底谈崩的风险。

c）按原先商议的价格付款，但要求对方确保未来的供货质量。

错！这样的举动是最软弱无用的。

24

捏造出来的困难

如何抵御强硬对手的逼迫

自测

24

1. 多年来，你一直从一家大型压铝厂采购部件，来生产和安装空间分隔器。今天早上，这家厂子新上任的营销经理打电话给你，告诉你他们决定不再提供你们一直采购的产品，因为你们的采购价格太低，他们赚不到钱。你会：

   a）建议重新协商目前的合同价格。

   b）要求看其成本信息以及意向价格。

   c）看看其他厂家的产品和价格。

   d）告诉他们你很清楚他们在耍什么花招。

2. 一个从你这里购买了简易锻造零件的客户告诉你，在订单交付后，他们决定以后自己生产这些零件。你会：

   a）提议再议一议价格。

   b）提醒他说，如果加上模具、压铸、培训和质量控制的费用，花费很大，一点都不划算。

   c）提议和他们好好谈谈。

   d）说“好吧”，并祝他们一切顺利。

3. 那家压铝厂的营销经理又打来电话，说你们近期的采购订单将不能按时交货，因为工人闹罢工。而且，工厂现有的铝锭库存，这个月都得先紧着长期合作的客户用。你提出了抗议，因为你也急需这批货。但对方又说，尽管你们同意涨价，但他们的VIP 客户每吨出的价比你们高。你会：

a）询问对方，VIP 客户每吨的报价是多少，你也愿意照价买单。

b）询问对方，VIP 客户每吨报价多少，你愿意出更高的价。

c）检查合同，看看罢工算不算不可抗力。

d）赶快找另一个厂家赶工。

做买卖难免碰到很多吹牛大王。他们吹嘘自己如何刁难那些拼命向他们推销产品的倒霉卖家。聪明的买家认为，如果经常和供应商发生冲突（无论是组件、材料还是外包零件），就会影响原材料的质量。供应商如果为了获得订单而不得不同意降价，但其实利润非常薄，难免不在生产过程中偷工减料，从而使买方自己的品牌声誉受到影响。

便宜买了个贵

比尔是一位总经理，他带一个客人参观了自己家刚刚开业的空射导弹工厂。他站在工作台前，拿起一个小小的弹簧给客户看，说："看，我们以前要花 15 便士买这个小东西，但我已经想办法把它的价格提高到了 45 便士，并且希望在六个月内能提高到 60 便士。"

听到这话，客人感到很困惑，问他是怎么回事儿。他回答说："我们以前是照着老法子去买这些东西的。我们的采购员一般一周都没什么事儿，到了周五，我们就把他们放出去和卖家打交道，这些采购员就像饿了很久的狼，不把价格杀到最低绝不采购。"

他的客人问道："所以呢？"

他解释道："好吧，不开玩笑了。不过，我们的采购价确实低得不能再低了。然而，这样一来，只是把成本转移了，从采购预算转到了生产预算。这么做，采购经理会很开心，但是我们的利润却没那么好看了，这让生产经理很苦恼。"

他接着说："每当一个 15 便士的小弹簧坏了的时候，我们的技术工人就得花上千个工时来拆卸导弹，替换这些又小又便宜的部件，还得消磁、重新校准，这代价可太大了。如果导弹卖出后，在使用时出现问题，那我们的产品口碑就会受影响，很难再有回头客了。所以，我们意识到，如果一开始多花点钱买质量好的弹簧，反倒更划算。"

他继续解释说，有了这种新的采购理念，公司的供应商已经从 800 家减少到 350 家了（而且还在持续减少）。这样做成果非常显著，生产成本确实降下来了。公司用省下来的钱对采购员再次培训，让他们明白，尽管从竞销的供应商那里买来的东西很便宜，但实际上，便宜买了个贵。

有了可靠的零部件，他就有足够的信心用"弹无虚发"来推销自己公司的产品了。

很遗憾，的确有买家把能实施“强硬议价”的策略视为了不起的能力。这种方法对任何形式的长期合作关系有什么影响，我还不清楚。然而，每个买家都非常依赖其供应商，希望买来高质量的产品来维护自己公司的声誉。你未来的好坏掌握在他们手中，以超低价买进的劣质部件可能会毁掉你的生意。

我认识一个叫格洛丽亚的人，她非常支持用“强硬议价”这种方法来谈判。但愿你不会在谈判中碰到她。此外，她还觉得这样谈判可以体现竞争的好处。

谈到竞争的好处，我有很多话想说，因为我认为竞争有助于提高我们的生活水平。但是，对于她所说的谈判方法，我持保留意见。格洛丽亚认为，用“强硬议价”的方法和卖家砍价对我们所有人都有好处，尽管这样做会让那些想从市场竞争中获得保护的人感到不适（她不断地提醒倒霉的卖家，竞争保护的是消费者，而不是商家）。

互利共赢的交易胜过强硬议价

在一家五星级酒店和一个会议中心之间，有大约 5 英亩（约 20234 平方米）半废弃的土地，这家酒店从当地政府那里租用了其中的一部分当作露天停车场，而会议中心也归政府所有。

当地政府想在停车场的北边建一座办公大楼。但问题是，几年前，在划定停车场出租的土地时，政府的测量员为了便于观察，将界标放在了停车场边的斜坡上。这样一来，酒店的租地就多出了 3600 平方米，但是，停车场是完全用不到这块地的。

做办公楼的建筑计划时，这个测量员当年因疏忽犯下的错，引起了极大争议。办公楼的建筑线越过了斜坡，而这块未用的土地又刚好属于酒店的租地，所以建办公楼是不合法的。

我的客户曾试图以强硬态度说服酒店，让他们放弃这片“不小心”划给他们的土地。酒店方曾表示，可以 50 万英镑的价格卖出这片地。因为他们知道，政府需要这个地块，修建这栋预算资金 2000 万英镑的办公楼，我的当事人已经与政府签了合同。

当地政府负责发放餐饮服务许可证，所以政府试图以此来给酒店方施压。他们对酒店的厨房和酒吧进行定期检查；监控旁边街道的问题；派出负责检查公平交易的官员去找碴儿；让停车管理员检查酒店停车场所停车辆的手续，检测车辆是否超标排放，是否缴纳道路税；还有很多给酒店带来麻烦的事儿。这么做是想要“让酒店方疲于应对，直到其幡然醒悟，让出那片地”。显然，这种方法是行不通的。

然而，这家酒店碰巧也想取得土地的规划许可，来扩建宴会设施，建造一个休闲中心，以及增加 90 间客房。

这下这事儿会怎么发展就明朗了。酒店方被告知：“别再傻傻地往那片地上砸钱了，把那片地还给政府，我们就会批准酒店申请的规划许可。”

之后，酒店方要求获得酒店及其租赁土地的永久使用权。鉴于租期长达 125 年，因此政府建议酒店用 100 万英镑买下永久使用权，他们答应把停车场变成酒店专属的，并将房顶改造成一个迷人的露台，这个露台连接着新办公楼和酒店新扩建的部分。现在，该工程已竣工，还获得了国家建筑奖。

格洛丽亚主张最大限度地利用市场竞争力。在她安静而私密的办公室里，她的任务是摸清卖方的要价。她认为自己是在为公司的利益服务，她的工作是基于这样的假设：所有的卖家都在虚报价格，而打探到实际价格有利于提高利润。

格洛丽亚指出，供应商会抱怨他们有获利的权利，但“如果你同意供应商的说法，那他们就会更加肆无忌惮地涨价”。她还坚信，如果卖家亏损倒闭，与她没有一点关系。

格洛丽亚认为，如果卖家能钻空子给别人卖高价，那么他就应该能给自己的委托人以低价。格洛丽亚觉得自己有理由利用其他公司那些意志力不坚定的竞争对手，这些人以高价买下了产品，而格洛丽亚就可以以低价买进同样的产品。

如果订单很多的话，卖家可能会把价格定在“边际成本”处，让公司能正常生产运转。如果是这样，格洛丽亚为什么不能利用这个机会呢？卖方可能是屈服于她“薄利多销”的策略，也可能是迫于偿债的压力，反正早晚要低价出售产品，还不如卖给她算了。

然而，如果是一个快破产的供应商以低价把产品卖给格洛丽亚，也可能会给她带来很大的麻烦。例如，她刚刚抓住机会从卖家那里以低于成本的价格进了一批货，还没取走卖家就宣布破产，然后这批货被债权人扣押，会致使她竹篮子打水一场空。但格洛丽亚觉得不会发生这样的风险，因为她在买进之前，会仔细调查卖家的情况，看看他们有没有破产的可能。她预料到卖家的要价会高于她准备接受的价格，他们的开价也会高于出手的价格。她会怎么应对呢？她会不遗余力地和卖家砍价。

卖家会在抬高价格和降低买家要求之间摇摆，而格洛丽亚则会一边挤出价格的水分，一边提出更多要求。这些对针锋相对的买卖双方来说早已熟稔于心，但格洛丽亚为了压价想到了一个新思路，她迫使卖家自己与自己竞争！

这个方法是这样的：对所有投给她的供货合同标书，格洛丽亚都不给肯定答复，她在办公室里安静地坐着，等待那些心急的卖家询问他们公司的投标怎么样了。但是，她不回复任何一个心急卖家的问题，过一段时间后，她才给那些公司回话，回话内容都是一样的："你们的价格太高了。"

卖家自然会询问他们的"高"价与别人所谓的"低"价之间差了多少钱，但格洛丽亚不会透露任何关于"差价"的信息（事实上，可能根本就没有差价!），她不想卷入与卖方谈判的旋涡中，也没有透露都有哪些公司在竞标，卖方有此疑问也很正常。她给卖家的回复统统都是："你们的差价很大。但是非常不好意思，竞争公司的名字不能透露（你们猜，你们猜），这属于商业机密。”

不出所料，一些供应商很快就会知难而退，还有些仍在竞争的供应商会降价，甚至有时大幅降价。卖家之间相互竞争，但不知道在和谁争。为了在这场交易游戏中“不出局”，他们必须想方设法！

格洛丽亚发现，这时候大多数卖家倾向于以较低的价格重新报价。她向卖家透露，报价还是太高，但她还是采取“守株待兔”的策略，拒绝透露他们出价高了多少，以及竞标的对手是谁。不怎么聪明的卖家会接着降价，也许这场游戏会再继续几轮。她自豪地说，只要回复说他们的报价已经“越来越近”了，有些人就会一而再，再而三地降价！

格洛丽亚处于优势地位，因为她没有与卖家共享信息。她捏造出子虚乌有的竞争对手，利用卖家的竞争意识，不仅骗他们说有更低的报价，而且还捏造很多细节信息，至少会有一位卖家准备以低价售出她所需的产品。如果她接受了某位卖家的最低开价，这场游戏仍然没有结束，因为她接着盯上了合同里有利可图的其他部分（条款、交易条件、业绩标准等），会继续使出她咄咄逼人的惯用手段。

有些人认为她的“讨价还价”策略不厚道。她对此不以为然，在她看来，既然每个卖家都有权卖出尽可能高的价格，那每个买家也有权争取最低的价格，这合情合理。格洛丽亚坚持认为，卖家可以随时抽身，另寻买家。在自由竞争的市场里，没有什么人能强买强卖。竞争的真假并不重要，只要被选中的供应商承认交易的真实性，并采取相应的行动就行。就像格洛丽亚尽她所能编造出竞争对手，好让对方如火如荼地打价格战一样。

格洛丽亚还建议用恐吓的手段对付卖家。她如果对某张发票有异议，就会寄给卖方一张已“全额支付”的支票，数额低于发票价格。因为卖方急需这笔钱，这样当支票入账时，纠纷就结束了。她如果想引诱卖家降价，就会鼓动对方为可能的订单做准备，然后她又反悔了，并找了冠冕堂皇的借口，说是出于政策变化、预算危机以及任何她能编造出来的看似可信的理由，让卖方调整。此举与“哈伯德妈妈谈判法”不谋而合，只是卖方准备工作期间的开销是实实在在的，而抛出一张可能的订单却没有任何代价。显然，卖家要达成订单交易，迟早会同意降价。

格洛丽亚的馊点子层出不穷，她告诉我，自己曾在订购重型机床时，让对方送到公司的一个工厂，然后又编造借口拒收了。卖家不想安排拖挂货车，再跋山涉水把货运回去，就主动提出降价，还送了一些备件，才说服格洛丽亚“勉强”收下。

我惊讶地认为这是欺骗行为，而格洛丽亚告诉我，她的老板曾经告诉一个供应商，他一周前交付的材料已经在机械车间下料，但之后却收到了客户取消订单的消息，为此正在打官司，所以他没法按约定付款。供应商听到这个消息后怒不可遏，威胁要提起诉讼。这个老板却说：“我求之不得呢，快去起诉我吧，但你一年甚至更久都别想拿到钱！”

几个小时后，供应商打来电话，双方商定以六折付款。格洛丽亚说，这些材料其实原封未动。

这些赤裸裸的恐吓会给你带来什么？一般情况下，你和卖家会打一场持久战。但俗话说得好：种瓜得瓜，种豆得豆。

再比如，我认识一位已经退休的推销员西德尼——按岁数他可以做格洛丽亚的爷爷。他把他毕生所学的推销伎俩告诉了我，这些把戏比格洛丽亚的那些招数更好用。他曾在一家复印机制造厂工作过一段时间，很偶然地从客户那里学到了一招。客户的复印机要由工人运回工厂进行修理，当他叫工人告知该客户，修理成本比之前预期的更多时，客户告诉他不管掏多少钱，都要尽快把复印机修好。多年来，西德尼用这种手段做了数百次维修工作，为他的公司增加了数千美元的利润，因为在大多数情况下，这些“附加成本”完全是捏造出来的，因此挣的都是纯利。显然，很少有客户对这笔小钱斤斤计较。当然，也有些客户硬是赖着不给，然后从吊着脸的西德尼那里拿回自己的机器。

任何时候，一方要是对服务时间有严格要求，那就是另一方对交易的某些关键条款进行单方面更改的好时机。特别是在买方已经来不及找替代卖家的时候。这时，西德尼会提出，通过协商解决问题。极端情况下，西德尼会直接叫停客户的项目，并就已经出现的“不幸和不可预见的情况”威胁对方，要求重新协商价格。

建筑公司，即使是信誉良好的公司，也会用这种手段，在情况“十万火急”的时候，再逼客户加钱来“完成工作”。我最近就处理了一个这样的案例，一个剧院的翻新成本超支达到每周 1.2 万英镑。因为这是一个备受瞩目的项目，由国家彩票和艺术委员会赞助，建筑公司似乎确信，任何超支费用最终都会由富有的资方买单。

这已经是该项目实施三年来第二次陷入资金危机了。上一次，成本报价已经敲定，建筑公司还提供了预算，并向团队保证，项目会按时完成。尽管整个项目的总成本已经很高（约120万英镑），但建筑公司还在加价，口口声声说这是“确定好的最终定价”。现在，他们又要追加15万英镑，并甩锅给了剧院经理：“从项目第一天开始就在改变要求，花样不断！”

态度强硬的议价者只会使议价过程变得艰难。

自测详解

24

1. 多年来，你一直从一家大型压铝厂采购部件，来生产和安装空间分隔器。今天早上，这家厂子新上任的营销经理打电话给你，告诉你他们决定不再提供你们一直采购的产品，因为你们的采购价格太低，他们赚不到钱。你会：

a）建议重新协商目前的合同价格。

错！即使你需要交货来完成当前的订单，此举也太操之过急了。你会落进对方布下的陷阱！

b）要求看其成本信息以及意向价格。

正确！在你采取行动之前，你需要参考这些信息，从对方的回应里可以看出这是不是真的。与此同时，把这些参考信息与选项 c 中收集的细节信息相对比（这确实就是你日常应该做的事）。

c）看看其他厂家的产品和价格。

有点晚了！如果你不知道这些信息，你就会在谈判中落入下风。因为尽管你该知道如何应对危机，但聪明的交易者能够预见危机，在不得不找补救措施之前就做好应对危机的准备。

d）告诉他们你很清楚他们在耍什么花招。

错！你自认为是个聪明人，对方发起交货危机，企图抬价，你识破了他们的计谋，但如果你真这么聪明，为什么还会打无准备之仗?

2. 一个从你这里购买了简易锻造零件的客户告诉你，在订单交付后，他们决定以后自己生产这些零件。你会：

a）提议再议一议价格。

这不是自投罗网吗? 你很可能是受到了蒙骗。要是忙不迭地降价，无疑又一次陷入了人家布好的陷阱！

b）提醒他说，如果加上模具、压铸、培训和质量控制的费用，花费很大，一点都不划算。

错！这听起来像是吃不到葡萄说葡萄酸！

c）提议和他们好好谈谈。

正确！这样会好很多。知己知彼，百战不殆。讨论的时候，也可以提提 b 选项。

d）说“好吧”，并祝他们一切顺利。

错！你要是还想保住这笔生意，这样做就错了。如果你只是揭穿对方的虚张声势，那这个方法可不高明；如果对方真的想自行生产，你倒是可以看看有什么忙可以帮。

3. 那家压铝厂的营销经理又打来电话，说你们近期的采购订单将不能按时交货，因为工人闹罢工。而且，工厂现有的铝锭库存，这个月都得先紧着长期合作的客户用。你提出了抗议，因为你也急需这批货。但对方又说，尽管你们同意涨价，但他们的 VIP 客户每吨出的价比你们高。你会：

a）询问对方，那位 VIP 客户每吨报价多少，你也愿意照价买单。

错！千万别这么做，除非你非要这批货不可。这让你很容易陷入别人布好的陷阱，你要是同意调价，就是真的落入陷阱了。

b）询问对方，那位 VIP 客户每吨报价多少，你愿意出更高的价。

错！这样做，你就真的掉进陷阱了。

c）检查合同，看看罢工算不算不可抗力。

错！这是在浪费时间。

d）赶快找另一个厂家赶工。

正确！显而易见，你在刚开始有迹象会被套路时就该这么做。

25

发光的并不都是金子

如何抵御恫吓

自测

25

1. 只见来人身着剪裁精致的萨维尔街出品的西服，手腕戴着一块劳力士金表，脚踏古驰鞋。如果让你来猜猜他的身份地位，你会觉得这人：

   a）地位低。

   b）地位高。

   c）不确定。

2. 当他离开时，你觉得以他的身份地位，他会：

   a）在人行道旁等出租车。

   b）让你的秘书给他叫辆车。

   c）开着停在拐角处的一辆小车离开了。

   d）坐上一辆配有专职司机的劳斯莱斯轿车离开。

为什么公司办公的地方总要装饰得富丽堂皇?

公司要么在市中心闹市区那些高耸入云的玻璃幕墙大楼里，要么在远离城市的郊区，占地面积超大，园区里布满五颜六色的花朵、郁郁葱葱的树木，主入口矗立着巨大的圆形柱子，直冲云霄，大理石楼梯蜿蜒向上，壮丽雅致，喷泉和瀑布随处可见，坚实的黑色木制家具散布在各处，犹如平原上的小堡垒。这么看来，就差没在董事长驾到的时候，列队奏乐欢迎了。

一群人挤在高速电梯的入口处，电梯门嗖地打开又关上，下电梯的乘客从电梯里出来，上电梯的乘客挤进电梯。前台后坐着打扮得体的接待员，选聘他们作为前台是因为这些俊男靓女能以可人的笑容迎送访客，并且一整天都能保持这样饱满的状态。戴着耳机的安保人员徘徊在接待处附近，他们看起来眼观六路、耳听八方，实际上并没有费什么力气。他们每一个都仿佛刚从战场上下来的海军陆战队士兵。每当电话铃响起，不用等到第二声响，他们就迅速接起电话给出精准回应。

当你去公司拜访时，他们会把你当作一件随时可能走丢的包裹。为了能让你顺利进入重重设卡的公司里面，他们会给你一张通行证，好让其他人知道你是谁。他们还会特别认真地给你做一张临时证件，然后塑封好，别在你的胸前，这样让你看起来（或感觉上）就像 20 世纪 20 年代前往爱丽丝岛的移民。无论你走到哪里，都会有一个初级职员（或保安部门一个身材魁梧的壮汉）礼貌护送。

大大小小的骗局

几乎所有的骗局都是从骗子用行头装扮自己开始。这就是为什么企业使用道具要十分谨慎，因为诚信和欺诈之间只隔着一层窗户纸。

不能仅仅因为某人住在顶层公寓套房，就认定他把每周从容易上当的投资者那儿筹来的资金有效地利用了。他可能只是利用那些钱来维持自己奢靡的生活，并以此令新的投资者继续上当受骗。

许多已经破产的人仍会乘坐私人飞机四处旅行，这样债权人就会认为这个人既有钱又有权，他们就不会担心自己的钱有去无回了。相反，如果破产的人为了省钱选择坐经济舱，债权人就会开始担心他们的钱要不回来了。

电视节目经常有这样的场景，一个开着劳斯莱斯和梅赛德斯－奔驰轿车的诈骗团伙，出入豪华别墅。因此，顾客应当小心。此外，还有一些骗局，让人自愿把自己大量的钱财给了“圣人”。实际上，这些“圣人”生活奢靡。人们给这些“圣人”的钱财越多，他们就越相信自己快要接近神了。除此之外，还有一种骗局，一些“圣人”白天衣衫褴褛四处游走，但晚上回到自己的私人豪宅之后又是另一番打扮。

问题的根源在于扭曲的逻辑：人们认为成功人士都拥有高水平的生活和显而易见的财富（例如游艇、直升机、乡间别墅等）。因此按照这一逻辑，拥有高水平生活的人就是成功人士。骗子之所以能够得心应手，都是得益于目标（“受害者”）头脑中的上述扭曲逻辑。

如果你被一个（较诚实的）人的行头蒙蔽了，那你就是一个温和骗局的受害者。这就像玩纸牌一样，如果对方只有一个王炸，但他却敢于下大赌注，而你为了稳妥就出小牌。

如果你注意到了那些行头，那你就已经开始陷入骗局。道具会影响你与他们做生意的态度。你别不信。

电梯、走廊和等候室都配有家具，让你觉得在那些紧闭的门后，一定进行着大型活动。员工走路的方式证明了肯定有什么大事情正在发生。你走入要见的那个人的办公室，发现他的办公室简直和飞机机库一样大，铺着厚厚的地毯，墙上还挂着毕加索或梵高的画作，角落里还摆着一些典雅的雕塑。

此时此刻你就犯了一个严重的错误。你以为这些装饰是对员工为公司忠诚服务和不懈努力的嘉奖，是该公司企业形象的展现。其实，这样的想法很愚蠢，因为你所想的与真实情况相差甚远！

这和对员工的安慰或赞扬毫无关系，也与他们是否对企业忠诚没有关系。能在这样富丽堂皇的环境中工作，他们只是顺道儿沾了点光。企业之所以装修得这么雄伟壮丽是为了给来访者一种错觉。对于来访者而言，这种错觉有时候是避免不了的。你所看到的一切早都是准备好的，目的就是给你造成认知错觉。

从你踏进前门的那一刻起，一切都是假象。经过精心设计的行头是为了给来访者留下好印象。精心设计的目的是什么？就是吓住你！除非意志非常坚定，或者准备充分，你才不会被吓住，否则你就会掉入“陷阱”。为什么？因为这种行头的恐吓起作用了。

这大楼里处处彰显着成功。每一块砖都散发着力量。你不禁会问自己：“如果他们在门厅上都能花那么多钱，那么在这个竞争激烈的行业里，他们得赚多少钱呢？”你会得出这样的结论：“我一定要和这家公司做生意！”

有一件事你可以肯定，他们赚的比你多得多。你是怎么知道的？因为你以自己的视角观察他们，但他们并不是以自己的视角来观察你。如果他们来拜访你，你的大门和门厅和他们的比较起来怎么样？

你只有一个极小的办公室，一套旧桌椅，甚至上个月的房租还未结清。你要是在更加富丽堂皇的高楼大厦里上班，也许就不会在意他们那豪华的办公场所。可是，在现在这种情况下，你没办法不在意。

他们的实力给你留下了深刻印象。为什么？通过吓住你，他们巧妙地让你低估了自己。在这种被吓住的极端情况下，你会畏首畏尾，不断降价做出让步。

一旦陷入这种局面，当合作方抽出宝贵时间来见你，并且表示你有望成为合作伙伴时，毫无疑问你一定会非常感激对方。而这些事在对方开始“用行头”之前就已经谋划好了（不管对方是买家还是卖家，人家认为你已经上钩了）。

暗地里恐吓是在谈判关系中很少被提及的。有不少长篇大论是关于在谈判中用威胁手段公开恐吓对方的。然而，实际上暗地里吓唬对方这种方法更普遍也更有效，因为受到恐吓的人通常意识不到，因此也就不太可能感到愤怒。如果有人威胁你降价，你会对他们的强势行为感到极为不满。但如果你感知不到对方的恐吓，你也就不会对发生在自己身上的事情对对方有怨气了。

现在，在老是受气的销售员中，无良买家使用的伎俩已经广为人知。问任何一个曾做过销售的人，在和专业买家做生意时，遇到对方使用的卑劣手段都有哪些，他肯定会列出以下项目中的一个或多个：

- 他们让你在办公室外面等着，或者推迟会面时间，因为和重要客人的会面时间与你的时间冲突了。
- 当你进去谈时，他们会让你坐在低椅子上。
- 你坐的椅子比对方的椅子低，还可能会晃晃悠悠。
- 你坐的地方刚好正对着一盏非常亮的灯，或一扇阳光照进来刺眼的窗户。

- 他们把办公室的门开着，你能听到外面的人走来走去，也注意到他们可以听到你们的谈话内容。
- 秘书们进进出出寻找文件或材料。
- 房间里要么太冷，要么太热，要么太闷，要么门和窗户开得太大，要么太通风（猜猜谁会一直坐在那儿？当然是你了）。
- 你正在推销产品，对方的电话却总是响个不停。
- 员工不停地进来与买方代表讨论业务或商讨其他事情。
- 他们让秘书等几分钟，暗示一会儿就要结束和你的会谈，并且还不时地看看手表或挂钟，暗示你时间到了。
- 有时，他们约你在门厅或候客室谈，周围还有好些人在会面、谈业务。
- 他们反反复复记错你和你公司的名字。
- 对你所谈的生意，他们看上去没有兴趣，眼神空洞，好像没有在听。
- 你把资料交给他们，他们会随意地扔到一边，看都不看（如果他们发现上面有污点、破损、污渍或字迹，他们还会很挑剔地指出来）。
- 他们不会碰你给的任何样品，只是草草一瞥，更别说让你演示操作了。
- 他们还会对你轻佻地评头论足，包括你的外表、体重、头发、牙齿（问你“抽烟吗？”）、口音、种族、背景、家庭生活等等。

- 他们对你的产品、你的公司、怎么交货、质量控制、发票、你以前的承诺、你的上司、你的员工、你的业绩记录和你这次有多大机会拿下合同等问题根本不屑一顾。
- 相反，在谈及你的竞争对手时他们的态度则完全不同。他们会直呼你的竞争对手的名字，熟知其背景信息。（“你知道他们的市场部老总亨利在奥运会上获得了金牌吗？当然，以他的年龄，既强壮又英俊。他从没让我失望过。”）
- 他们还称赞你的竞争对手的产品质量好、做事效率高、账目清晰、诚实守信、价格合适。
- 他们问你一些问题，目的是让你感到自己社会地位卑微。他们会问，你参加了哪个俱乐部？你在哪个团服过兵役？你开什么车？你曾在塞舌尔群岛度过假吗？你认识你老家那个钢铁公司的老总吗？你觉得利雅得阿尔孔萨玛酒店怎么样？你的股票走势好吗？道琼斯指数走势如何？你对坎特伯雷大主教图书馆了解吗？你看到今天早上的金价了吗？你的经纪人是谁？你和哪家银行合作？你的裁缝是谁？诸如此类的问题没完没了。
- 他们做决定时拖拖拉拉，或者说还没有做决定，或者说做决定的人不在身边。
- 下次你去对方那里的时候，他们会换另一个人和你谈。如果这个人的职位比第一个人高，你就得因为上次没谈拢的问题和他斗智斗勇；如果这个人的职位比第一个人低，那恐怕会谈得更艰难。

• 他们要求所有事情都要有书面记录，你所有的出价必须是“最合适的价格”。

这些行为的目的就是唬住你，迫使你顺从。所以，每个卖家都必须学几招来对付有这些行为的买家。

但这些一贯旁敲侧击的施压伎俩，与公司花大价钱打造的行头相比，根本不可同日而语。前者只会让你憋一肚子气，后者会令你自我怀疑而不自知。这行头策略控制着你，想让你自摆乌龙。你瞧，在内心深处你也想像这些大公司一样有实力。当看到别人具有这种实力时，你会觉得自己不如别人，觉得别人神通广大，人家在生意上更厉害。

我在谈买卖一家酒店的生意时，感受过这些行头带来的无形压力。这家酒店位于苏格兰高地，与斯凯岛隔水相望。

酒店老板说之前他曾与两位买家谈过，但没谈成。如果我能和第三位买家谈拢，他会付给我一笔可观的佣金。我前一天晚上从爱丁堡开车赶来，好为第二天中午与买家的谈判做好准备。离正式谈判开始还有 5 分钟，对方还没到，酒店老板有点坐不住了。我们坐在那儿可以看到进出威廉堡的大路，能看到大约 4 英里远的地方，可是看不到任何车辆驶过来。难道对方不来了？这时候我也有点忐忑了，因为我的佣金是和能不能卖掉这家酒店挂钩的，对方不来，就没办法谈判，更别提卖出去了。

在还有 1 分钟就到 12 点的时候，外面传来一声巨响，一架直升机轰然降落在酒店停车场，就停在离我的奔驰车几米远的地方。我在前一晚悄悄地来这儿时，酒店老板对我的车赞不绝口。现在，毫无疑问，买家的华丽登场也震撼了这位老板。在我的客户眼中，他们完全抢了我的风头，然而这样做反而让我坚定地认为可以跟他们要个高价。我敢肯定，对方这一浮夸亮相把酒店老板的报价敲掉了至少 8 万英镑。在接下来短短的与买家接触的两个小时中，这位老板简直对买家佩服得五体投地。然而就在昨晚，我们一起吃晚餐时，他还认为买家估计就是一群“傻瓜”。

酒店老板被酷炫的直升机出场镇住了。谈判时，他相信他遇到了真正的有钱人。对方对他和他的生意表示尊重，他就乐不可支，仿佛他也能和这些“有钱人”平起平坐了，能整天坐着直升机出行。他要是能认真想一想，没准儿会发现，租一架直升机从格拉斯哥到威廉堡来回一趟，最多也就花 3000 英镑，和我租的车开到这儿没有两样。如果这笔钱能让酒店的售价降低 8 万英镑，那么一定是一笔不错的道具投资。果不其然，对方要求分期付款，分期的时间很长，甚至还要能延期支付，对方还觉得酒店酒吧的存货档次不高，所以也在合同中注明要折价买入。

问题来了，谈判结束后，我费了很大的劲儿想从业主那里要回我该得的酬劳。在谈判中，我竭尽全力，曾坚持以比最终敲定的价格高出约 20% 的价格成交，而且还坚持合同条款要比买家给出的条件更好一些。酒店老板却私下里跟我说要我接受较低的价格和温和的条款，甚至公开暗示我威胁到了他和对方的交易。

最后，按他说的价格成交以后，他竟然厚颜无耻地说我没有按照他预期的价格帮他卖出酒店，成交的价格低于预期，所以我的佣金也要大打折扣。幸好我早有准备，谈判开始前，我签了一封他拟的佣金确认信（记住：要白纸黑字写清楚），这个时候就靠这封信了。此外，鉴于他说话不算话的态度，我要求必须以现金结清或以同等价值的物品相抵。如果他手头没有那么多现金，我并不介意他用苏格兰威士忌代付，我的奔驰车完全放得下。

利用行头进行不易察觉的恐吓还是挺难对付的，因为你总是会据此推测别人的身份。一般情况下，普通人都会“以貌取人”，同样地也会以行头定身份。人们会认为拥有怎样的身外物便是拥有多大权力的象征（这也就是骗子为了诈骗成功，首先要包装好自己的原因）。类似的恐吓不仅仅是通过有形的行头，个人臆断等无形因素也有可能带来影响，如所谓的声誉和威望，也会使人敬畏。

例如，在商业活动的某个领域，你本以为那些资深人士会识破这种伎俩，然而却料想不到他们会沦为“受害者”。我在这里指的正是那些会计师事务所，争先恐后地要为英国“富时 100 指数”的上市公司（还有其他来自世界各地的大公司）做审计。

审计这事儿是“花钱买烦恼”，就好比你的排气管从汽车上掉下来了，你不修还不行，因为没有排气管，车没法儿正常行驶，因此，公司的现金流再紧张也得做审计。同理，不做审计，公司就不能合法运营，就有破产的隐患。这几年，事务所开的审计费用下浮了 30%！这是怎么回事呢？大型跨国公司的高管意识到，他们公司的审计报告对大型会计师事务所来说有多重要，所以他们会利用事务所对他们的这种依赖，在谈审计费时，以公开招标要挟会计师事务所降价，通常就是对方服软，降低他们的审计费。

如果一家大公司的审计公开招标，每一家会计师事务所都会争相出个好价钱来争取这笔生意。

和这些大公司打过几回交道后，他们的这种执念让我很不理解。我在这个市场领域曾做过一次调查。在一次关于谈判战略的会议上，我给与会的那些“全英 100 强”的财务总监做了一场讲座。我问他们中有多少人能说出 10 个以上“富时 100 指数”公司的审计师的名字，没人举手。当我把问题的条件降到“知道 3 个也行”，这时才有人举手！

当然，他们都知道自己公司的审计师叫什么，还有些知道至少一个其他公司的审计师（这仅仅是因为这些审计师为他们公司做过事），但绝大多数与会的财务总监并不知道会计师事务所不惜一切代价要为大公司做审计的心理执念，而几乎所有这些财务总监都是大会计师事务所的客户。他们并不觉得由哪个会计师事务所审计公司的账簿有什么要紧，也不在乎哪个事务所能揽下大多数企业的审计活儿。

但要是对方把为“全英 100 家”做过审计当成此生奋斗的目标，那么这些大公司的财务总监倒可以好好利用一下这个执念，把审计费用压低，好让事务所们能“如愿以偿”地享此特权（这个特权很显然是不能分享的）。

每个骗子都深谙恐吓那一套。他们知道，大多数人都会通过一个人的身外之物来给这个人贴标签。如果你注意到并被对方的故意炫富吸引了，那你就入套了，再用其他事情让你上当也就容易多了。

难道我们就无计可施了？当然不是。首先，要认清恐吓的本质——不要成为自己幻想的受害者。发光的并不都是金子，表面上的阔气和大方，不一定就能证明对方和公司大领导有什么实际联系。对方忽悠你的时候，道具通常包括提前演练过的一些试探行为，比如粗鲁不堪的举动、愤怒、冷漠、激动，或者套近乎、拍马屁等，兴许还有眼泪。

不久前，我在芝加哥和当地一些公司高管谈判，事由是他们的客户欠我的客户 300 多万美元。在一家公司的办公室，我等了足足一个小时，先是喝了杯咖啡，又被通知换到另一个房间（他们还以参加公司内部重要会议为由迟到了）。午餐时间，有人告诉我，附近的一个购物中心有一家当地餐馆很不错（要穿过一条 6 车道的高速公路）。但当我离开大楼要穿过大街时，对方的一位律师明显有点不好意思，把我带到公司 2 楼的餐厅共进午餐。

午餐后，会议原定于下午 2 点在另一间办公室继续，但到点了没有人来，留下我一个人在那儿。对方律师大概会以为，我一定会因为他们故意怠慢而怒火中烧。下午 3 点 15 分他们才露面，那时我正在看一本书，是我到达奥黑尔机场时买的，对他们的到来并没什么太大的情绪波动。他们没能吓倒我，反而让自己有些慌乱。于是我们开始谈正事。之后，在英国的另一次会议上（他们的谈判代表得到了友好招待），我们达成了一个框架协议，随后再次确认，最终达成协议。

你如果不害怕这些伎俩，那么就没有什么可担心的，不管你和谁打交道都没问题。在实际谈判中，不要挑明对方想用来吓住你的那些伎俩，要坚定地与对方的恐吓对抗。不要让对方看出你被他们的恐吓镇住了，这只会让他们变本加厉。因此，不要惊叹他们的办公大楼有多么豪华，不要赞许他们办公室的景色有多美（不管它有多壮观，他们就是用来虚张声势的），也不要对墙上的毕加索作品大加赞叹。

同理，我们也不要有样学样，用“行头”策略还击对方。坚持使用你的谈判技巧，那些浮夸的动作就留给他们吧，因为通过学习你已经能够不为这些伎俩所动了。你没有必要像他们一样利用行头去镇住对方。

只要你用好谈判技巧，就足以镇住对方，因为没有什么比响当当的专业谈判高手这一头衔更有威慑力。

自测详解

25

1. 只见来人身着剪裁精致的萨维尔街出品的西服，手腕戴着一块劳力士金表，脚踏古驰鞋。如果让你来猜猜他的身份地位，你会觉得这个人：

a）地位低。

错！由此判断这个人地位不高，肯定有点不合理。劳力士手表也许是真的，西装也像为他专门制作的，而要租一双古驰鞋子的话也不便宜。但你仅凭这些还是没法确定对方的身份高低。

b）地位高。

错！你被他的外表迷惑，以为他有很高的地位，但他身上的穿戴也许有可能都不是他自己的。因此你还是没法确定对方的身份。

c）不确定。

正确！不要通过他的行头来判断其身份地位的高低。如果你对他的穿着打扮毫不在意，那他的外表就不会影响你，所以你不必费神思考应该把他归入哪一类人。

2. 当他离开时，你觉得以他的身份地位，他会：

a）在人行道旁等出租车。

打车也许是因为他的专职司机开的劳斯莱斯轿车被堵在路上了，没能准时来接他，所以这不能说明他的地位高低。

b）让你的秘书给他叫一辆车。

让你的秘书给他叫出租车并不能说明他的身份。凭这一点还是没法儿确定他的地位高低。

c）开着停在拐角处的一辆小车离开了。

也许开小车是因为他有环保意识，这也没法说明他的地位高低。

d）坐上一辆配有专职司机的劳斯莱斯轿车离开。

也许他就像那个已故的著名流氓、强占人家公司的罗伯特·马克斯韦尔一样，因为掌管着你的养老基金，所以买得起劳斯莱斯，也雇得起私人司机，但这还是没法说明他的地位高低。

结语

向无处不在的谈判者致敬

生意场上，你要不把货卖出去，你就完蛋了。基本就是这样。

天上不会掉馅饼。还房贷、吃大餐、孩子玩的游戏、和爱人一起出去享受二人世界，这些都得靠你自己努力赚钱才能实现。做不到这些，找借口只会让家人失望。别忘了，如果你不把货物卖出去，就赚不到钱。

谈判不是一件简单的事。只有特别积极进取的人才能得到好结果，同时还会带来好的关系。你在前线孤军奋战，很可能身后站着不止一个人，而且他们也未必都支持你。你所做的谈判寄托着公司或组织的希望，因此你要专注于任务，同时寻求谈判的机会，让派你来谈判的人对谈判结果满意。

批评你的人既不能设身处地地为你着想，也不了解谈判有多艰难，更不会替你分担压力。他们只是通过冷冰冰的数字看你给公司带来了多少效益，却看不到你为了得到现在的成果被迫做出的那些妥协。动动嘴皮子批评别人很容易，但在别人看不到的情况下还能把事情做好却不容易。

偶尔到外地或者国外去出差还挺有意思，可是如果动辄就要出差，就会让人厌烦。三番五次地跑去夏威夷或者被派去西伯利亚，都不是什么好差事。然而，并不是所有那些跑很远的路去谈判的人都会疲惫不堪，觉得旅途无聊透顶。有一天，在希思罗机场的候机室，我遇见了一个年轻的小姑娘。她刚找了一份工作，在一家服装设计公司做海外销售，看上去她对这份工作充满了热情。她那时正满世界跑，在五天内去了好几个欧洲国家的首都。我虽然体会不到她为什么那么热爱这份工作，但对她的喜悦深表崇敬。当时，我受瑞典的一家船运公司委托，为他们服务，每天工作 16 个小时，十分辛苦，周日都没有时间去欣赏哥德堡的美景。

出去旅行，难免会在酒店大堂、机场、铁路或公共汽车休息室这些地方耽搁很长时间。下次，你坐在那儿的时候，可以看一下周围。你会发现，第一次出门旅行的人会紧张地反复检查车票，而经常出行的人不管是航班准时出发还是航班延误，都会表现得十分放松，甚至还会趁机打个盹，小憩片刻。沧桑写在了脸上，但苍老的皮肤下更多的丰富经历带给他们良好心态。虽然携带的背包有点破损，但不管怎样还是能用的。

所有公司的大厅里，每天都会有几个销售等着见买家。不管在哪个机场，每天总能看到几十名谈判代表来来往往，他们代表着公司的希望和未来。他们所做的工作可能会决定他们（或许还有他们的同事）回来后是否还有工作。

现代社会，谈判代表是无名英雄。而且不只是在商业领域，代表一些志愿组织的谈判者也一样伟大。如果申请不来经费或者赞助，他们就不能帮助那些需要帮助的人。我在志愿组织中遇到过许多谈判者，他们目的明确，足以让许多商业谈判者自愧不如。明确客户的要求后，他们在谈判中从不假意谦虚，而且决不立马接受报价。但不幸的是，也有许多意志不坚定的谈判者，在为身陷困境、无比失望的人谈判时，本应该做最大努力去帮助这些不幸的人，但他们却草草收场，没有尽全力去争取。

现代社会，贫富差距越来越大，陷入困顿的人不在少数。因此，涌现了大量的志愿组织和机构帮助人们渡过难关。志愿组织及其员工承担着与资助机构和委托人的多种双向谈判任务。如果未能达成协议，或者谈判表现不佳，就没法给这些急需帮助的人带来物质上和精神上的帮助。在商业领域，类似的问题也是层出不穷。

日益增长的世界贸易使越来越多的谈判者要走出去做生意。因为，即便你的产品设计得再好，不推出去也是不会有人来主动找你下订单的。谈判者必须走出去，在各种不同的环境中努力开拓业务，给客户提供商品和服务。

每年都有新面孔加入谈判队伍，要么是试图扩展公司的业务，要么是维持原有业务。不过，也有许多人选择中途放弃，因为他们忘记了或从来就不知道谈判是什么。那些学得又好又快的人既能得到物质上的回报，也有精神上的喜悦，因为这一切都来之不易。

谈判者形形色色，性情各异。那些喜欢交谈和社交的人会经常在旅途中和喜欢打牌的人玩得不亦乐乎，而那些喜欢独处和沉思的人则会借机静思。谈判者之间会惺惺相惜，部分源于他们的能力，部分源于他们对自己的工作感到骄傲，还有一部分是源于心里对下一笔交易抱有的紧张情绪。的确，他们中的一些人（也可能是所有人）会像那些捕到大鱼的人一样，滔滔不绝地谈论自己谈成的交易。

有条件的话，我们可以观察谈判者的表现，模仿他们，向他们学习。这个世界上并没有什么魔法可以确保你期待的交易一定能够成交，也不能把你从不想要的交易中拯救出来，谈判时，难免会经历这两件事。对于所有谈判者来说，基本就是这样。

在谈判时，记住对方的所有反应并在压力下小心地做选择是很困难的事情。所以我们要么屈服，要么说些蠢话。在一场糟糕的面对面谈判之后，我们写下了本该说而没有说的话。不可思议的是，这时候，我们竟然文思泉涌，很轻松地写下了精彩的反驳、机智的回答和令人震惊又十分信服的话语，而全然没了之前在搞砸的谈判中的木讷。因此，必要时提前做好准备是一个好主意。

如果你想买些东西捐给当地的慈善机构，并因此希望店家给你优惠，那么店家不打折的常见借口可能会是："为什么我应该给你打折？我应该给可怜的退休老人打折才对”，或者“如果我给你打折的话，那么其他人都会让我打折的”。

如果想要店家给你优惠，你应该怎么说？你可以这样说：“不是不让你给退休老人打折，而是我想让你也给我打折。”这样的对话经常会发生在购买小件家庭用品、大笔预算和进行大宗交易而讨价还价的场景里。

五大海底电缆公司之一的首席执行官告诉我，他希望自己最好的团队可以顶住来自买家的压力（一个月前就有买家和他纠缠不清），短时间内“快速思考”。有一次，买方的顾问工程师们与他就一项 1.2 亿美元的电缆铺设协议进行谈判。对方突然提出，只要把价格降低 1000 万美元，就可以接受其他一切条件。他们要是同意就可以签合同了。他告诉我：“我想不出该如何回应这个要求，因为就算降价 1000 万美元我们仍然有很大的利润，所以我就同意了他们的要求，双方就此签了合同。”说完，他又加了一句，说他再也不想陷入那种境地了。

在与首席执行官的团队会面后，我发现，很明显，他真正的问题不是在这 1000 万美元上（这个价格对他而言还是有利润的），而是如果不能达成协议，工厂闲置的成本在几个月内就会上升到 1000 万美元以上。而且，这 5 家电缆公司每年都在竞争不到 5 份的电缆合同（那就意味着总有公司拿不到订单）。如果事先考虑一下如何处理这个问题，当对方突然要求他降价 1000 万美元时，他就不会这样不知所措了。他应该事先准备好，以应对谈判最后阶段对方可能提出的任何要求。

一些“专家”声称，好的谈判者能够“把东西卖给并不需要它的人”。如果真的这么容易就能成交，那么谈判就会很容易，但前提是你能找到这个人，并且不用各种试探，最后还能真的成交。销售前景取决于市场份额，因此，你应该以此来衡量销售谈判代表的表现。如果你拥有 20% 的市场份额，那么就要确保销售人员每五次推销至少成功一次。如果没有推销成功，那就要看看他们与对方谈判时到底说了些什么，搞清楚失败原因是什么。

我曾在英格兰北部给来自 40 个不同志愿组织的代表举办了一天的谈判研讨会（站在争取预算的角度，他们常常是竞争关系）。会议结束前有 15 分钟的问答环节。最后一个问题是一位站在拥挤的会议室后面的女士提的，她问道：“盖温，教我们点骗人的把戏吧，让我们能对付那些政府部门。”

这令我相当震惊。我一整天都在强调谈判中坚持道德准则的必要性，却发现是白费工夫。会议结束后，我与这位女士交谈，共同探讨“骗人的伎俩”这个问题。她解释说，她所在的慈善机构与寻求庇护者的家庭合作时，很不受待见，就好像他们是在为猥亵儿童的人提供咨询一样。

结果是，在寻求政府部门帮助时，他们总是被排在最后，并且还常常得不到任何支持，而她一心为每一分钱与对方斗智斗勇，根本没有时间做其他的事。我能理解她的想法，并对使她产生这种暗黑想法的原因感到遗憾（听上去有点矛盾，不是吗？）。她需要做的是重新审视那些最近失败的谈判——想想她的手下在回应带有偏见的问题时都说了些什么？

下面是我给大家的一些谈判的原则性建议。无论是为你自己和家人谈判，还是为你的企业、组织或社区谈判，这些建议适用于所有谈判场合。

第一，想想你为什么需要你想要的那些东西，而对方又为什么需要那些他们想要的东西。

在你与对方见面之前，先搞清楚这些不同的目标。最重要的是，你的推销要让对方感兴趣，而不只是让自己感兴趣。利益就是通过协商，让双方都得到各自想要的东西。

你想涨工资，这就是你的谈判核心。你的利益是通过增加工资可以做很多自己想做的事，例如，可以想买什么就买什么。想想你的经理为什么不愿意答应你的要求。可能是因为给你涨工资会增加公司的成本，或者其他员工也会想要加薪。最重要的是，不要忘记他可能也会想“这么做对我有什么好处”。

单纯地陈述你的需求并不能提起经理的兴趣，所以想想你的加薪会对他有什么好处。人们对你说的内容感兴趣，会促使对方“同意”、“不同意”或者“考虑一下”你的提议。所以，要聚焦在他们会出于什么原因同意你的提议。想一想，你的提议对他们有什么用，毕竟你已经知道这个提议对你有什么好处了。

第二，考虑问题要放宽视野，而不要仅仅从个人立场出发。

谈判的立场通常表现在具体的数字上，并且这个包含加薪多少、薪资多少、多少英亩地在内的具体数字是在多方细致协商下得来的。但是你想要的永远不只是某个立场（或某个具体的薪资），而且对方也不太可能立马就答应你。所以，要是你特别固执，只坚持一个立场，就不可能成功交易，并且很有可能让谈判陷入僵局。

你可以把立场看作“谁在何时何地得到了什么”。因此，当某人和他的爱人争论晚上去哪里时，那个大声宣称“要么去这儿，要么就哪儿都别去”的人是在发出最后通牒，而不是在讨价还价。为什么这么说呢？因为谈判不是给对方下最后通牒，而是当事各方通过对各个问题不断调整立场，朝着双方都能接受的解决办法的方向前进的过程。

这并不意味着我们总是得采取折中办法。就某个问题，你可以给出一个更高报价，但要求对方在其他问题上给点优惠。谈判就是在各种问题之间进行交易：“如果你给我一个更优惠的价格，我就会考虑给你一个更大的预付款订单。”

就上文提到的最后通牒而言，我给出的谈判建议是：“如果我决定今晚去哪里，那么你就可以决定周六去哪里。”

第三，谈判是因为我们对事物的价值判断有差异。

通常，我们谈判中不会只涉及一个问题，对于某些问题，双方看法可能一样，但双方不可能在所有问题上持相同的价值判断。

在谈判中通过把我们不太看重的东西和比较看重的东西相互排列组合，我们希望在其中找到一个双方都能接受的特定组合。

如果我比较在意付款时间，不是非常在意价格高低，而你也许觉得以这个价格、6 个月内分期付款对你比较合适，那么我可能就愿意把价格降一降，换取你立即付款，而不是延迟付款。

支付金额和支付时间是可谈的。比如，你可以问问对方，如果你提前支付，价格可以优惠多少？

时间和金额的可交易性指的是在谈判中我们可以从支付时间的早晚和支付金额的多少两方面来磋商。当谈判中的某一方更注重交易的某个方面时，那么交易的条件或某些事情就可以进行调整了。在日常商务谈判中有多少可交易的条件呢？

列出你日常谈判中涉及的所有可变立场的问题清单。一旦明确了这些内容，你就会拥有一个强大的工具来帮助你解决其他棘手的问题，并避免出现因为处于压力之中无法快速思考而不得不做出让步的情况。

第四，礼貌谦逊比任何事情都重要。

这个世界并不欠你什么，没人会无缘无故给你送个人情。你从谈判对手那边得到多少取决于你能够让他们觉得能从你这里换取多少。如果他们认为跟别人能达成更好的交易，他们就很可能与别人谈判去了。

礼貌谦逊并不意味着要顺从畏缩。一定要避免发生这种情况！彬彬有礼从来不会给人带来更糟糕的境遇，谈判中表现得粗鲁和咄咄逼人往往会导致僵局，或者让对方以后不再想和你做生意了。在向对方提出问题并积极认真地倾听其回答后，你可以顺势提出有条件的建议。在快要达成最终交易时，一定要保持自信。

第五，了解谈判对象的业务、组织和历史。

查看对方公司或组织的历史，了解他们的技术，熟悉他们的营销策略，以及他们目前的运营状况。这些信息一般在网上都可以查到。

你还应该确保自己很熟悉自己公司的业务。还记得电脑销售经理内维尔吗？就是被尼尔森用“哈伯德妈妈谈判法”拿捏的那个人。那次经历过后，他就开始学习，只要有机会就让妻子拿着技术手册问自己问题，直到他把公司电脑中涉及的方方面面都烂熟于心，对任何问题都能给出完美的解答。这就是为什么他在外面做销售赚的钱比老板赚的都多。

彻底了解自己的业务意味着你能够清晰准确地应对人家有可能提出的任何问题、给出的任何评价和不认可的意见。记下客户反映的常见问题，尤其是“尴尬的问题”，然后深思熟虑，弄清楚这些问题的答案。然后在谈判时不断运用巩固，直到形成一套有效的问答手册。对自己的业务、组织、社区或任何事情进行充分了解，通过一定的练习，你在谈判中就可以表现得更好。

无论你从事的是哪个行业的谈判，都要记住一些基本的谈判常识。比如，当你在国外或与一个背景不同的人谈判时，不要从文化层面深层次地解读对方的任何行为。他们也许和你在其他地方碰到的谈判人员没什么不同。

在社交中，提高自己的可接受性——但不是提高你的建议的可接受性——的一个办法就是学学对方语言中一些简单的礼貌用语，比如，“早上好”“晚安”“请”“谢谢”等。

把握谈判的节奏，让你想与之做生意的伙伴觉得舒服。心急吃不了热豆腐，不要因为时间紧迫，就寄希望于刺激对方来加快谈判进程，这其实没什么用。

在国外谈判时，你不能把关注点放在文化差异上。因为相比于国与国之间的文化差异，个体谈判节奏的差异可能更大，所以，在谈判中对这种差异的把握更为重要。在美国的很多地方，都会有慢吞吞谈判的人，而在中东和日本，有些人的谈判节奏则很快。对不同国家的刻板印象在谈判中常常具有误导性。

巴尔先生论谈判中的道德问题

很久以前，我承接过一个谈判任务，委托人是伦敦东南部的一家小型钢筋混凝土公司。我忐忑不安地到了这家公司，想把这个任务完成好。这家公司的老板给我介绍了情况：他给建筑工地运送了一批钢筋，送货单上写着："任何货物缺陷问题，必须在三周内通知供货商，否则视为交易完成。"建筑方没有通知巴尔先生货物有任何缺陷，而到现在已经交货近五周了，还没有收到对方付的货款。

巴尔先生告诉我："你的工作，就是把钱收回来。"

我问："他为什么不付款？"

"送货单上写得很清楚，三周以内可以投诉，三周后就得付钱。而对方在三周内没有投诉，所以现在任何关于钢筋的投诉都是无效的。"

我再问："那么钢筋是否存在缺陷？"

"也许吧，但对方并未在三周投诉期来投诉，不管是好是坏，都得付钱！"

我又问："你为什么不给对方换货呢？"

巴尔先生提高了嗓门说道："如果我把有缺陷的钢筋都换了，那这生意就没法做了！"

我这样回复他："如果你不解决钢筋缺陷的问题，那我也帮不了你的忙。"

巴尔先生大喊道："什么？你自称是谈判专家，竟不能从欠我钱的无赖那里要回欠款？"

我试探着问："那我的花费，怎么算？"

他顾左右而言他，也不知道说了些什么。

我早就知道，作为谈判者，我们总会碰到这样的人，道德低下，而且对自己荒谬的想法没有丝毫内疚。

在谈判中碰到慢节奏的谈判对象时，要保持耐心。接受需要花费更长的时间才能和对方达成一致这个事实，不要把不切实际的计划强加给自己或对方。而当谈判对手火急火燎的时候，就要加快谈判速度，不要浪费人家宝贵的时间。

如果他们想开门见山，让你报价，那就立即回复，清楚地明码标价，不要啰唆。对方问什么，就答什么，不要多说话。除非被问到，否则就不要随便表达自己的观点。

第六，无论你何时提出任何建议，不管是试探性的还是具体的，都要记住使用条件句——如果……就……

“如果……就……”这个句式能在促使对方做出回应方面给你以最大的帮助。渴求对方知恩图报没有任何意义。即便是一个试探性的提议，也要直截了当地告诉对方。比如：“如果你给我这个，那么我可以考虑给你那个。”或者说出具体的建议：“如果你能给我我想要的，那么你就能得到你想要的。”

如果他们拒绝给你你想要的，那么他们就得不到自己想要的。接下来就看他们怎么行动了。倾听是最好的导师。谈判是行为管理，只有对方往前迈出一步，而且也只有这样，你才能通过表明自己的诚意获取谈判的进展。

第七，对于不符合你利益的任何交易，在必要的时候，你都可以行使否决权。

不管是在国内还是在国外，在做谈判相关的决策时，都应该遵循让自己感觉舒适的做法。如果你觉得不爽，你就要摸着良心问问自己，这种情况持续几个月或者几年以后会怎么样？或者问问自己，别人会怎么议论这个事情？在对方想让你签合同的时候，在对方希望你同意他们的条款的时候，在对方想让你在道德上做出退让的时候，以及出现与之有关的任何让你困惑的行为时，这个方法都适用。

你一定要清楚，如果你确实签了不该签的东西，那么不管是不是你的本意，你都得对签字的后果负责。这是契约精神的铁律。

当你努力了很长一段时间才达成某项交易时，也不要得意地老是想着这事儿。所有前期付出的时间、精力和个人想法，付出去就回不来了。过去就过去了，这和签没签合同没什么关系。所以不要纠结！

第八，要尽可能给予每个人足够的尊重。

不管你怎么看对方谈判的方式，也不管对他们个人有什么看法，都要给予对方尊重。（还记得前面提过的那个英国军官在波斯尼亚的经历吗？）这一点也适用于自己这一方的团队成员（包括你觉得在你们团队里的“卧底”）。谈判时，对别人尊重才能换来别人对自己的尊重。单凭这个原因，也值得你对所有人都给予足够的尊重。

无论谈判对方的文化看起来多么新奇和陌生，也无论与你打交道的人的社会关系有多复杂，你都要表现出对人家的尊重。这样即便你无意中冒犯或者忘记了对方的礼仪规范，对方也能理解和接受。你会发现，在这个世界上，不管在哪儿，不管是哪个族裔，大家都会这么做：对尊重自己的人热情相待。

第九，任何时候都要尽最大的努力，来落实双方达成的合同条款。

每一笔生意都包含着个人承诺。签了合同并不意味着就可以高枕无忧了。认真对待，仿佛这是你一辈子的事业。一定要对整个交易持续跟进，给对方打电话，或者有机会拜访一下，确保你签订的每个条款都认真落实了，顺便问问对方是否对结果满意。换句话说，不是签完合同拿了钱就万事大吉了，要对所有问题持续跟进。光是出于对自己职业道德负责的态度，就应该要求自己做到这一点。

谈判者之间良好和持久的个人关系对他们自身、所在的公司、慈善机构和社区之间长期合作，以及贸易伙伴之间的共同繁荣都有促进作用。

第十，如果，该说的都说了，该做的都做了，还是没有办法解决眼前的争端，那你就应该本着“万事皆可谈”的原则再协商！

当谈判处于最困难的时刻，面对最大的阻碍和承受最持久的压力时，第十条建议会帮你理清思路，寻觅到难得的机会。此外，当环境有利、环境友好、压力减轻或对你有利时，这条建议会让你收获更大。还有什么能比通过协商解决问题更好的方式呢？

最后，如果你正走在机场、酒店、走廊，或是某个企业的办公楼里，看到我坐在那儿无所事事，那不妨停下来，介绍一下自己，和我聊聊天，聊聊经验教训，说不定我就能给你介绍一些生意呢！我们可以一起聊聊天，喝杯咖啡。或者，我们不妨一起喝上两杯，也许能给自己和客户的钱找到些钱生钱的机会！

在谈判中保持善意吧！

译后记

一版再版的谈判经典

“谈判”意指“双方或数方为维护自己的利益对有待解决的重大问题进行会谈”。这个释义让人不敢轻看“谈判”。然而实际上，在日常生活中谈判“无处不在”。作者从自己丰富的谈判经历中撷取有代表性的案例，以深入浅出的写作方式，阐释了谈判的技巧、策略以及伦理。这本书一版再版，如今已经是第四版，足见这个话题受欢迎的程度。书中的启示在很多方面与中国传统的哲学思想不谋而合。因此，也很容易为中国读者所理解。另一方面，对于中国读者而言，书中的商务谈判案例也能够使我们更好地理解国际商务谈判中西方谈判对手的思维方式和逻辑。

本书的翻译过程非常紧凑，在西安邮电大学陈蓉副教授翻译团队成员的共同努力下，按时完成了任务。本书第 1 章至第 5 章由付佳音翻译，第 6 章至第 10 章由刘雪翻译，第 11 章至第 15 章由田妍妍翻译，第 16 章至第 20 章由周昕瑜翻译，第 21 章至第 25 章由方智雄翻译，终稿由陈蓉副教授逐字逐句对照原文审核完成。同时还要特别感谢樊飞飞、冯雨萌、刘静和张煜，在翻译过程中不遗余力地给予帮助。

陈蓉

西安邮电大学人文与外国语学院